Frank Nordhausen, Thomas Schmid (Hg.)

Die arabische Revolution

Frank Nordhausen, Thomas Schmid (Hg.)

Die arabische Revolution

Demokratischer Aufbruch
von Tunesien bis zum Golf

Ch. Links Verlag, Berlin

Die Deutsche Nationalbibliothek verzeichnet
diese Publikation in der Deutschen Nationalbibliografie;
detaillierte bibliografische Daten sind im Internet über
www.dnb.de abrufbar.

1. Auflage, Juni 2011

Schönhauser Allee 36, 10435 Berlin, Tel.: (030) 44 02 32-0
www.christoph-links-verlag.de; mail@christoph-links-verlag.de
Umschlaggestaltung: Burkhard Neie, www.blackpen.xix-berlin.de,
unter Verwendung eines dpa-Fotos vom jugendlichen Protest
auf dem Tahrir-Platz in Kairo im Februar 2011
Karte: Christopher Volle, Freiburg
Satz: Nadja Caspar, Ch. Links Verlag, Berlin
Druck und Bindung: Druckerei F. Pustet, Regensburg

ISBN 978-3-86153-640-6

Inhalt

Es gibt drei Sorten von Menschen: solche, die unbeweglich sind, solche, die beweglich sind, und solche, die sich bewegen.

Arabisches Sprichwort

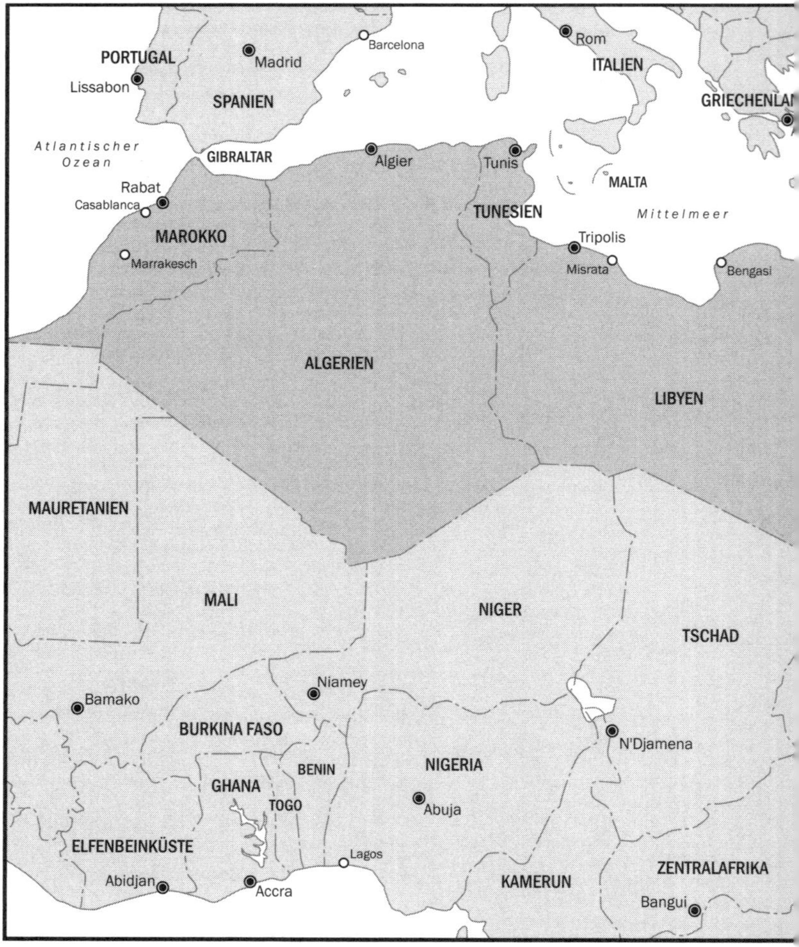
PORTUGAL
Madrid
Barcelona
Rom
ITALIEN
Lissabon
SPANIEN
GRIECHENLA
Atlantischer
Ozean
GIBRALTAR
Algier
Tunis
MALTA
Rabat
Casablanca
TUNESIEN
Mittelmeer
MAROKKO
Tripolis
Marrakesch
Misrata
Bengasi
ALGERIEN
LIBYEN
MAURETANIEN
MALI
NIGER
TSCHAD
Niamey
Bamako
BURKINA FASO
N'Djamena
BENIN
NIGERIA
GHANA
TOGO
Abuja
ELFENBEINKÜSTE
Lagos
ZENTRALAFRIKA
Abidjan
Accra
KAMERUN
Bangui

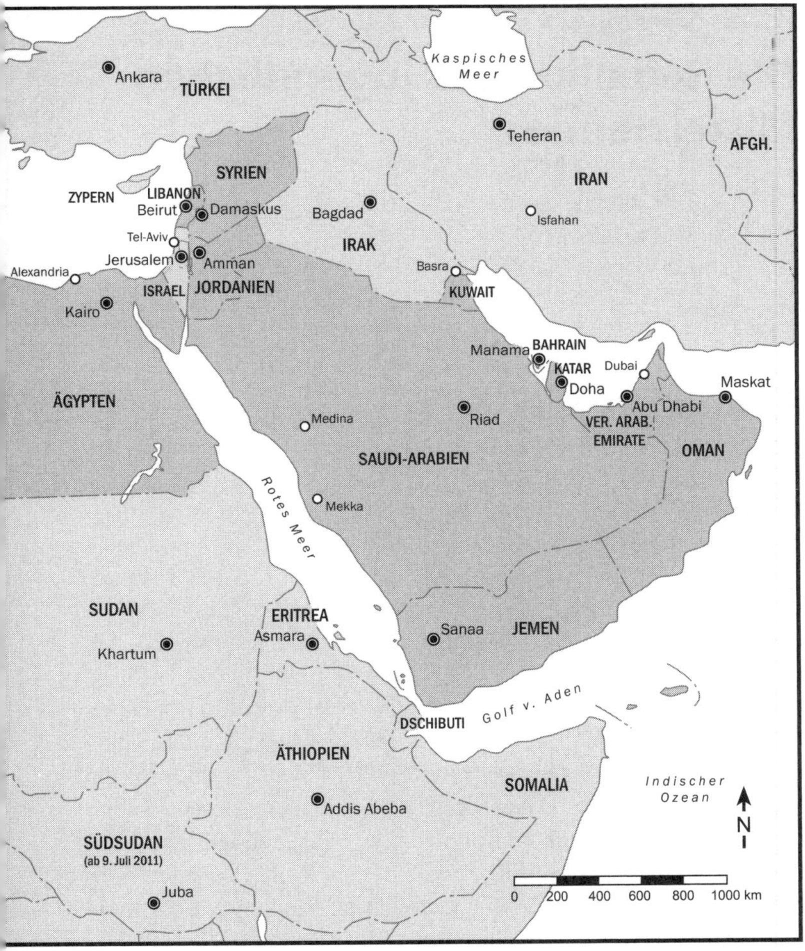

Kaspisches Meer
Ankara
TÜRKEI
Teheran
AFGH.
SYRIEN
IRAN
ZYPERN
LIBANON
Beirut
Damaskus
Bagdad
Isfahan
Tel-Aviv
IRAK
Jerusalem
Amman
Alexandria
Basra
ISRAEL
JORDANIEN
KUWAIT
Kairo
Manama
BAHRAIN
KATAR
Dubai
Doha
Maskat
Abu Dhabi
ÄGYPTEN
Medina
Riad
VER. ARAB. EMIRATE
OMAN
SAUDI-ARABIEN
Rotes Meer
Mekka
SUDAN
ERITREA
Asmara
Sanaa
JEMEN
Khartum
Golf v. Aden
DSCHIBUTI
ÄTHIOPIEN
SOMALIA
Indischer Ozean
N
Addis Abeba
SÜDSUDAN
(ab 9. Juli 2011)
Juba
0
200
400
600
800
1000 km

Frank Nordhausen, Thomas Schmid

Die Rebellion des jugendlichen Mittelstandes

Einleitung

In der arabischen Welt bricht eine neue Ära an. Es ist ein epochaler Umbruch, in seiner Bedeutung durchaus vergleichbar mit dem arabischen Erwachen nach dem Zusammenbruch des Osmanischen Reiches und mit der panarabischen Emanzipationsbewegung nach dem Zweiten Weltkrieg, deren prominentester Führer der Ägypter Gamal Abdel Nasser war. Der antikoloniale Aufbruch mündete in eine Herrschaft von Autokraten, die das Entstehen einer Zivilgesellschaft nach Kräften behinderten, Oppositionelle foltern ließen, die Demokratie kujonierten und sich selbst oft schamlos bereicherten. Der freie Westen hat sich mit diesen Regimes prächtig arrangiert, versprachen sie doch Sicherheit und Stabilität. Sie kooperierten bei der Flüchtlingsabwehr und hielten die islamistische Gefahr im Zaum. Dass in diesen Ländern eine frustrierte Jugend heranwuchs, gut ausgebildet, aber ohne berufliche Perspektive, ohne Aussicht, eine Wohnung mieten, ein Haus bauen und eine Familie gründen zu können, wurde kaum wahrgenommen.

Die arabischen Gesellschaften stagnierten. Doch dann trat überraschend eine Jugend an die Öffentlichkeit, die Freiheit und Demokratie, ein Ende der Willkürherrschaft und der Korruption einforderte – und ein Ende der Kungelei des Westens mit den arabischen Despoten. Das Streichholz, mit dem sich am 17. Dezember 2010 in Tunesien Mohamed Bouazizi selbst anzündete, setzte das ganze Land – den Deutschen bislang vornehmlich als Touristenparadies bekannt – in Flammen, und der Flächenbrand erfasste innerhalb von Wochen die gesamte arabische Welt bis zum Persischen Golf. Der Protest der arabischen Jugend hallte sogar im Iran, in Westafrika und im fernen China wider. Der arabische Frühling, die arabische Revolution ist eine historische Zäsur, durchaus vergleichbar mit dem *annus mirabilis* 1989, als in Osteuropa der Kommunismus implodierte und die Berliner Mauer fiel.

Protagonisten der Aufstände in der arabischen Welt sind junge Frauen und Männer, die vor allem, aber nicht nur der Mittelschicht entstammen. Sie sind trotz staatlich kontrollierter Medien – insbesondere dank des Internets und des Satelliten-Senders al-Dschasira, dessen Bedeutung gar nicht hoch genug eingeschätzt werden kann – gut informiert. Sie vernetzen sich über Facebook und Twitter – und diese sozialen Netzwerke haben schließlich zur ungeheuren Beschleunigung der Revolte beigetragen. Die Gründe für den Aufstand sind im ganzen arabischen Raum dieselben: Arbeitslosigkeit, politische Entmündigung, gesellschaftliche Stagnation. In diesem Zusammenhang taucht bei allen Protesten immer wieder ein Wort auf: Würde. Es geht der rebellischen Jugend letztlich darum, als mündige Bürger ein Leben in Würde zu führen – ohne permanente Gängelung, ohne Verbeugung und Bakschisch, ohne Angst vor Polizeiwillkür und Folter.

Doch finden die Proteste in Ländern statt, die wirtschaftlich, politisch und kulturell sehr verschieden sind. Libyen hat viel Öl, Jemen ist bettelarm. Marokko oder Jordanien werden von Monarchen geführt, in Algerien und Ägypten liegt die Macht bei den Militärs. Tunesien blickt auf eine lange laizistische Tradition zurück, Saudi-Arabien hat ein streng religiöses Regime. Unterschiedlich sind deshalb auch die Ausprägungen und Chancen der Revolte. In Tunesien und Ägypten wurden die Despoten von der Macht gefegt. Beide Länder sind auf dem Weg, einen demokratischen Rechtsstaat zu errichten; sie gehen durch eine höchst labile Übergangsphase. In Libyen herrscht Krieg. In Syrien und Bahrain lässt das Regime die Aufständischen niederkartätschen. In Algerien und Marokko versuchen die Herrschenden, den Unmut der Jugend mit finanziellen und sozialpolitischen Zugeständnissen einzudämmen.

Der Westen wurde von der Revolte nicht weniger überrumpelt als die Machthaber im arabischen Raum. Frankreich – und mit ihm die Europäische Union – hatte Ben Ali über Jahrzehnte hofiert und demokratische Alternativen nie in Betracht gezogen. Trotzdem wurde die Jasmin-Revolution schnell begrüßt. Tunesien, mit natürlichen Reichtümern nicht gerade gesegnet und geografisch abseits von den politischen Krisenherden gelegen, war von mäßiger Bedeutung. Ganz anders Ägypten, das geopolitisch äußerst relevant ist. Hosni Mubarak war der wichtigste Stützpfeiler der Nahostpolitik der Vereinigten Staaten. Und auch Israels Führung sorgt sich zutiefst über den demokratischen Aufbruch in Kairo wie über das Agreement zwischen Fatah und Hamas, das ja ebenfalls eine Folge des arabischen Frühlings ist. Es knirscht im Gebälk der nahöstlichen Sicherheitsarchitektur, die auf scheinbar stabile Diktaturen baute.

Stabilität, das hieß für den Westen vor allem Unterdrückung der realen oder imaginierten islamistischen Gefahr – und sei es um den Preis einer Unterdrückung jeglicher demokratischen Regung. Dahinter verbirgt sich ein Mangel an Vertrauen in eine offene Gesellschaft. Unhinterfragt wurde unterstellt, dass eine Diktatur den islamistischen Terrorismus wirksamer bekämpfen könne als eine streitbare Demokratie. Spätestens nach dem 11. September 2001, dem Angriff auf die Twin Towers von New York, wurde der Islamismus geradezu dämonisiert und jede islamisch grundierte Bewegung quasi prophylaktisch des Terrorismus verdächtigt. Doch der politische Islam ist in den arabischen Gesellschaften eine Realität. Seine undifferenzierte Ausgrenzung befördert nur die radikalen Tendenzen. Was nottut, sind eine offene Debatte, Toleranz, Respekt – auf Grundlage eines neuen Gesellschaftsvertrags.

Das ist auch das politische Hauptanliegen der aufständischen Jugendlichen, die erreichten, wovon al-Qaida nur träumte: Sie verjagten zwei äußerst korrupte Autokraten aus ihren Palästen. Sie verbrannten im Übrigen weder die Flaggen mit den Stars and Stripes noch jene mit dem Davidstern. Diese Jugend sehnt sich nicht nach einer iranischen Lösung. Sie weiß, wie das Mullah-Regime dort mit der Facebook-Generation umgeht. Sie träumt nicht von einer heilen, vergangenen Welt. Sie will in der Moderne ankommen. Die Muslimbrüder, Salafisten und Dschihadisten spielten beim Ausbruch der Revolten überhaupt keine Rolle, auch wenn sie sich mit der Bewegung, von der sie völlig überrascht wurden, dann solidarisch erklärten. Die Tötung Osama bin Ladens am 1. Mai 2011 wurde in Tunis, Kairo oder Sanaa mit einem Schulterzucken quittiert.

Europa, vom Maghreb und dem Nahen Osten durchs Mittelmeer getrennt und mit ihnen durchs Mittelmeer verbunden, tut gut daran, die arabische Revolution nicht als Gefahr, sondern als

Chance zu begreifen. Es hat sich ein historisches Fenster geöffnet, von dem niemand weiß, wann es sich wieder schließt. Gelingt es, die Weichen in Richtung Demokratie zu stellen, kann die Mittelmeerregion ein gemeinsamer Lebens- und Wirtschaftsraum werden und Frieden auch in der bisher so krisengeschüttelten Region einkehren. Werden die Despoten jetzt aber bloß durch neue, sanftere Autokraten ersetzt und tut sich für die Jugend keine wirtschaftliche Perspektive auf, könnte eine frustrierte Generation junger Araber den Sirenentönen radikaler Islamisten erliegen und ihre Wut schon bald auch nach Europa tragen.

Mit Blick auf den arabischen Raum war oft von einem Domino-Effekt die Rede. Gewiss hat die Jasmin-Revolution die Demonstranten auf dem Tahrir-Platz animiert, auch ihren Despoten vom Sockel zu stoßen. In vielen anderen arabischen Ländern ermutigte das tunesische Beispiel die Jugend zur Rebellion. Aber anders als beim Domino ist nicht gleich ein Regime nach dem anderen gefallen. Das militärische, zunächst durchaus erfolgreiche Vorgehen von Libyens Diktator Gaddafi dürfte dazu geführt haben, dass sich andere Machthaber ermutigt fühlten, nicht klein beizugeben – in Bahrain, Jemen, Syrien, von Saudi-Arabien ganz zu schweigen, das sogar Truppen ins Nachbarland Bahrain schickte.

Es gibt Anlass zur Hoffnung, dass sich in Tunesien und Ägypten demokratische Verhältnisse stabilisieren. Doch noch ist die Lage fragil. Sollten die Revolutionen scheitern, werden mit hoher Wahrscheinlichkeit Populisten und Islamisten davon profitieren. Dann wird ein Strom enttäuschter Jugendlicher eine Zukunft auf der anderen Seite des Mittelmeers suchen, und zwar weit mehr, als jetzt schon kommen. Europa muss – auch aus Eigeninteresse – Tunesien und Ägypten bei der gewaltigen Aufgabe helfen. Mit Expertise, Beratung und mehr. Es geht um Sicherheit und Partnerschaft auf Augenhöhe, um Abbau von Handelshemmnissen und Visabeschränkungen, um Bildungsangebote, Austauschprogramme, Investitionen.

Der US-amerikanische Präsident Barack Obama hat in einer Rede am 19. Mai 2011 die Chance einer neuen Partnerschaft mit der arabischen Welt angesprochen und Tunesien und Ägypten umfangreiche Finanzhilfe zugesagt. Die Revolutionen hatten auch einen wirtschaftlichen Preis: Einbruch des Tourismus, Rückgang von Auslandsinvestitionen, Produktionsausfälle. Die Arbeitslosigkeit, eine wesentliche Ursache für den Ausbruch der Revolten, hat zugenommen. Letztlich aber kann nur ein wirtschaftlicher Aufschwung die politischen Erfolge sichern. Eine Verschärfung der Krise hingegen würde den alten Kräften und den Populisten in die Hände spielen. Die Außen- und Entwicklungspolitik der europäischen Staaten und der EU steht vor einer Bewährungsprobe. Wird sie der Größe der Aufgabe gerecht? Oder werden sich die Zauderer durchsetzen, die jetzt schon warnen, man wisse ja nicht, wer sich am Ende behaupte und mit wem man es dann zu tun habe?

Die arabische Welt wurde hierzulande oft mystisch überhöht. Dem Narrativ vom geheimnisvollen Orient entspricht die Angst vor dem Unbekannten, Angst vor dem, was »dort unten« vor sich geht. Angst vor Islamisten, Angst vor Flüchtlingsmassen. Übersehen wird, dass die Aufstände mit unerträglichen und unmenschlichen Zuständen aufgeräumt haben. Niemand kann wissen, wohin die arabische Revolution führt. Aber wir können versuchen, die Ereignisse in unserer unmittelbaren europäischen Nachbarschaft besser zu verstehen und aus dem Verständnis heraus Handlungsperspektiven zu entwickeln. Dieses Buch will dazu beitragen.

Thomas Schmid

Tunesien: Die Jasmin-Revolution

»Genug ist's, wenn dir zu Herzen geht,
dass keinen Jasmin mäht, wer Dornen sät.«

So dichtete der persische Mystiker Mosleh od-Din im 13. Jahrhundert. Heute tragen die tunesischen Männer beim Bummel oder im Restaurant kokett ein Jasminsträußchen hinter dem Ohr. Hinter dem rechten Ohr bedeutet: »Bin schon vergeben«, hinter dem linken: »Bin noch frei.«

Auslöser der Revolution war eine Ohrfeige

Der 17. Dezember 2010 begann für Mohamed Bouazizi wie ein gewöhnlicher Tag. Wie jeden Morgen hatte der 26-jährige Arbeitslose auf dem Großhandelsmarkt von Sidi Bouzid, einer Kleinstadt im Landesinnern Tunesiens, Gemüse und Früchte eingekauft und die Ware etwa zwei Kilometer zu seinem Standort gefahren, wo er sie am Straßenrand anbot. Er verdiente damit durchschnittlich 250 Dinar im Monat, umgerechnet 125 Euro. Davon lebten seine sechs Geschwister, seine Mutter und sein kranker Stiefvater. Eine Lizenz für den Straßenverkauf hatte Bouazizi nicht. Dafür reichte das Geld nicht, und es reichte auch nicht, um die Polizei zu bestechen, die Ärger machte, wenn man keine Lizenz hatte.

Auch an jenem schwarzen Freitag, dem 17. Dezember 2010, fuhr die Polizei vor – wie schon oft. Und wie jedes Mal fragte sie Bouazizi nach der Lizenz, die er – was sie wusste – nicht hatte, schubste seine Karre weg und beschlagnahmte, wie gewohnt, die elektronische Waage. Als er Einwände erhob, schlug ihm diesmal jedoch eine Polizistin ins Gesicht. Bouazizi wollte sich beim Gouverneur beschweren, wurde aber nicht vorgelassen. Eine halbe Stunde später übergoss er sich mit Benzin und zündete sich vor dem Amtssitz des Gouverneurs in aller Öffentlichkeit an. Die Ohrfeige vor all den Leuten, vor seinen Freunden, war eine Schmach, über die er nicht hinwegkam, versichern seine Mutter und seine älteste Schwester gleichermaßen, zumal es eine Frau war, die sie ihm verpasst hatte.

Bouazizi wurde mit schweren Verbrennungen ins Krankenhaus gefahren, wo er knapp drei Wochen später verstarb. War seine Tat ein politischer Protest oder ein purer Akt der Verzweiflung? Die Frage ist müßig. Am Tag darauf schon versammelten sich vor dem Amtssitz des Gouverneurs in Sidi Bouzid einige Dutzend Jugendliche zu einem Sit-in. Die Polizei griff, wie gewohnt, durch: Prügel, Festnahmen. Aber anders als gewohnt, ließen sich die Demonstranten nicht einschüchtern. Sie kamen wieder, und es wurden mehr. Trotz der rigiden Zensur wusste bald ganz Tunesien, was sich in Sidi Bouzid ereignet hatte. Über Handys, Twitter und Facebook wurden Videofilme über demonstrierende Jugendliche und prügelnde Polizisten, Bilder von Verletzten und bald auch schon von ersten Toten verbreitet.

Vier Millionen der knapp über zehn Millionen Tunesier haben Anschluss ans Internet, die Hälfte von ihnen ist Mitglied bei Facebook. Das soziale Netzwerk sorgte für eine ungeheure Beschleunigung der Entwicklung. Die Unruhen griffen noch vor Weihnachten auf ein Dutzend weiterer Städte über, zunächst auf das nahe Regueb, dann auf Thala, wo Demonstranten das Polizeigebäude in Brand setzten, auf Kasserine und auf Ben Guerdane, nahe der libyschen Grenze. Am 22. Dezember griff in Sidi Bouzid der 24-jährige arbeitslose Houcine Néji demonstrativ in die Hochspannungsleitung, nachdem er noch »Arbeit für alle! Weg mit Ben Ali!« geschrien hatte. Am 24. Dezember erschoss die Polizei in Menzel Bouzaiane zwei Demonstranten. Landauf, landab wurde auf Kundgebungen, oft organisiert von den lokalen Sektionen des gewerkschaftlichen Dachverbandes UGTT (Union générale tunisienne du travail), gegen Schmiergelder, Vetternwirtschaft und Korruption protestiert, gegen die Mafia an der Macht, gegen die Zensur. Die offiziellen Medien – Presse, Rundfunk, Fernsehen – schwiegen über die Ereignisse. Schlagzeilen machte hingegen, wie gewohnt, Präsident Ben Ali mit irgendwelchen Staatsempfängen, Einweihungen von Neubauten oder der Verkündung wirtschaftlicher Erfolge.

Am 28. Dezember brach Ben Ali endlich sein beharrliches Schweigen über das, was ganz Tunesien bewegte. Das Fernsehen zeigte ihn zunächst am Krankenbett des schwerverletzten Bouazizi. Danach kanzelte der Präsident in einer Ansprache an das Volk die Proteste als Werk einer »Minderheit von Extremisten und Unruhestiftern im Solde des Auslands« ab. Die Facebook-Gemeinde war empört. Die Proteste schwollen an und erreichten schließlich auch die Hauptstadt. Am Jahresende kamen rund 1000 Ärzte, Lehrer und Postangestellte vor der Gewerkschaftszentrale zu einer Kundgebung zusammen. Doch schon nach kurzer Zeit setzte die Polizei dem Protest mit Schlagstockeinsätzen ein Ende. Als Reaktion darauf traten am 6. Januar fast sämtliche der 8000 Rechtsanwälte des Landes in den Streik. Die Bewegung, ausgegangen von arbeitslosen, oft gut ausgebildeten Jugendlichen, hatte längst die arbeitende Mittelschicht und die Freiberufler erreicht.

Montag, 10. Januar: Ben Ali sieht sich zu einer zweiten Fernsehansprache genötigt, nachdem am Wochenende nach offiziellen Angaben in verschiedenen Städten 14 Demonstranten erschossen worden sind. Er verspricht, 300 000 neue Arbeitsplätze innerhalb von zwei Jahren zu schaffen. Beruhigen kann dies niemanden mehr.

Dienstag, 11. Januar: Rund 100 Journalisten demonstrieren im Zentrum von Tunis für eine freie Presse. Es sind dieselben Journalisten, die jahre- oder jahrzehntelang in Zeitungen gearbeitet haben, die an Nibelungentreue gegenüber der Macht mit dem *Neuen Deutschland* zu Zeiten der DDR zu vergleichen sind. Sie werden mit Schlagstöcken vertrieben wie auch die Schauspieler und Musiker, die vor dem Theater im Zentrum der Stadt protestieren. Raja Ben Ammar, die Direktorin des Theaters, wird zusammengeschlagen.

Mittwoch, 12. Januar: Ben Ali entlässt seinen Innenminister Rafik Haj Kacem, einen bei der Bevölkerung weithin verhassten Hardliner, und ersetzt ihn durch Ahmed Friaâ, der ein liberales Image hat. Zugleich kündigt er die Bildung zweier Kommissionen an: Die eine soll polizeiliche Übergriffe untersuchen, die andere das wild wuchernde Geflecht der Korruption. Dass in dessen Mittelpunkt seine Frau Leila Trabelsi und ihr Familienclan stehen, ist in Tunesien ein offenes Geheimnis. Der Armeechef General Rachid Ammar wird gefeuert, weil er sich geweigert hat, auf Demonstranten zu schießen. Ab 20 Uhr gilt erstmals eine Ausgangssperre. In verschiedenen ärmeren Vororten der Hauptstadt kommt es danach zu Brandschatzung und Plünderung von Lokalen und Geschäften, die mutmaßlichen oder tatsächlichen Anhängern des Regimes gehören. Die Polizei ist abwesend. Zum ersten Mal gibt es Tote auch in der Hauptstadt. Vier Jugendliche werden erschossen.

Donnerstag, 13. Januar: Im Stadtzentrum wird demonstriert. Über der Avenue Habib Bourguiba, dem Prachtboulevard von Tunis, hängen dichte Tränengasschwaden. Vereinzelt wird scharf geschossen. Am Abend hält Ben Ali seine dritte Fernsehansprache seit Ausbruch der Unruhen, diesmal überraschend im maghrebinischen Dialekt des einfachen Volkes, »in der Sprache aller Tunesier und Tunesierinnen«, wie er feierlich anhebt. Er kündigt eine Senkung der staatlich festgesetzten Lebensmittelpreise an, was niemand gefordert hatte. Dann die Sensation: Der Präsident verspricht völlige Pressefreiheit und freien Zugang zum Internet, in dem oppositionelle Nachrichtenportale bislang gesperrt waren. Er erklärt, den Innenminister angewiesen zu haben, ab sofort nicht mehr mit scharfer Munition zu schießen (»Ich habe an keinem Tag akzeptiert und werde nie akzeptieren, dass auch nur ein Tropfen tunesisches Blut fließt.«), und er kündigt an, nach Ablauf seines Mandats im Jahr 2014 (!) nicht mehr als Präsident zur Verfügung zu stehen. Hätte er dies alles auch nur einen Monat früher gesagt, die Tunesier hätten applaudiert. Jetzt interpretieren sie die Rede nur noch als Ausdruck der Schwäche. Nach Beginn der Ausgangssperre demonstrieren etwa 1000 in öffentlichen Bussen herbeigekarrte Anhänger des Präsidenten auf der Avenue Habib Bourguiba für Ben Ali.

Freitag, 14. Januar: Ab 11 Uhr versammeln sich immer mehr Demonstranten im Zentrum. Die Gewerkschaft hat vor Tagen schon zum Generalstreik aufgerufen. Aber das ist längst nicht mehr das Thema. Nach der Rede Ben Alis vom Vortag feiern Zehntausende den Sieg der Revolution und fordern den Rücktritt des Präsidenten. Dass dieser noch am selben Tag flüchten wird, ahnen sie nicht. Völlig überraschend schießt die Polizei Tränengasgranaten in die Menge und bereitet der Massendemonstration unter brutalem Einsatz von Gummiknüppeln, Holzlatten und Eisenstangen ein jähes Ende. Vereinzelt fallen wieder scharfe Schüsse. Um 16 Uhr löst Ben Ali die Regierung auf, beauftragt seinen Ministerpräsidenten Mohamed Ghannouchi, ein neues Kabinett zusammenzustellen, und kündigt Neuwahlen in sechs Monaten an. Um 17 Uhr wird der Ausnahmezustand ausgerufen. Aber zu dieser Zeit ist schon eine Maschine mit dem Präsidenten an Bord Richtung Saudi-Arabien gestartet. Ben Ali ist geflohen. Die Tunesier erfahren es gegen 18.30 Uhr. Da herrscht Ausgangssperre. Niemand wagt sich im Zentrum von Tunis auf die Straße, um zu feiern. Es wird geschossen. Aber die Revolution hat bereits gesiegt, die Jasmin-Revolution, wie sie im Ausland mehr als in Tunesien selbst genannt wird.

Der Weg in den Polizeistaat

Die meisten Tunesier mögen den Ausdruck nicht. Vielleicht weil von einer solchen Revolution schon einmal die Rede war – 1987. Damals, am 7. November, der fortan als nationaler Feiertag galt, hatte Ben Ali die Macht übernommen und von einer Jasmin-Revolution gesprochen. Als Premierminister hatte er – unter Vorlage sieben medizinischer Gutachten – Präsident Habib Bourguiba für amtsunfähig erklären lassen und dessen Nachfolge selbst angetreten. Zwei der beteiligten Ärzte, die über den physischen und geistigen Zustand des »Obersten Kämpfers« urteilten, wie Bourguiba sich zu nennen beliebte, gaben später zu Protokoll, sie hätten damals den Präsidenten schon seit zwei Jahren nicht mehr gesehen. Ben Alis Staatsstreich ging als »medizinischer Putsch« in die Annalen ein.

Es war ein Putsch, der im Land weithin begrüßt wurde. Bourguiba, der erste Präsident des unabhängigen Tunesien, hatte 31 Jahre lang die Macht ausgeübt. Er war in seinen letzten Amtsjahren unzugänglich geworden, beratungsresistent und wohl auch altersstarrsinnig. Mit Ben Alis Machtübernahme kam ein liberaler Wind in die Politik. Der gefürchtete Staatssicherheitshof, der vor allem Islamisten zu langjährigen Haftstrafen verurteilt hatte, wurde abgeschafft, die Untersuchungshaft auf maximal vier Monate begrenzt, Amnesty International durfte in Tunis ein Büro eröffnen, etwa 5000 politische Gefangene kamen frei. Auch für Rachid Ghannouchi (nicht verwandt mit dem Ministerpräsidenten Mohamed Ghannouchi), den Gründer der Bewegung Islamistische Tendenz, die sich später in Ennahda umbenannte, öffneten sich die Gefängnistore, und sein Mitstreiter Hamadi Jebali, heute Generalsekretär der Ennahda, in Abwesenheit zum Tod verurteilt, kam aus dem Exil zurück.

Ben Ali, geboren 1936 in Hammam-Sousse, damals ein Landstädtchen, heute ein blühender Touristenort, entstammt einfachen Verhältnissen. Sein Vater war Analphabet und arbeitete als Docker im Hafen. Er selbst verließ das Gymnasium drei Jahre vor dem Abitur, bekam aber – ein halbes Jahr nachdem man im Élysée-Palast die Unabhängigkeit Tunesiens anerkannt hatte – die Chance auf eine zwölfmonatige militärische Ausbildung in Frankreich. Kurz vor Weihnachten 1977 wurde er Direktor für Nationale Sicherheit im Innenministerium. Einen Monat später oblag es ihm, einen Generalstreik der UGTT niederzuschlagen. An die 200 Gewerkschaftler ließen am 26. Januar, dem »schwarzen Donnerstag«, ihr Leben. Ein Jahr später wurde Ben Ali zum General befördert. Nach einem Intermezzo als Botschafter in Warschau wurde er 1985 erneut Sicherheitschef, dann Staatssekretär, im April 1986 Innenminister und am 2. Oktober 1987 – fünf Wochen vor seinem »medizinischen Putsch« – Ministerpräsident.

Tunesien atmete auf. Doch die liberale Öffnung war von kurzer Dauer. 1989 ließ sich Ben Ali mit 99,27 Prozent der Stimmen zum Präsidenten wählen. Bei den gleichzeitig stattfindenden Parlamentswahlen erhielt eine von der islamistischen Ennahda unterstützte Liste 13 Prozent der Stimmen, in einigen Vororten von Tunis sogar 35 Prozent. Zwei Jahre später schlug Ben Ali zu: Die Führer der Islamisten wurden ins Gefängnis geworfen, sofern es ihnen nicht wie etwa Ghannouchi gelungen war, sich rechtzeitig ins Exil abzusetzen. Nach und nach verwandelte Ben Ali Tunesien in einen Polizeistaat, der über ein weitverzweigtes engmaschiges Spitzelsystem alle Regungen der Gesellschaft kontrollierte.

1994 ließ sich Ben Ali mit 99,91 Prozent im Amt bestätigen, 1999 billigte er sich nur noch 99,45 Prozent zu und 2004 immerhin 94,49 Prozent. Bei den letzten Wahlen, 2009, beschied sich der Präsident dann mit 89,28 Prozent. Gegen ihn, den Kandidaten der Regierungspartei RCD (Rassemblement constitutionnel démocratique), die 2,5 Millionen Mitglieder zählte, hatten zwei Satellitenparteien ihre Führer ins Rennen geschickt. Der eine von ihnen, Mohamed Bouchiha, meinte im Wahlkampf: »Die politische Ethik gebietet es, die Hauptrolle zu unterstreichen, die Präsident Ben Ali für die globale Entwicklung des Landes unaufhörlich einnimmt.« So klingen tunesische Blockflöten.

Der einzige oppositionelle Kandidat, Ahmed Brahim, Chef der aus der Kommunistischen Partei hervorgegangenen Ettajdid (Bewegung für Erneuerung), hatte keine Möglichkeit, einen Wahlkampf zu führen, der den Namen verdient. Hotels und Institutionen verweigerten ihm auf Druck der Regierung Versammlungsräume. Seine Präsenz in den Medien war gleich null. Die staatlichen schwiegen ihn faktisch tot, und die privaten räumten ihm auch keinen Platz ein. Sofern sie nicht ohnehin im Besitz des Clans des Präsidentenpaars waren, fürchteten sie um Anzeigen. Deren Zuteilung wurde von einer staatlichen Institution völlig willkürlich reguliert.

Der Chef der sozialdemokratischen Partei des Demokratischen Fortschritts (PDP), Néjib Chebbi, wurde von der Kandidatur über ein eilig verabschiedetes, auf ihn zugeschnittenes Gesetz ferngehalten. Seine Partei nahm denn – wie auch eine weitere sozialdemokratische Partei, das Demokratische Forum für Arbeit und Freiheit (FDTL) von Mustapha Ben Jaâfar – an den Parlamentswahlen nicht teil, bei denen das Regime der Opposition (Blockflöten eingerechnet) unabhängig vom Wahlresultat jeweils ein Viertel der Sitze zugesteht. Das war die Situation, ein Jahr bevor in Sidi Bouzid der arbeitslose Mohamed Bouazizi sich selbst anzündete und schon vier Wochen danach Ben Ali das Flugzeug bestieg, das ihn ins Exil nach Dschidda brachte, in die saudiarabische Metropole am Roten Meer.

Drei Präsidenten an einem Tag

Während Ben Ali im Flugzeug sitzt und in der Innenstadt von Tunis geschossen wird, präsentiert sich sein Premierminister Mohamed Ghannouchi dem Fernsehpublikum, flankiert von den Präsidenten der beiden Kammern des Parlaments. Er verkündet, er selbst habe nach Artikel 56 der Verfassung, der den Fall einer vorübergehenden Verhinderung des Präsidenten regelt, nun die Präsidentschaft übernommen. Er wird sein neues Amt keine 24 Stunden lang innehaben. Die Armee übernimmt die Kontrolle des Flughafens. 25 Mitglieder des Clans des geflüchteten Präsidentenpaars werden in der VIP-Lounge festgenommen – wegen versuchten Devisenschmuggels ins Ausland. Einige von ihnen sind bewaffnet. Held des Tages wird der Pilot Mohamed Ben Kilani, der sich weigert, Mitglieder der Präsidentenfamilie an Bord zu nehmen. Noch am Abend wird der Luftraum über Tunis gesperrt. Nach Einbruch der Nacht setzen bewaffnete Anhänger des alten Regimes Teile des Bahnhofs der Hauptstadt in Brand, auch zwei Krankenhäuser werden überfallen, Milizionäre verbreiten Terror, dringen in Privathäuser ein. Im Nobelviertel La Marsa plündern Anwohner etwa 20 Villen, die dem Familienclan Ben Ali-Trabelsi gehören. Die Supermärkte Géant und Monoprix, ebenfalls in dessen Besitz, werden in Brand gesetzt.

Samstag, 15. Januar: Am Mittag erklärt der Verfassungsrat Fouet Mebazaâ, den Präsidenten der Abgeordnetenkammer des Parlaments, nach Artikel 57 der Verfassung, der den Fall des Todes, des Rücktritts oder der endgültigen Verhinderung des Präsidenten regelt, zum Interimspräsidenten. Die Flucht Ben Alis sei als Desertion und definitiver Abschied vom Amt zu werten. Damit ist Ghannouchi wieder, was er bis zum Vortag war: Ministerpräsident. In der ganzen Stadt, in den armen wie in den reichen Vierteln, bilden sich Bürgerwehren, die sich mit Stöcken, Ketten, Äxten und Stangen bewaffnen und Hunderte Barrikaden errichten, um Autos zu kontrollieren und Plünderungen zu verhindern. In der Avenue Habib Bourguiba und den umliegenden Straßen wird geschossen. Heckenschützen des alten Regimes verbreiten Terror. Sie werden von der Armee außer Gefecht gesetzt.

Sonntag, 16. Januar: In der Innenstadt von Tunis fallen noch immer Schüsse. In einem Außenviertel wird eine Gruppe bewaffneter Ausländer festgenommen. Gerüchte von Söldnern im Dienst Ben Alis kursieren. Doch stellt sich heraus, dass es sich um einen Trupp von schwedischen Touristen handelt, die zur Wildschweinjagd angereist sind und sich angesichts der unsicheren Lage zum Flughafen durchzuschlagen versuchten. Rund um den Präsidentenpalast in Karthago, einem Vorort von Tunis, wird stundenlang geschossen: Die Armee setzt die Präsidialgarde außer Gefecht.

Montag, 17. Januar: Die Lage beruhigt sich. Ghannouchi gibt sein neues Regierungskabinett bekannt. Einige Minister hat er von seinem alten Kabinett übernommen, die Mehrheit der Ressortchefs gehört der verhassten Staatspartei RCD an. Doch werden auch die Spitzenpolitiker der drei Oppositionsparteien, Chebbi, Brahim und Ben Jaâfar, sowie drei Mitglieder der UGTT (mit Minister- und Staatssekretärsposten) mit Ministerien bedacht. Slim Amamou, der bekannteste Blogger des Landes, wird Staatssekretär im Ministerium für Jugend und Sport. Er war eine Woche zuvor wegen mutmaßlicher Zugehörigkeit zur Hacker-Gruppe Anonymous, die die Websites sämtlicher Ministerien, der Nationalbank und der Börse lahmgelegt hatte, verhaftet worden und wurde erst am Vorabend von Ben Alis Flucht auf freien Fuß gesetzt. Ghannouchi gibt die Einsetzung von drei Kommissionen bekannt. Sie sollen die Korruption untersuchen, Vorschläge für politische Reformen ausarbeiten und klären, wer die 58 Toten zu verantworten hat, die die Revolution nach offiziellen Angaben (die UNO wird später von 215 sprechen) gekostet hat. Der Ministerpräsident kündigt zudem die Freilassung aller politischen Gefangenen an. Die Tunesische Menschenrechtsliga, 1976 gegründet und damit die älteste Menschenrechtsorganisation im arabischen Raum, darf wieder frei arbeiten. Sie hatte sich unter der Diktatur zum letzten Hort der Opposition entwickelt.

Dienstag, 18. Januar: Die drei UGTT-Mitglieder treten unter dem Druck der Gewerkschaftsbasis aus der Regierung wieder aus. Ihre Begründung: Die Schlüsselministerien Innen, Außen, Verteidigung und Finanzen seien nicht mit neuen Personen besetzt worden. Der Oppositionspolitiker Ben Jaâfar gibt seine Mitgliedschaft im Kabinett auf. Er will keiner RCD-Regierung angehören.

Daraufhin treten Präsident Mebazaâ und Premierminister Ghannouchi aus der RCD aus. Auch sämtliche RCD-Minister verlassen die Partei. Die RCD ihrerseits, bis vor 24 Stunden noch Mitglied der Sozialistischen Internationale, schließt Ben Ali, seine Ehefrau Leila Trabelsi, deren Bruder Belhassen Trabelsi, Mohamed Sakhr El Materi, Schwiegersohn des Ex-Präsidenten, und weitere fünf prominente Mitglieder aus der Partei aus.

Mittwoch, 19. Januar: Die Schweizer Regierung verhängt über 40 Mitglieder des Clans Ben Ali-Trabelsi ein Verbot, ihren Immobilienbesitz zu verkaufen. Ben Ali ruft aus seinem saudischen Exil Ghannouchi an und teilt ihm mit, er sei bereit zurückzukehren. Der Ministerpräsident erwidert, dies sei unmöglich. Eine Woche später schon stellt die tunesische Justiz einen Haftbefehl gegen Ben Ali aus.

Die Armee rettet die Revolution

Fürs Erste ist der Sieg der Revolution gesichert. Die tunesische Jugend hat sie im Landesinnern losgetreten. Die Armee hat ihr in Karthago, als sie die Präsidialgarde militärisch ausschaltete, zum Durchbruch verholfen. Welche Diskussionen in der Generalität geführt wurden, wie die Entscheidungen fielen, darüber kann man heute nur spekulieren. Man wird mehr darüber wissen, wenn die Archive geöffnet werden, wenn die Protagonisten zu reden beginnen. Fest steht: Die Armee hat sich in der entscheidenden Stunde dem Regime verweigert und sich dem Schießbefehl widersetzt. Armeechef Ammar wurde von Ben Ali deshalb zwar gefeuert, aber die Generäle scheinen zu ihrem Chef gestanden zu haben, so dass die Entscheidung des Präsidenten letztlich folgenlos blieb. Dies erklärt sich gewiss auch aus einem traditionellen Misstrauen zwischen Armee und politischer Führung. Bereits Bourguiba versuchte, die Armee kleinzuhalten. Dass Ben Ali, der eine militärische Karriere hinter sich hatte, überhaupt in hohe politische Positionen aufsteigen konnte, war eine Ausnahme. Unter seiner Präsidentschaft verlor die Armee noch weiter an Gewicht. Bei seiner Flucht zählte sie rund 35 000 Soldaten, die Hälfte davon war in der Verwaltung beschäftigt. Ihnen standen etwa 150 000 Polizisten gegenüber und zahlreiche Spitzel.

Die Armee hat in Tunesien weithin einen guten Ruf. Nur noch die ältere Generation kennt sie als repressive Instanz. 1978 kam sie bei der Niederschlagung des Generalstreiks der UGTT zum Einsatz und dann noch einmal – aber schon eher als Hilfstruppe der Polizei – während der Brotunruhen 1983/84. Das war zu Zeiten Bourguibas. Unter Ben Ali war die Repression ausschließlich Aufgabe der Polizei und ihrer Hilfskräfte, der Spitzel und der Milizen der Partei. Anders als etwa in Ägypten, wo die Armee in zahlreichen Sektoren der Wirtschaft stark engagiert ist, hat sie in Tunesien keine eigenen wirtschaftlichen Interessen. Und sie hat auch, soweit erkennbar, keine politischen Ambitionen. Das könnte sich allenfalls ändern, wenn die Revolution scheitert.

Dem Respekt vor der Armee entspricht der Hass auf eine Polizei, die – gedeckt durch die Obrigkeit – straflos bedrohte, zuschlug, festnahm, Geld erpresste, den Menschen ihre Würde raubte. Gewiss, es gab immer auch brave Polizisten, die nur ihren Dienst versahen, aber den Ruf bestimmten die andern. Nach der Revolution verschwand die Polizei weitgehend von der Bildfläche. Auch die zahlreichen Kontrollen auf den Überlandstraßen fielen weg. Viele der alten Ordnungshüter wollten nun nicht mehr Hüter der alten Ordnung sein, trauten sich aber auch nicht an die Öffentlichkeit, andere hatten einfach keine Befehle, keinen Dienstplan, warteten ab. Das Gros des Polizeicorps wird sich wohl mit den neuen Verhältnissen arrangieren. Es sind Polizisten, die Familien haben, irgendwie wirtschaftlich zurechtkommen müssen, ihr Fähnchen in den Wind hängen, nach der Flucht ihres obersten Dienstherrn erst recht. Wer kämpft schon gern auf Seiten der Verlierer?

Doch eine wohl eher kleine Minderheit begann, Terror zu verbreiten. In zahlreichen Städten provozierten Polizisten und bewaffnete Anhänger der Staatspartei RCD Auseinandersetzungen, stifteten Unruhe, plünderten – offenbar um die Sehnsucht nach einer harten Hand zu schüren, die für Ruhe und Ordnung sorgt. Zudem waren von den 11 209 Häftlingen – die meisten von ihnen mit kriminellem Hintergrund –, die in den dramatischen Tagen der Revolution entwichen oder gezielt freigelassen worden waren, Ende Januar erst 1470 wieder hinter Gittern. Es herrschte weithin Angst vor Überfällen bewaffneter Ganoven. Vielerorts gingen die Leute nach Einbruch der Dunkelheit nicht mehr auf die Straße.

Wie angespannt die Sicherheitslage war, zeigte sich, als am 31. Januar über 2000 Polizisten und bewaffnete Parteianhänger das Innenministerium an der Avenue Habib Bourguiba stürmten – vielleicht um belastende Dokumente zu entwenden, vielleicht auch nur, um sich als Machtfaktor ins Bewusstsein zu bringen, vielleicht aber war es der Beginn eines Putschversuchs. Farhat Raji, der neue Innenminister, der sein Amt erst vier Tage zuvor angetreten hatte, musste unter Armeeschutz das Gebäude verlassen. Handy und Brille hatten ihm die Eindringlinge bereits abgenommen. Auch der im Ministerium anwesende populäre Armeechef Ammar musste sich vor den bewaffneten Horden in Sicherheit bringen. Als Reaktion auf das dramatische Geschehen entließ der Innenminister, der bei einer Pressekonferenz von einem veritablen Staatsstreichversuch sprach, 42 hohe Polizeioffiziere und kündigte die Reintegration von unter der Diktatur entlassenen Polizisten sowie eine Lohnerhöhung an. Die Direktion für die Nationale Sicherheit, eine Domäne der Polizei, wurde einem Armeegeneral, Ahmed Chebir, übertragen.

Drei Tage später wechselte der Ministerpräsident sämtliche 24 Gouverneure des Landes aus, und weitere drei Tage später verbot der Innenminister der RCD jegliche Aktivität und ließ ihre Parteibüros schließen. »Es gibt Menschen, die das Rad der Geschichte wieder zurückdrehen möchten«, warnte Ghannouchi am 7. Februar im Parlament, als er die Abgeordneten aufforderte, ein Gesetz gutzuheißen, das dem Staatspräsidenten erlaubt, per Dekret am Parlament vorbeizuregieren. Das Gesetz wurde gebilligt, obwohl die RCD drei Viertel der Parlamentssitze innehatte. Die Fraktion der alten Staatspartei, in der Bevölkerung komplett desavouiert und in der politischen Defensive, verzichtete damit darauf, den politischen Prozess zu blockieren. Um die bedrohliche Sicherheitslage zu verbessern, berief die Übergangsregierung die Reservisten ein. Berufssoldaten von Heer, Marine und Luftwaffe, die in den letzten fünf Jahren in den Ruhestand getreten waren, wie auch Wehrpflichtige, die erst jüngst entlassen worden waren, mussten sich zum Dienst melden. Vielerorts übernahmen danach Soldaten polizeiliche Funktionen. Sie regelten den Verkehr, bewachten Gebäude, kontrollierten Autos. Es ging vorerst darum, den Kräften des alten Regimes den Weg zurück an die Macht abzuschneiden.

Die Jungen und der Alte

Die Revolution war vorerst wieder gerettet. Nach dem Rückzug der UGTT-Minister und Ben Jaâfars aus dem Kabinett hatte Ghannouchi eine neue Übergangsregierung gebildet, in der sämtliche Schlüsselministerien von unabhängigen Verwaltungsfachleuten besetzt waren und nur noch zwei Minister aus dem Kabinett der Diktatur stammten. Es schien nun alles seinen Gang zu gehen. Die von Ghannouchi eingesetzten drei Kommissionen nahmen ihre Arbeit auf. Die politischen Gefangenen wurden freigelassen. Die Opposition aus Kommunisten, Islamisten, UGTT, FDTL und der Anwaltskammer bildete einen Rat zum Schutz der Revolution, der beanspruchte, an der Gesetzgebung beteiligt zu werden. Da meldete sich die Facebook-Generation zurück.

Angespornt von den Ereignissen in Kairo, wo Jugendliche zwei Wochen lang Tag und Nacht den zentralen Tahrir-Platz besetzten, bis Präsident Hosni Mubarak am 11. Februar zurücktrat, begannen etwa 1000 Demonstranten Mitte Februar ein Sit-in auf dem Kasbah-Platz am Rand der Medina, der Altstadt von Tunis. Just vor dem Dar-El-Bey, einst Residenz des türkischen Statthalters, heute Amtssitz des Ministerpräsidenten, entstand ein buntes Zeltlager. Die »Kasbah«, wie die Gruppe der Platzbesetzer bald hieß, kündigte an, den Platz nicht zu räumen, bis ihre Forderungen erfüllt seien: Rücktritt des alten und neuen Ministerpräsidenten Ghannouchi; Rücktritt der gesamten provisorischen Regierung; Wahl einer Verfassungsgebenden Versammlung; Auflösung der RCD; Außerkraftsetzung der Verfassung; Auflösung des Parlaments; Auflösung der drei Kommissionen. Das hörte sich radikal und utopisch an, unrealistisch war es nicht, wie sich bald herausstellen sollte.

Am 25. Februar, einem Freitag, rief die Kasbah zu einer Demonstration für ihre Forderungen auf. Über 100 000 Personen strömten auf die Avenue Habib Bourguiba zum Innenministerium. Dort hatte die Armee Panzer und Wasserwerfer postiert, auf die nun Demonstranten kletterten. Sie hissten auch die Fahne des libyschen Widerstands, der inzwischen Bengasi, die zweitgrößte Stadt des Nachbarlandes, kontrollierte. Es kam zu Verbrüderungsszenen zwischen Soldaten und Demonstranten – bis völlig überraschend die Polizei mittels Tränengas, Knüppeln und Warnschüssen mit äußerster Brutalität den Boulevard leerräumte.

In der Nacht wurden in der Innenstadt zahlreiche Schaufenster zertrümmert und Läden geplündert – vermutlich von Provokateuren des alten Regimes und von Milizen der Partei. Am Samstag kam es zu gewalttätigen Straßenauseinandersetzungen, fünf Demonstranten wurden erschossen. Am Sonntag trat der Ministerpräsident zurück.

Elf Jahre lang hatte Ghannouchi als Premierminister schon Ben Ali gedient. Er stand immer in dessen Schatten. Die wichtigen Entscheidungen traf der Präsident, nicht der Regierungschef. Anders als vielen aus der Entourage Ben Alis wurde Ghannouchi nie vorgeworfen, sich im Amt bereichert zu haben. Nach der Flucht seines Chefs versuchte er wohl, irgendwie einen geordneten Übergang hinzubekommen, das Land vor dem Chaos zu bewahren. Seine politische Bilanz der 44 Tage nachrevolutionärer Amtszeit konnte sich durchaus sehen lassen. Trotzdem war es ein Fehler des Interimspräsidenten Mebazaâ, Ghannouchi mit der Regierungsbildung zu beauftragen. Für die jugendlichen Revolutionäre, die im Kampf gegen Ben Ali Kopf und Kragen riskiert hatten, war er schlicht eine Zumutung; er stand für die alte Zeit.

Schon am Tag nach Ghannouchis Rücktritt stellte der Präsident einen neuen Premierminister vor: Béji Caid Essebsi, 84 Jahre alt, ein Jurist, der einst Bourguiba als Innen- und dann als Verteidigungsminister gedient, sich mit dem »Alten« dann aber überworfen hatte, aus der Partei ausgeschlossen und danach doch wieder Außenminister wurde. Dem Machtklüngel Ben Alis gehörte er nie an, auch wenn er nach dessen Amtsantritt zeitweilig Parlamentspräsident war. Am selben Tag noch legten die beiden letzten vom vorrevolutionären Kabinett übernommenen Minister ihre Ämter nieder. Einen Tag danach traten auch Chebbi und Brahim, die einzigen Minister der Oppositionsparteien, mit fadenscheinigen Begründungen aus der nun ersten Regierung ohne Altlasten aus. Offenbar, weil Caid Essebsi erklärt hatte, wer seinem Kabinett angehöre, dürfe nicht bei den kommenden Präsidentschaftswahlen kandidieren. Er wollte damit klarstellen, dass es ein Übergangskabinett sei, und verhindern, dass Minister, statt den Übergang zu regeln, diese Regierung als Startrampe für eine politische Karriere missbrauchen. Die Kasbah ihrerseits verwies darauf, dass Caid Essebsi zwei Diktatoren gedient habe, und kündigte an, vor dem Amtssitz des neuen Premiers weiter zu kampieren, bis ihre Forderungen erfüllt seien.

Die Verfassung sah keine Revolution vor

Ins Zentrum der öffentlichen Debatte war in Tunis inzwischen die Frage gerückt: Wie weiter nach dem 15. März? An diesem Tag nämlich endete die von Artikel 57 der Verfassung vorgesehene Amtszeit des Interimspräsidenten. Bis zum 15. März hätten – der Verfassung gemäß – Präsidentschaftswahlen stattfinden müssen. Das war natürlich unmöglich. Parteien, die nun erst legalisiert wurden oder sich gerade erst bildeten, konnten ja nicht innerhalb von zwei Monaten ein Wahlprogramm entwerfen, den Weg an die Öffentlichkeit finden und sich einem breiten Publikum vorstellen. In der Verfassung war zwar der Todesfall des Präsidenten einkalkuliert, nicht aber eine Revolution. So war klar, dass ab 15. März ein Vakuum entstehen würde, denn dann gab es keinen von der Verfassung legitimierten Präsidenten mehr, also auch keine legitimierte Regierung.

Mebazaâ und Caid Essebsi durchschlugen den Gordischen Knoten. In einer Fernsehansprache vom 3. März erklärte der Staatspräsident, dass er bereit sei, über den 15. März hinaus Präsident zu bleiben, »um die Kontinuität und den Fortbestand des Staates zu sichern, aus Respekt vor den Märtyrern und um den Prinzipien der Revolution Genüge zu tun«. Er und der Premierminister würden ihre Ämter niederlegen, sobald die am 14. Juli zu wählende Verfassungsgebende Versammlung ihre Arbeit aufnehme. Am selben Tag kündigte Caid Essebsi die Suspendierung der Verfassung an, was logischerweise auch die Auflösung der beiden Kammern des Parlaments bedeutete. Zudem sagte er zu, dass er selbst wie auch der Präsident sich am 14. Juli aus der Politik zurückziehen würden.

Das alles war nicht verfassungsgemäß – so wenig wie eine Revolution verfassungsgemäß ist. Aber da die Revolution nun mal gesiegt hatte, war es ein vernünftiger, gangbarer Weg. Das sah auch die Kasbah so, deren Forderungen im Wesentlichen erfüllt waren. Sie brach ihr einwöchiges Sit-in ab. Noch innerhalb einer Woche verfügte ein Gericht in erster Instanz die formelle Auflösung der RCD, der bereits vorher jegliche Aktivitäten untersagt worden waren. Und auch die gefürchtete »politische Polizei«, eine Geheimpolizei, wurde aufgelöst.

Die Lösung, bis zu allgemeinen Wahlen für eine Verfassungsgebende Versammlung eine verfassungsfreie Übergangszeit zu beschließen, hatte die noch von Ghannouchi eingerichtete Kommission für politische Reformen vorgezeichnet. Ihr Präsident Iadh Ben Achour, ein pensionierter Juraprofessor und Spezialist für öffentliches Recht wie islamische politische Theorie, gilt weithin als ein integrer Intellektueller. Unter Ben Ali war er zwar Mitglied des Verfassungsrats, diesen verließ er aber schon 1992, weil er sich mit seinen liberalen Vorstellungen nicht durchsetzen konnte. Ben Achours Kommission stieß auf breite Akzeptanz.

Inzwischen wurde die Kommission umbenannt in Hohe Instanz für die Verwirklichung der Ziele der Revolution, der politischen Reform und des demokratischen Übergangs. Diesem Gremium gehören nun 155 Vertreter von Parteien, Gewerkschaften und Organisationen der Zivilgesellschaft an. Es befindet über Bestimmungen, die ein Expertenrat ausarbeitet, um den Übergang bis zu den Wahlen und deren Durchführung zu regeln. Werden diese von der Hohen Instanz gutgeheißen, so werden sie der Regierung vorgelegt und danach dem Präsidenten mit der Aufforderung, ein entsprechendes Gesetzesdekret zu erlassen. Diese von keiner Verfassung geregelte Art der Gesetzgebung machte den von der Linken gegründeten Rat zum Schutz der Revolution überflüssig.

Die zweite noch von Ghannouchi gebildete Kommission wird von Bouderbala Taoufik, Rechtsanwalt und Ex-Präsident der Menschenrechtsliga, geleitet. Er sah sich bald mit dem Vorwurf konfrontiert, seine Kommission, die polizeiliche Übergriffe untersuchen und die Verantwortung für die rund 250 Toten der Revolution klären soll, erledige die Arbeit, die eigentlich Staatsanwälten zustünde. Das stimmt gewissermaßen. Doch es waren gerade die Staatsanwälte der Strafgerichtshöfe, die im Dienst der Diktatur das Recht abertausendfach gebrochen hatten. Taoufiks Kommission erstellte bis Mitte März immerhin 750 Dossiers, bei denen es auch um den Tod von insgesamt knapp 100 »Märtyrern« ging.

Die dritte Kommission war die umstrittenste. Sie sollte die Korruptionsgeflechte durchleuchten. Präsidiert wurde sie von Abdelfattah Amor, ebenfalls Professor der Rechtswissenschaft und einst Mitglied des Verfassungsrates. Doch eine Reihe von Anwälten warf ihm vor, als Mitglied des Menschenrechtskomitees der Vereinten Nationen, dessen Präsident er zeitweilig war, die Diktatur beschönigt und mit Ben Ali gekungelt zu haben. Fest steht, dass er vom Diktator 1998 den Menschenrechtspreis des Präsidenten der Republik entgegennahm. Aufgrund dieser Vorwürfe verfügte Anfang März ein Gericht in erster Instanz die Einstellung der Aktivitäten von Amors Antikorruptionskommission.

Der »Schatz des Ali Baba«

Zwei Wochen zuvor, Mitte Februar, hatte Kommissionspräsident Amor seinen größten Erfolg gefeiert. Die ganze Nation konnte am Bildschirm miterleben, wie Mitglieder seiner Kommission in der Privatresidenz Ben Alis in Sidi Bou Said, einem Künstlerdorf in der Bucht von Tunis, den »Schatz des Ali Baba« präsentierten. In Safes, die hinter ausziehbaren Bücherwänden versteckt waren, lagerten dicke Bündel von Geldscheinen: Dollar, Euro und tunesische Dinar im Wert von 21 Millionen Euro, dazu eine Reihe von Schatullen mit Diamanten, Perlenketten und andern Preziosen.

Anders als sein bescheidener Vorgänger Habib Bourguiba, der nach seinem Tod weder eine Villa noch ein gut gepolstertes Bankkonto hinterließ, hatten Ben Ali, seine Frau und ihr weitverzweigter Familienclan zeitlebens zusammengerafft, wessen sie habhaft werden konnten. Das amerikanische Wirtschaftsmagazin *Forbes* bescheinigte Ben Ali im Jahr 2007 ein Vermögen von fünf Milliarden Dollar. Seine Gattin Leila Trabelsi, aufgewachsen als Tochter eines Verkäufers getrockneter Früchte und von Beruf Friseuse, brachte es der Zeitschrift zufolge immerhin auf vier Milliarden.

Belhassen Trabelsi, der Bruder der Präsidentengattin, hatte sich die Banque de Tunisie unter den Nagel gerissen. Er besaß die Karthago-Gruppe, zu der eine Fluglinie und eine Luxushotelkette gehören. Zudem war er Eigner der TV-Produktionsgesellschaft Cactus Prod, die mehr als die Hälfte der Werbeeinnahmen absahnte, die an die öffentliche Fernseh- und Rundfunkanstalt flossen. Am 14. Januar floh er buchstäblich in letzter Minute mit seiner Frau, den vier Kindern und ihrer asiatischen Tagesmutter auf einer fremden Yacht von Sidi Bou Said nach Sizilien und setzte sich von dort ins kanadische Exil ab.

Sakhr El-Materi, der Schwiegersohn des Präsidentenpaars, hatte sich mit staatlicher Hilfe die Bank Zitouna aufgebaut und sich die Lizenzen für den Import einer Reihe von Automarken gesichert: Volkswagen, Audi, Porsche, Seat und Kia. Er flüchtete nach Dubai. Wie er lebte, weiß dank Wikileaks ganz Tunesien. Der US-Botschafter berichtete von einem Essen mit zwölf Gängen, zu dem er eingeladen war. Alles sei aus Frankreich eingeflogen worden. Bloß die vier Hühner, die das Haustier El-Materis, ein Löwe, täglich verspeiste, stammten vermutlich aus nationaler Produktion.

Das Enfant terrible des Clans aber ist Imed Trabelsi, Neffe der First Lady, der in den Diebstahl einer anderthalb Millionen Euro teuren Yacht im Süden Korsikas verwickelt ist, die einem Freund des französischen Präsidenten gehörte und schließlich in Sidi Bou Said auftauchte. Um diplomatische Querelen zu vermeiden, gab sich die französische Justiz, die zunächst die Auslieferung des Jetsetters gefordert hatte, damit zufrieden, dass ihm der Prozess in Tunis gemacht werden sollte. Dort sprach man ihn frei. Kurz danach wurde er zum Bürgermeister von La Goulette gewählt, der Stadt, in der der einträgliche Handelshafen von Tunis liegt. Der 36-jährige Geschäftsmann war überdies Besitzer der Med Business Holding, die in den Bereichen Agrikultur, Bau und Handel aktiv ist. Imed Trabelsi war bewaffnet, als er am 14. Januar nach einer Schießerei in der Flughafenhalle festgenommen wurde. Seither sitzt er in Haft.

Das ist nur die prominente Spitze des Clans, der mit Betrug, Unterschlagung, Erpressung und dem Einsatz nackter Gewalt das Land ausgeplündert hat. Ende Februar veröffentlichte die tunesische Presse eine Liste von 110 mit dem Präsidentenpaar verwandten oder verschwägerten Personen, deren gesamtes Vermögen an Guthaben und Immobilien die Regierung beschlagnahmen ließ.

Europa hofiert einen Diktator

Tunesien war unter Ben Ali zu einem mafiösen Polizeistaat verkommen. Das wusste man natürlich auch an den Champs-Élysées. Frankreich, dessen Protektorat Tunesien 73 Jahre lang war, pflegte auf geheimdienstlichem und militärischem Gebiet eine gute Zusammenarbeit und war für Tunesien – beim Import wie beim Export – der wichtigste Handelspartner. Auch die Europäische Union, die, was ihre Beziehungen zum Maghreb betrifft, immer nach der französischen Pfeife tanzte, verstand sich mit Ben Ali prächtig. Als erster Staat des Maghreb schloss Tunesien mit der

EU ein Assoziationsabkommen, das 1998 in Kraft trat. Als erster Staat des Maghreb unterzeichnete es 2004 einen Aktionsplan im Rahmen der neuen Europäischen Politischen Partnerschaft. Und Ben Ali durfte mit guten Gründen hoffen, dass Tunesien noch im Sommer 2011 den Status eines »fortgeschrittenen Partners« erhalten würde – »aufgrund der weiteren Fortschritte in Sachen Demokratie, Menschenrechte und Regierungsführung«, wie die EU-Kommission bescheinigte.

Von der Europäischen Union, vor allem von Frankreich, das sich gern als Wiege der Menschenrechte bezeichnet, fühlte sich die rebellische Jugend Tunesiens im Stich gelassen, ja verraten. Drei Tage vor der Flucht Ben Alis hatte die damalige französische Außenministerin Michèle Alliot-Marie dem Regime in Tunis noch »das Know-how unserer Streitkräfte, das in der ganzen Welt anerkannt ist«, zur »Aufrechterhaltung der Ordnung« angeboten. Und am Tag der Jasmin-Revolution lagerten auf dem Pariser Flughafen Roissy mehrere Tonnen Tränengas, schusssichere Westen und Schutzschilde, die ausweislich der Frachtpapiere für das Innenministerium in Tunis bestimmt waren.

Die Angst vor den Islamisten

Man schätzte den tunesischen Diktator aus zwei Gründen. Ben Ali zeigte sich kooperativ in der Abwehr von Flüchtlingen (von der tunesischen Küste zur italienischen Mittelmeerinsel Lampedusa sind es nur 120 Kilometer), und er hatte die islamistische Gefahr in seinem Land gebannt.

Im benachbarten Algerien hatte die Armee die Islamische Heilsfront (FIS) im Frühjahr 1992 um ihren Wahlsieg betrogen, was in einen Bürgerkrieg mit über 100 000 Toten mündete. Tunesien hingegen war ein Touristenparadies. Allein aus Deutschland kamen jährlich eine halbe Million Sonnenanbeter an die Strände des Landes. Den Polizeistaat nahmen die wenigsten von ihnen wahr. Im Weißen Haus und im Élysée-Palast aber wusste man – erst recht nach dem Attentat auf die New Yorker Zwillingstürme vom 11. September 2001 – die harte Hand des Diktators zu schätzen, unter dessen Regime in 23 Jahren 80 000 bis 100 000 Islamisten ins Gefängnis geworfen wurden und die Folter an der Tagesordnung war.

In Tunesien selbst hielten nur wenige in den dunkelsten Stunden der Diktatur die Fahne der Menschenrechte hoch. Vor allem waren es mutige Frauen wie Sihem Bensedrine, Sprecherin des Nationalen Rats für Freiheiten, deren Online-Zeitung *Kalima* gesperrt wurde, Radhia Nasraoui, die eine Vereinigung für den Kampf gegen die Folter gründete, und Sana Benachour, Präsidentin der Vereinigung Demokratischer Frauen. Im Ausland stießen ihre Stimmen in der Regel auf taube Ohren. In Paris, Brüssel und Bonn sorgte man sich nicht um die Menschenrechte, sondern um Sicherheit und Stabilität. Und man ging stillschweigend davon aus, dass dafür eine Diktatur besser bürgen könne als eine Demokratie. Doch wie andere arabische Autokraten hatten auch die Tunesier Bourguiba und Ben Ali ein sehr taktisches Verhältnis zum Islamismus. Um Massenproteste marxistischer Studenten einzudämmen, hofierte Bourguiba in den 1970er Jahren die Islamisten. Der Unterricht an den Hochschulen, der zum großen Teil in französischer Sprache stattfand, wurde arabisiert und islamisiert. Tunesien entwickelte sich – lange bevor in Algerien die FIS zu einem Machtfaktor aufstieg – zum wichtigsten Brennpunkt des Islamismus in Maghreb, bis Bourguiba Tausende Bärtige in die Kerker warf.

Unter Ben Ali kamen die Islamisten frei. Der Präsident pilgerte nach Mekka, küsste – Tränen in den Augen, wie die ganze Nation am Bildschirm verfolgen konnte – die Mauern der Kaaba, und seine Reden begann er (wie übrigens auch seine letzte am Vorabend der Flucht) mit »Im Namen Allahs, des Gnädigen und Barmherzigen«. Doch schon nach den Wahlen von 1989, bei denen die von der islamistischen Ennahda unterstützte Liste einen Achtungserfolg erzielte, war das liberale Intermezzo zu Ende. Die Islamisten wurden – wie wenige Jahre zuvor – wieder grausam verfolgt und bevölkerten schon bald die Gefängnisse.

An der Jasmin-Revolution waren die Islamisten nicht beteiligt. Religiöse Parolen konnte man während des Umbruchs in Tunesien nicht hören. Die Ennahda, erst am 1. März wieder legalisiert, war durch die Repression extrem geschwächt. Doch wird sie bei den Wahlen, bei denen sie nach dem neuen Wahlgesetz wie alle Parteien auf ihrer Liste gleich viele Frauen wie Männer präsentieren muss, gewiss ein zweistelliges Resultat erreichen. Eine Gefahr stellt sie kaum dar, solange in Tunesien die politische Öffnung keinen Rückschritt erleidet. Es mag an ihren Rändern radikale

Tendenzen geben. Doch ihr Führer Rachid Ghannouchi, 1992 in Abwesenheit zu einer lebenslangen Haftstrafe verurteilt und am 30. Januar nach über 20 Jahren Exil in seine Heimat zurückgekehrt, erklärte durchaus glaubhaft, seine Bewegung stehe der konservativ-islamischen AKP des türkischen Ministerpräsidenten Recep Tayyip Erdoğan näher als der algerischen FIS und akzeptiere einen laizistischen Staat.

Auch wenn in jüngster Zeit auf Demonstrationen mitunter religiöse Parolen auftauchen, sprechen noch andere Faktoren gegen eine islamistische Gefahr in Tunesien. In keinem anderen Land der arabischen Welt haben die Frauen so viele Rechte. Schon wenige Monate nach der Unabhängigkeit hat Bourguiba die Frauen – außer in Erbschaftsangelegenheiten – den Männern rechtlich gleichgestellt. Sie wissen, was sie in einem islamistischen Staat zu verlieren hätten. Zudem sind die Protagonisten dieser Revolution gut ausgebildete Jugendliche beiderlei Geschlechts, oft dem Mittelstand angehörig, die in der Moderne ankommen wollen, nicht in der Vergangenheit. Über al-Dschasira, Facebook und Twitter wissen sie, was ein Gottesstaat bedeutet, wie verzweifelt ihre iranischen Altersgenossen gegen das Regime kämpfen. Die tunesische Jugend, wenn man es verallgemeinern will, sehnt sich nach einem normalen Leben, nach einem Job, der es erlaubt, eine Familie zu gründen, nach einem Leben ohne Angst, in dem die Würde des Individuums respektiert wird. Sie war notgedrungen revolutionär, weil in Tunesien all dies ohne Revolution nicht zu haben war.

In keinem anderen Land des Maghreb oder des Nahen Ostens ist die arabische Revolution so weit fortgeschritten wie in Tunesien, wo sie begonnen hat. Es herrscht Freiheit, und ein Rechtsstaat ist im Aufbau begriffen. Doch noch sind die Resultate der Jasmin-Revolution nicht gesichert. Es fehlen über 100 000 Sozialwohnungen. Und es fehlen vor allem Arbeitsplätze für die qualifizierte Jugend. Die Wirtschaft kämpft mit den Folgen der Revolution. Der Tourismus ist eingebrochen. Die Industrieproduktion ist in den ersten drei Monaten des Jahres 2011 um 13 Prozent zurückgegangen. Die Arbeitslosenrate, die 2010 offiziell 14 Prozent betrug, wird im Juli 2011 vermutlich bei 19 Prozent liegen.

Kurzfristig wird es den Protagonisten der Revolution wirtschaftlich gewiss nicht besser gehen als vorher. Im Gegenteil. Schon macht sich vornehmlich auf dem Land, wo die Revolte ihren Ursprung hatte und die Arbeitslosigkeit doppelt so hoch ist wie im Landesdurchschnitt, Unmut breit. Im März kam es wegen der Einstellungspraxis eines Chemieunternehmens in der Kleinstadt Metlaoui zu Ausschreitungen, bei denen zwei Menschen starben. In Gafsa sperrten die Bergleute den Zugang zum Phosphat. Es ist nicht ausgeschlossen, dass neue Unruhen die Sehnsucht nach einer starken Hand befördern. An Kräften, die darauf spekulieren, fehlt es in Tunesien nicht.

Es liegt nun an Europa, das mit der tunesischen Diktatur auf eine obszöne Weise gekungelt und sich gleichzeitig dem Maghreb gegenüber hermetisch abgeschottet hat, einen Beitrag zur Stabilisierung der Revolution zu leisten. Die Europäische Kommission hat eine Verdoppelung der Finanzhilfe angekündigt, Frankreichs neuer Außenminister Alain Juppé will einen Kredit über 350 Millionen Euro bereitstellen. All dies reicht nicht, es wird der Größe der anstehenden Aufgaben nicht gerecht. Europa muss sich öffnen, Zollschranken abbauen, die Visa-Erteilung erleichtern, die Immigration akzeptieren. Die von Sarkozy gehätschelte Mittelmeerunion hat sich als Totgeburt erwiesen. Es ist an der Zeit, eine viel weitsichtigere Kooperation zwischen den beiden Ufern des Mittelmeers in die Wege zu leiten. Nur die wirtschaftliche Integration des gesamten mediterranen Raums wird die arabische Revolution, die in Tunesien ihren Ausgang genommen hat, letztlich stabilisieren können. Sie wird dem reichen Norden zunächst zusätzliche finanzielle Bürden abverlangen. Langfristig aber dürfte sie sich für beide Seiten auszahlen.

Literatur

Nicolas Beau/Catherine Graciet: La régente de Carthage, Paris 2009.
Nicolas Beau/Jean-Pierre Tuquoi: Notre ami Ben Ali, Paris 1999.
Mahmoud Ben Romdhane: Tunisie: Etat, économie et société, Tunis 2011.
International Crisis Group: Soulèvements populaires en Afrique du nord et au Moyen-Orient (IV): La voie tunisienne, 2011.
Mohamed Kilani: La révolution des braves, Tunis 2011.
Werner Ruf: Die tunesische Revolution, in: Inamo (Informationsprojekt Naher und Mittlerer Osten), Spezialnummer, 2011.
Béchir Turki: Ben Ali, le ripou, Tunis 2011.

Frank Nordhausen

Ägypten: Die Sieger des Tahrir-Platzes

Als Walid Elsheikh davon erfährt, dass Zehntausende Menschen in Kairo gegen das Regime des Präsidenten Hosni Mubarak demonstrieren, zögert er nicht einen Augenblick. »Ich bin sofort in meine Heimat geflogen, als die Proteste losgingen, ich musste einfach dorthin«, sagt er, »mir war klar, das ist der Moment, auf den wir seit Jahrzehnten gewartet haben: Das Volk erhebt sich gegen den Diktator.« Walid Elsheikh ist Ägypter, er ist Journalist und erklärter Gegner des Regimes des Präsidenten Hosni Mubarak. Wegen der drückenden Verhältnisse im Land, des gesellschaftlichen Stillstandes, der fehlenden Aufstiegschancen ist er zehn Jahre zuvor nach Deutschland gegangen und hat dort für verschiedene europäische Radio- und Fernsehstationen gearbeitet.

Am Mittwoch, dem 2. Februar, ist der Tahrir-Platz im Herzen der 20-Millionen-Metropole das Epizentrum eines politischen Erdbebens. Walid Elsheikh telefoniert ununterbrochen mit seinem Handy, wie so oft in diesen Tagen. Es ist erst wenige Stunden her, dass hier am Vortag und in der Nacht bei Zusammenstößen zwischen Gegnern und Anhängern Mubaraks mehr als zehn Menschen starben und mehr als 800 verletzt wurden. Er habe in den vergangenen acht Tagen höchstens drei Stunden pro Nacht geschlafen und manchmal gar nicht, sagt der mittelgroße, glattrasierte Mann.

Schon gegen 13 Uhr haben die Mubarak-Gegner den Platz der Befreiung gut gefüllt, und immer mehr Leute strömen nach, nicht nur Männer, sondern ebenso viele Frauen, trotz Einstellung des Zugverkehrs und trotz der Sperrung der Überlandstraßen. Zwar hat vor zwei Tagen die Mitternachtsrede des Präsidenten, in der er ankündigte, zur nächsten Wahl im September nicht mehr anzutreten, viele Menschen im Land besänftigt. »Aber dann«, sagt der ägyptische Journalist, »dann hat er den Fehler seines Lebens begangen. Er hat seine Kettenhunde losgehetzt. Er hat allen Menschen gezeigt, was er wirklich von seinem Volk hält.« Und dieser Zynismus nehme Mubarak jede noch vorhandene Legitimität.

Begonnen hat alles am 25. Januar 2011, als sich zum Polizeifeiertag rund 20 000 meist junge Menschen auf dem Tahrir-Platz versammelten, um an einen getöteten Regimegegner zu erinnern. Sie hielten Transparente in die Luft, auf denen sie die Parolen der tunesischen Revolution aufgriffen und gewissermaßen ins Ägyptische übersetzten: »Game over«, »Hau ab, Mubarak«, »Schluss mit dem Regime«.

25. bis 29. Januar: »Facebook-Revolution« und Cyberwar

»Wir Oppositionelle haben es lange nicht geschafft, die Menschen zu erreichen«, sagt Walid Elsheikh. Die Ägypter gelten als duldsam und leidensfähig. Auch im Westen war man überzeugt, dass ein politischer Wandel nur vom Regime oder schlimmstenfalls von den Islamisten – angeführt von den Muslimbrüdern – ausgehen könne. Eine Graswurzelrevolution wie nach dem 25. Januar erschien undenkbar. Doch etwas hat sich geändert. Es hat zu tun mit dem Erfolg der aufständischen Tunesier, mit dem demografischen Wandel, der Herausbildung einer Zivilgesellschaft – und der elektronischen Revolution: Viele junge Leute, vor allem in den Metropolen, sind von den Verhältnissen angeödet, aber sie sind online, haben Mobiltelefone und Netbooks. Rund 17 Millionen Ägypter bewegen sich bereits im Internet, fünf Millionen sind bei Facebook registriert. Es ist ein junges Volk: Die Hälfte der offiziell rund 83 Millionen Einwohner sind unter 25 Jahren, viele haben Universitätsabschlüsse, aber keine Arbeit.

Ausgerechnet Hosni Mubarak selbst war es, der schon 1997 seine Landsleute aufforderte, die neuen elektronischen Möglichkeiten zu nutzen. Im ganzen Land wurden kostenlose Einwahlnummern plakatiert, Internetcafés schossen aus dem Boden.[1] Zwar wurde die Presse weiterhin »gelenkt«, Zeitungen verboten und Journalisten verhaftet, doch gleichzeitig ließ Mubarak die »Ägyptische Informationsautobahn« ausbauen, denn er betrachtete den ungehinderten Internetzugang als wichtigen Standortvorteil für ausländische Investoren. Anders als im Iran, in Saudi-Arabien oder in Libyen wurden Webseiten in Ägypten daher nie zensiert und nur selten blockiert. Tausende junge Ägypter engagierten sich in Internetgruppen, ob gegen Korruption oder für Frauenrechte. Sie bilden nun die Basis des Protestes auf dem Tahrir-Platz. Sie protestieren gegen ein überaltertes System, das seit 30 Jahren mit dem Kriegsrecht regiert und Folter als legitimes Mittel zur Bekämpfung von Oppositionellen ansieht.

Plattform der Demonstration am 25. Januar 2011 ist die Webseite »Wir sind alle Khaled Said«. Khaled Said war ein 28-jähriger ägyptischer Blogger, der im Sommer 2010 in der Hafenstadt Alexandria von zwei Zivilpolizisten aus einem Internetcafé gezerrt und auf offener Straße totgeprügelt wurde. Dem Weblink mit Informationen und Protestaufrufen folgten wenige Tage nach seinem Tod bereits 200 000 Mitglieder. Ende Juni 2010 gingen junge Menschen in der zweitgrößten ägyptischen Metropole Alexandria auf die Straße. Sie verlangten ein Ende der alltäglichen Folter und Polizeigewalt. Der Mord wurde zum Auslöser vieler weiterer Protestmärsche in Alexandria und Kairo, in denen Demonstranten bereits Monate vor der Revolution immer wieder ein Ende des repressiven Systems forderten. Wie schon zuvor die Aktivisten der Bewegung »Kifayah« (genug!) standen sie bei ihren angekündigten Demonstrationen jedoch stets einer Übermacht Hunderter Aufstandspolizisten (Amn al-Markazi) gegenüber, die jede rebellische Regung brutal erstickten.

Am 25. Januar aber sind Behörden und Polizei unvorbereitet und von der Wucht und Größe der Bewegung völlig überrascht. Nicht ohne Grund wird zwei Tage später Wael Ghonim, der Gründer der »Khaled Said«-Webseite, von Unbekannten gekidnappt und zwölf Tage lang verhört: »Wer steckt hinter euch? Wer sind eure Auftraggeber?« »Ich habe keine Ahnung«, antwortet Ghonim, der ägyptische Marketingchef des Internetkonzerns Google für den arabischen Raum. Es ist schwierig, Geheimpolizisten alter Schule die Wirkung des Internets zu erläutern. Wie online umschlagen kann in offline. Und wie wenig der Urheber einer Internetseite mit den Folgen zu tun haben kann. Aber es gibt Leute, die auf exakt diese Folgen gesetzt haben. Vertreter von zehn Oppositionsgruppen, zusammengeschlossen in einer »Koalition der Jugend für die ägyptische Revolte«, haben die

Proteste geplant. Am 14. Januar war Präsident Ben Ali aus Tunesien geflohen, am 18. Januar trafen sich die ägyptischen Aufrührer in einer privaten Kairoer Wohnung. Sie hatten sich zuvor im Internet bereits mit Demonstranten aus Tunesien und aus Serbien beraten, die 2000 den dortigen Diktator Milošević davonjagten. Sie setzen wie diese auf gewaltfreien Protest, haben von deren Fehlern und Erfahrungen gelernt und bei kleineren Demonstrationen verschiedene Taktiken trainiert. Deshalb haben sie für den Marsch am 25. Januar im Internet nicht wie üblich ins Stadtzentrum mobilisiert, wo sich erfahrungsgemäß kaum jemand hintraut, sondern weiter entfernt in einen Arbeiterbezirk. Als ihr Zug dann im Mittelklassebezirk Mohandessin ankommt, ist er bereits auf 6000 Menschen angewachsen, am Tahrir-Platz auf 20000, so viele wie noch nie bei einer genehmigten Demonstration. »Von da an wussten wir, dass wir Mubarak stürzen können«, zitiert die *Frankfurter Allgemeine Zeitung* einen der Aktivisten.[2]

Das Regime reagiert nach altem Muster. Die schwarz behelmten Amn al-Markazi setzen Tränengas und Gummigeschosse in. Junge Menschen werden schwer verletzt, mitten in Kairo. An diesem Tag werden sie vom Tahrir-Platz vertrieben. Doch die Demonstranten handeln anders als gewohnt. Sie kommen am nächsten Tag wieder. Sie halten stand. Sie werfen Farbbeutel auf die Frontscheiben der Polizeiwagen und die Schutzschilde der Polizisten, um ihnen die Sicht zu nehmen. Sie neutralisieren das Tränengas mit Zwiebeln und Essig. Sie haben sich mit den zwar unpolitischen, aber straßenkampferprobten Fußballfans des Kairoer Klubs al-Ahli verbündet. Und sie werden immer mehr. An den nächsten Tagen folgen Zehntausende den Aufrufen der Opposition.

Das Staatsfernsehen spricht von ausländischen Provokateuren. Doch auch in anderen Städten gärt es. In Suez und in Alexandria formieren sich Demonstrationszüge. Auch dort wird hart vorgegangen. Es gibt Tote. Am Freitag, dem islamischen Wochenende, will die Opposition im gesamten Land nach dem Mittagsgebet für Freiheit und Demokratie demonstrieren. Sie hat im Internet den »Tag des Zorns« ausgerufen. Das Regime kontert die anhaltenden Proteste nicht nur mit der Verhaftung zahlreicher Oppositioneller, sondern mit einer weltweit einzigartigen Maßnahme – es schaltet das Internet ab. Technisch gesehen ist das eine Meisterleistung der mit amerikanischer Unterstützung aufgebauten ägyptischen Cyber-Einheit aus Geheimdienstlern und

Militärs. Denn als die staatlichen Internetspezialisten bemerken, dass Tausende User die zunächst eingeführten Netzsperren mit direkter Eingabe der sogenannten IP-Adressen bestimmter Webseiten umgehen, setzen sie ein neues Blockademittel ein, das Jahre zuvor entwickelt und von Experten der US-Armee eigens für den Cyberwar adoptiert worden war: sogenannte Routenabschaltungen, die notwendige Informationen über die Weiterleitung von Daten von Provider zu Provider löschen. In der Praxis ist dieses Mittel der elektronischen Kriegsführung bislang nie ausprobiert worden – aus Angst davor, einen unkontrollierbaren Blackout herbeizuführen. Doch am Freitag, drei Tage nach Beginn der Proteste, geht erstmals ein ganzes Land offline. Von den 3500 Routen der ägyptischen Internetprovider werden nach Angaben der *Frankfurter Allgemeinen Zeitung* 3200 ausgeschaltet; nur 300 bleiben offen, damit die Regierungsserver, die Systeme der Börsen und Banken sowie alle Knotenrechner für den Datentransit von Europa nach Asien – als »digitaler Suezkanal« bekannt – weiterarbeiten können.[3]

Obwohl der Cyberwar den Datenverkehr der Opposition weitgehend lahmlegt, bleibt die vom Regime erhoffte Wirkung aus, denn Kommunikation per Mobilfunk funktioniert noch, nur der SMS-Verkehr ist gestört. Die »Koalition der Jugend« stützt sich ohnehin sehr stark auf spontane Kontakte und Freiwillige. »Wir verstehen uns als Bewegung ohne Anführer«, sagt eine junge Frau auf dem Tahrir-Platz. »Wir wollen nicht, dass Politiker oder Gruppen für uns sprechen, denn dies hier ist eine Jugendbewegung aus Ägyptern aller Schichten.« Hinzu kommt das arabische Satellitenfernsehen – al-Dschasira, al-Arabiya. Diese Nachrichtensender haben in den Vorjahren eine bislang ungekannte panarabische Öffentlichkeit hervorgebracht. Vor allem deshalb konnte Tunesiens Revolutionsfunke nach Ägypten überspringen. Dem ägyptischen Regime gelingt es zwar kurzzeitig, die arabische Version von al-Dschasira vom Satelliten zu nehmen, doch wird die englische permanent weiter ausgestrahlt. Auch BBC und CNN sind noch zu empfangen. Mubarak schafft es nicht, sein Land vollständig vom globalen Informationsstrom abzuschneiden.

Am Freitag – es ist der 28. Januar – schließt sich ein bekannter Oppositionspolitiker der Bewegung an: Mohammed el-Baradei. Seit einem Jahr führt der 68-Jährige die locker zusammengefügte Anti-Mubarak-Allianz »Bündnis für den Wechsel« an, die vor allem von der Mittelschicht getragen wird. El-Baradei gilt, zumal im westlichen Ausland, als politischer Hoffnungsträger, der ein friedliches Ende des Regimes ohne einen radikalen politischen Wechsel erreichen könnte. Der Experte für internationales Recht, politisch eine Art liberaler Sozialdemokrat, wurde als Chef der Internationalen Atomenergiebehörde IAEA in Wien bekannt. Für ihn spricht, dass er nicht im Filz des korrupten Staatsapparats klebt. Unumstritten aber ist el-Baradei nicht. Viele Ägypter haben ihm verübelt, dass er sich vor den manipulierten Parlamentswahlen im November 2010 als Oppositionsführer in Stellung brachte, das Land aber nach seinem Aufruf zum Wahlboykott wieder verließ.

Als Mubaraks Aufstandspolizei Amn al-Markazi mit Tränengas und scharfer Munition gegen die friedlichen Demonstranten in Kairo, Suez und Alexandria vorgeht, eskaliert die Gewalt. Am Freitagabend brennt das Hochhaus von Mubaraks regierender Nationaldemokratischen Partei (NDP) am Nilufer. Im Stadtzentrum werden Autos als Barrikaden verwendet und angezündet. Viele Polizeireviere werden niedergebrannt. Über Kairo hängen schwere dunkle Rauchwolken. Tausende Menschen ignorieren die Ausgangssperre, die Sicherheitskräfte verlieren die Kontrolle. In der Hauptstadt erobern die Oppositionellen nach fünf Stunden Straßenkampf den Tahrir-Platz – und werden ihn von nun an nicht mehr räumen. »An diesem Freitag haben wir die erste Machtprobe gewonnen«, sagt Walid Elsheikh. Er weiß natürlich, dass der Erfolg nur möglich geworden ist, weil das ägyptische Militär nicht eingreift. Die Generäle befehlen sogar der Polizei, sich in ihre Kasernen zurückzuziehen.

Zum ersten Mal reagiert Hosni Mubarak auf den Druck der Straße. Zu später Stunde am Freitag wendet er sich im Fernsehen an das Volk. Der 82-jährige Mann sagt, er werde nur bis zum regulären Ende seiner Amtszeit im September regieren und dann das Amt einem Nachfolger übergeben. Seine Ansprache überzeugt viele Ägypter davon, dass der Präsident es gut mit ihnen meint und nachgibt.

Der Mann, den sie am Nil »Pharao« nennen, Sohn eines kleinen Gerichtsbeamten aus Unterägypten, war Kampfpilot, Kriegsheld im Sinaifeldzug 1973, Oberbefehlshaber der Luftwaffe, Verteidigungsminister, Vizepräsident unter Präsident Anwar al-Sadat und ist nach dessen Ermordung 1981 durch Islamisten automatisch an die Staatsspitze gerückt. Er hat an der prowestlichen Politik seines Vorgängers und dem Frieden mit Israel festgehalten, und es ist ihm gelungen, Ägypten trotzdem die regionale Führungsrolle zu bewahren. Im Westen gilt er als Garant der Stabilität und verschafft sich Anerkennung auch durch das harte Vorgehen gegen radikale Islamisten, die in den 1990er Jahren blutige Attentate begehen. Eigentlich will der Präsident seinen schwerreichen Sohn Gamal, den stellvertretenden Generalsekretär der NDP, als quasi dynastischen Nachfolger installieren, was die meisten Ägypter ablehnen. Doch jetzt entlässt Mubarak das alte Kabinett, in dem eine Reihe der neoliberalen Geschäftsfreunde seines Sohnes sitzen, und ernennt ein neues. Die eigentliche Macht übergibt er einem Interims-Vizepräsidenten, dem 74-jährigen Omar Suleiman, einem engen Vertrauten. Suleiman war früher Chef des Auslandsgeheimdienstes Mukhabarat, der dem Militär zugeordnet ist und intensive Verbindungen zur CIA unterhält. Der Opposition aber gibt der Präsident damit viel zu wenig – zumal Omar Suleiman als strammer Exponent des Regimes gilt.

Die Protestierer verstärken den Druck. Bei einer großen Demonstration am nächsten Tag – dem Sonnabend – fordern mehr als 50 000 Menschen den Rücktritt von Hosni Mubarak. Die entscheidende Frage scheint nun, wie sich die Armee verhält. Doch dann geschieht etwas derart Unerwartetes, dass die Menschen noch Monate später mit ungläubigem Entsetzen davon sprechen werden. Nachdem Mubarak am Freitagabend seine Regierungsumbildung angekündigt hat, erscheinen tags darauf Zehntausende Polizisten nicht mehr zum Dienst. Niemand regelt den Verkehr. Dass Schlimmes bevorsteht, wissen die Menschen spätestens, als das Oberkommando der Streitkräfte am Nachmittag die jungen Männer über das Radio aufruft: »Bleibt nicht auf der Straße, geht in eure Häuser, um euer Eigentum und eure Ehre zu schützen.« Eure Ehre, das heißt: eure Frauen und Familien. Als die Sperrstunde am Samstag in Kraft tritt, gegen 15 Uhr, fahren Panzer in Kairo auf. Die Straßen sind gespenstisch leer.

Statt nach der Polizei zu rufen, organisieren sich die Menschen selbst. Bürger bewaffnen sich mit Eisenstangen und Messern, schließen sich zu Nachbarschaftswachen zusammen und errichten hastig Straßensperren. Ohnehin trauen sie der Polizei nicht. Die schlecht bezahlten Beamten gelten allgemein als korrupt und gewalttätig. Von Revier zu Revier unterschiedlich, kooperieren sie sogar mit den gefürchteten Baltagiya, was auf Arabisch »Banden« bedeutet. Das Wort bezeichnete zunächst die wachsende Zahl von Straßengangs in den riesigen wuchernden Armenvierteln, mit denen die Kairoer Polizei in den achtziger Jahren konfrontiert war und nicht fertig wurde. Darüber schreibt der Politologe und Ägyptenkenner Paul Amar von der Universität von Kalifornien: »In den frühen neunziger Jahren beschloss das Innenministerium: ›Wenn du sie nicht schlagen kannst, musst du sie kaufen.‹ So begannen das Innenministerium und der Zentrale Sicherheitsdienst, die Repression auf die Baltagiya auszulagern, sie dafür gut zu bezahlen und sie im Einsatz sexueller Gewalt (vom Grapschen bis hin zur Vergewaltigung) auszubilden, um Demonstrantinnen und männliche Gefangene gleichermaßen zu bestrafen und abzuschrecken. In dieser Zeit auch machte das Innenministerium die Geheimpolizei (Amn al-Dawla) zu einer monströsen und gefährlichen Organisation, die zahllose innenpolitische Dissidenten verhaftete und folterte.«[4]

Wohl kein Mensch in Kairo hat Zweifel, dass sich in dieser Nacht Amn al-Dawla, korrupte Polizisten und Banditen zusammentun. Dass Polizisten und Geheimpolizisten die Gefängnisse aufschließen. Dass sie dann zusammen mit den Kriminellen plündern und marodieren. »Mubarak hat die Kriminellen auf sein eigenes Volk losgelassen«, sagt ein junger Demonstrant am Tahrir-Platz fassungslos. Das staatliche Fernsehen sendet in schnellen Schnitten Bilder von Protestmärschen, von geöffneten Gefängnissen, brennenden und geplünderten Geschäften. »So wollten sie unsere Bewegung kriminalisieren«, sagt der junge Demonstrant. Doch für viele Ägypter haben Mubaraks Sicherheitsdienste nur ihr wahres Gesicht gezeigt. Polizisten werden öffentlich beschimpft und verprügelt. Sie verschwinden für lange Zeit aus dem Stadtbild.

Aus dem gezielt herbeigeführten Zusammenbruch der öffentlichen Ordnung wird das neue Ägypten geboren. Jetzt strömen auch die Massen aus den ärmeren Vierteln auf den Tahrir-Platz. Die ägyptische Revolution ist zu diesem Zeitpunkt wie eine Welle, die hinauf und hinunter rollt. Einmal unterstützen die Menschen die jungen Aufrührer, am nächsten Tag beschimpfen sie sie als Chaoten. Man muss sich die Tage im Frühling als Zickzack-Bewegung eines Volkes denken, das seit Jahrtausenden darin geübt ist, den gesellschaftlichen Konsens zu erspüren und sich darin einzuordnen. Dem Einzelnen gewährt die Konsensgesellschaft die

Sicherheit der Gruppe, aber im Gegenzug sind Ausreißer unbeliebt. Nur wer mit dem Strom schwimmt, wird überleben. Daher gilt es, den Strom zu erspüren. Und wer den Strom zu lenken versteht, der wird keinen Widerstand zu fürchten haben. Das war zu Zeiten der Pharaonen so, während der Herrschaft der Osmanen, unter den Briten und unter den Generälen Gamal Abdel Nasser (1954–1970), Muhammad Anwar al-Sadat (1970–1981) und Muhammad Hosni Mubarak (1981–2011).

Präsident Mubarak hat es fast 30 Jahre lang meisterhaft verstanden, den Strom zu lenken. Doch anders als der charismatische Staatsgründer Nasser sind seine Nachfolger Sadat und Mubarak nie Präsidenten der einfachen Leute gewesen, sondern haben »die Katzen fett werden lassen«, wie man am Nil sagt – sie ermunterten Spekulanten, Immobilienhaie und Großhändler, sich zu bereichern. Als Reaktion auf eine schwere Finanzkrise Anfang der 1990er Jahre hatte der Weltwährungsfonds dem Land die übliche Rosskur verordnet: Abbau der Subventionen und Sozialleistungen, Privatisierung der Staatsbetriebe, Politik des knappen Geldes. Die soziale Ungleichheit ist inzwischen wieder so groß wie unter der Monarchie. Ein Großteil der Bevölkerung lebt am oder unter dem Existenzminimum, rund 45 Prozent von weniger als zwei Dollar am Tag. Während die offizielle Arbeitslosenquote mit 9,8 Prozent angegeben wird, beträgt die Jugendarbeitslosigkeit gewaltige 28 Prozent, und die jungen Männer leiden besonders darunter, dass bezahlbarer Wohnraum Mangelware ist – denn ohne eigene Wohnung finden sie keine Braut.

30. Januar bis 1. Februar: Marsch der Millionen

Längst hat ein Machtkampf im Hintergrund begonnen. Am 1. Februar, eine Woche nach dem Beginn der Revolution, besucht der 75-jährige Verteidigungsminister Feldmarschall Mohammed Hussein Tantawi, zeitlebens ein Gefolgsmann des Präsidenten, demonstrativ die Protestierenden auf dem Tahrir-Platz. Es ist dies der klarste Ausdruck dafür, dass sich die Armee nicht gegen sie stellen wird und dass eine nie gesehene Koalition von Kräften entsteht, die das riesige, inzwischen englischsprachige Transparent ernst nimmt, das den Platz der Freiheit beherrscht: »The people demand the removal of the regime«. Hinter diesem

Aufruf versammeln sich kritische Militärs, unzufriedene Teile des Sicherheitsapparates, prominente Geschäftsleute, Spitzendiplomaten zusammen mit der heterogenen Massenbewegung aus jungen Leuten, Gewerkschaftern, Arbeitern, religiösen und Frauenrechtsgruppen. Es sind gerade auch die Frauen, mit oder ohne Kopftuch, die den Protest tragen und dafür sorgen, dass noch mehr Menschen zum Tahrir-Platz strömen – vor allem, weil die Demonstranten friedlich bleiben. Zum Vorbild für sie wird Shahira Amin, eine bekannte Journalistin und Vizedirektorin des staatlichen Fernsehsenders Nil-TV. Sie hat gekündigt, als man ihr verbieten wollte, über die Demonstrationen zu berichten. »Die Demonstrationen der jungen Aktivisten für Freiheit, Demokratie und soziale Gerechtigkeit sind richtig«, sagt Shahira Amin. »Das ist etwas, das meine Generation aufgrund der Unterdrückung vorher nicht tun konnte.«

Für die Revolution entscheidend wird, dass dem Repressionsapparat aus Polizei, Geheimpolizei und zentralen Sicherheitsdiensten eine eigenständige Struktur entgegensteht: das Militär mit der Militärpolizei und dem militärischen Geheimdienst. Die Streitkräfte der Arabischen Republik Ägypten werden oft als Staat im Staate beschrieben und betrachten sich auch selbst so. Sie sind viel enger mit dem Volk verbunden als die Sicherheitskräfte, denn sie sind eine Wehrpflichtigenarmee. Kein Kommandeur kann wissen, ob seine Soldaten auf Befehl auf ihre Landsleute feuern würden. Deshalb wendet sich das Militär in der Revolution gegen den Präsidenten, der doch als Luftwaffengeneral einer der ihren ist.

Hinzu kommt: Eigentlich ist Ägypten zu Beginn des Aufruhrs immer noch eine Militärdiktatur. Strukturell hat sich das Regime kaum gewandelt, seit Gamal Abdel Nasser und sein Komitee der Freien Offiziere den von den Briten abhängigen König Faruk 1952 ins Exil schickte. Wie für Nasser, so blieb die Armee auch für seine beiden Nachfolger das Rückgrat der Macht. Sadats Friedensschluss mit Israel im Camp-David-Abkommen von 1979, der erste eines arabischen Landes und innerägyptisch bis heute stark umstritten, brachte Ägypten an die Seite des Westens und zeitigte reichen Lohn – die Vereinigten Staaten zahlten dem Land trotz der Menschenrechtsverletzungen jährlich 2,3 Milliarden Dollar, die großenteils dem Militär zuflossen. Die ägyptischen Generäle – Herren über die mit 486 000 Soldaten größte Streitmacht

Afrikas – sind durch die Subventionen zu einer enorm organisierten Interessengruppe nationalistischer Geschäftsleute geworden, besitzen riesige Ländereien und kontrollieren rund 45 Prozent der Wirtschaft Ägyptens, vom Suezkanal über Einkaufszentren bis zu Hotelketten und Resorts am Roten Meer. Da ihre Loyalität ökonomisch und symbolisch dem nationalen Territorium gilt, sind sie an einem funktionierenden Nationalstaat interessiert und verurteilen den neoliberalen Ausverkauf der Ressourcen durch die neuen Oligarchen um Gamal Mubarak.

Ein Demonstrant auf dem Tahrir-Platz trägt ein großes Poster mit der Aufschrift: »Armee, entscheide dich zwischen dem Volk und Hosni Mubarak«. Entscheidet sie sich für das Volk, bricht sie offen mit Teilen ihrer Führung. Entscheidet sie sich für die Regierung, wird sie womöglich auf Demonstranten schießen. Innerhalb der Streitkräfte gibt es zwei Elitezweige, die Präsidentengarde und die Luftwaffe. Beide bleiben Mubarak enger verbunden, während die übrigen Teile des Militärs sich gegen ihn wenden. Das erklärt, weshalb der Generalstabschef der Streitkräfte den Demonstranten seine Unterstützung kundtut, während zugleich der Mubarak-treue Teil des Militärs, die Luftwaffe, Kampfjets über den Tahrir-Platz donnern lässt. Das Heer baut zwar seine Straßensperren aus, greift aber nicht weiter ein.

Ungläubig und verschreckt beobachten westliche Regierungen die Vorgänge am Nil. Anders als in Tunesien steht in Ägypten das Sicherheitsgefüge des Nahen Ostens auf dem Spiel. Ägypten ist nicht nur das bevölkerungsreichste und militärisch stärkste Land Arabiens, wegen des Suezkanals hat es auch enorme Bedeutung für die Weltwirtschaft, und der »kalte Frieden« mit Israel garantiert politische Stabilität in einer der explosivsten Weltgegenden. Auch Barack Obama spricht sich für Reformen aus – aber mit Mubarak.

Am Dienstag, dem 1. Februar, eine Woche nach Beginn der Proteste, hat die Protestbewegung zum »Marsch der Million« aufgerufen. Schon gegen Mittag ist der Tahrir-Platz dicht mit Menschen gefüllt. Neue Signale bestärken die jungen Demonstranten. Die Armeeführung lässt einen Sprecher verkünden, die Anliegen »des großen ägyptischen Volkes« seien legitim und man werde nicht schießen. Der reichste Geschäftsmann Ägyptens, Nagib Sawiris, Galionsfigur der auf nationale Entwicklung setzenden Unternehmer, fordert öffentlich Hosni Mubarak zum Rücktritt auf.

Der Telekomunternehmer Sawiris und seine Verbündeten sehen sich durch den extremen Liberalismus Gamal Mubaraks und dessen Freunden bedroht. Zwei Kapitalfraktionen stehen sich in Ägypten gegenüber: Hier die neoliberalen Stahlfabrikanten, Telefonnetzbetreiber und Tourismusunternehmer, die hohe Ämter in der Regierungspartei NDP einnehmen und mit europäischen und chinesischen Investoren kooperieren. Dort konservative Unternehmer wie Sawiris, deren Investitionen in Land, Ressourcen und Erschließungsprojekte innerhalb Ägyptens eingebunden sind und deren Interessen sich mit denen der Militärs überschneiden.

Auf dem Tahrir-Platz sind erstmals auch die Muslimbrüder aufgetaucht. »Wir sind hier aber nicht als Organisation, sondern als normale Ägypter«, sagt einer von ihnen. Während der gesamten Revolte wird nicht eine einzige amerikanische oder israelische Fahne verbrannt. Die Flagge der Muslimbrüder, grün mit zwei gekreuzten Schwertern, ist nirgends zu sehen. Die Muslimbruderschaft, die 1923 von einem Ägypter gegründet wurde und als Urzelle aller islamistischen Bewegungen gelten kann, ist von der Aufstandsbewegung ebenso überrascht worden wie Hosni Mubarak. Dabei hatte das Regime stets die islamistische Gefahr als größte Bedrohung für Ägypten und den gesamten Nahen Osten an die Wand gemalt, damit die brutale Unterdrückung gerechtfertigt und sich als Hüter der Ordnung dargestellt. Auf dem Tahrir-Platz finden die bärtigen »Brüder« indessen nicht viel Resonanz.

Aber in den Armenvierteln sind sie eine Macht. Sie haben ihre Popularität von ganz unten aufgebaut, indem sie 30 Jahre lang soziale Hilfen für die Bedürftigen bereitgestellt haben; Sozialstationen und Kliniken, allein in Kairo sieben Hospitäler. Ihr »Zurück zum Koran« beinhaltet einen ethisch gezähmten Kapitalismus und den Kampf gegen jegliche »Verwestlichung«; sie haben viel dazu beigetragen, dass sich Ägypten re-islamisiert hat. Ihre Bewegung ist vor allem durch jene Hunderttausende Arbeitsmigranten gewachsen, die seit 1973 nach Saudi-Arabien gingen und – vom fundamentalistischen Wahhabismus infiziert – mit dessen reaktionären und intoleranten Vorstellungen zurückkehrten. Da die Muslimbrüder nie politische Verantwortung tragen mussten – schließlich sind sie offiziell seit 1954 verboten –, gelten sie als nicht korrupt. Aber die Muslimbrüder sind kein monolithischer Block, auch bei ihnen streiten Konservative und Reformer um die Deutungshoheit. Der Gewalt haben sie lange schon abgeschworen, sich vor Jahrzehnten von Fundamentalisten wie Aiman al-Sawahiri getrennt, der später die rechte Hand von Osama bin Laden wurde. Hatten sie es 2005 geschafft, trotz der manipulierten Parlamentswahlen 88 von 620 Sitzen mit Einzelkandidaten zu gewinnen, so sorgte das Regime im Oktober 2010 durch massive Wahlfälschungen dafür, dass sie nur noch wenige Sitze erhielten. Schätzungen gehen davon aus, dass sie bei freien Wahlen bis zu 30 Prozent der Stimmen erhalten könnten.

Auf dem Tahrir-Platz stimmen die Muslimbrüder ein in den einen lauten Ruf: »Das Volk will den Sturz des Regimes!« Die Mubarak-Gegner haben an diesem Dienstag rund zwei Millionen Menschen friedlich auf die Straße gebracht. Dass die Revolte so viele Menschen mobilisiert, ist umso erstaunlicher, als die Regierung alles getan hat, um den Protest einzudämmen. Züge fahren nicht mehr, das Staatsfernsehen sendet Horrormeldungen über die Gefahr auf den Straßen. In der Tat beginnt der Aufstand viele Menschen zu zermürben. Lebensmittel werden knapp, die Banken sind geschlossen, an den Tankstellen bilden sich lange Autoschlangen. Doch die Demonstranten zeigen ihre Zuversicht und Freude an der fragilen neuen Freiheit. Sie schwenken die schwarz-weiß-rote Nationalflagge, zeigen ihre selbstgemachten Transparente und Karikaturen: Mubarak als Hitler, Mubarak als Halunke, der aus einem Gefängnis heraus von links an der schönen Frau »Ägypten« zerrt, während von rechts fröhliche Menschen sie zu sich ziehen. Frau Ägypten neigt sich schon dem Volke zu, aber noch ist der Kampf nicht entschieden. Fragt man Demonstranten nach politischen Vorbildern, so nennen viele die Türkei, das einzige Land im Nahen Osten, das muslimisch und demokratisch zugleich ist. Das alles erinnert an den historischen Tag vor 21 Jahren, als eine Million Menschen sich auf dem Berliner Alexanderplatz versammelten, um das SED-Regime durch ihre schiere Masse hinwegzufegen. Sie machten sich damals genauso lustig über ihre Politbürokraten wie die Ägypter an diesem Frühlingstag über ihren Pharao Mubarak und dessen Günstlingsclique. »Wir sind alle Ägypter«, steht auf vielen Plakaten als augenfällige Analogie zu »Wir sind das Volk« und – genau wie damals in Leipzig oder Ost-Berlin –: »Keine Gewalt!«

Auf dem Tahrir-Platz sind an diesem Tag viele sehr schüchtern wirkende, sehr traditionell gekleidete Frauen zu sehen, die wohl zum ersten Mal ihre Scheu überwinden, sich überhaupt öffentlich politisch zu äußern. Sie stehen oft ganz stumm da und halten einfach einen Zettel hoch, handgeschrieben, auf dem dann zu lesen ist: »Wir wollen Freiheit!« oder »Mubarak muss gehen!« Auf einer Metroüberdachung haben sich muslimische Imame, koptische Mönche und ein koptischer Priester versammelt. Auch sie rufen, gemeinsam, stundenlang: »Nieder mit dem Präsidenten!« Die Menschen ringsum antworten: »Christen und Muslime sind vereint!« Das Symbol dieser Einheit, der Halbmond mit dem Kreuz, wird zum Kennzeichen der ägyptischen Revolution und ist bald tausendfach auf Aufklebern und Plakaten zu sehen.

Die christliche Minderheit der Kopten macht in Ägypten acht bis neun Prozent der Bevölkerung aus. Das Zusammenleben von Christen und Muslimen am Nil ist nicht ohne Spannungen, die trotz gegenteiliger Rhetorik vom Regime unterschwellig ebenso geschürt werden wie der verbreitete Antisemitismus. Im Rückblick wirkt der schreckliche Terroranschlag vom 1. Januar 2011 in Alexandria wie ein Vorspiel zur Revolution: die Explosion einer Autobombe nach dem Neujahrsgottesdienst, die 23 Menschen tötete und weitere 97 verletzte. Daraufhin gingen im ganzen Land erstmals junge Christen und Muslime gemeinsam auf die Straße, um gegen den mangelhaften Schutz der Kopten durch den Sicherheitsapparat und gegen den Terrorismus zu protestieren.

Natürlich wissen die Demonstranten, dass sie nicht gewonnen haben, solange der greise Präsident in seinem Palast sich an die Macht klammert. Sie fürchten seine letzten Truppen, die Geheimpolizei, die Präsidentengarde, die Baltagiya. Deshalb rufen sie: »Volk und Armee gehören zusammen«, verteilen Blumen an Panzerbesatzungen und besprühen die Kettenfahrzeuge mit Anti-Mubarak-Sprüchen; die Uniformierten lassen es geschehen. Am Abend rechnen viele Ägypter damit, dass Mubarak in einer Ansprache ans Volk seinen Rücktritt erklären werde. Das tut er aber nicht. Hosni Mubarak sagt zwar, er wolle freie Wahlen im Herbst; bis dahin werde er allerdings im Amt bleiben. »Ich möchte auf ägyptischem Boden sterben«, erklärt er, und mit diesem Satz trifft er bei vielen Zuschauern einen Nerv. Wieder gelingt es dem Präsidenten, die Menschen, deren Mehrheit in ihrem Leben keinen anderen Herrscher gekannt hat als ihn, gefühlsmäßig anzusprechen. »Er ist unser Vater. Er ist ein guter Mensch«, sagen viele nach der Rede, »er hat einen würdevollen Abschied verdient.« Noch ist keineswegs entschieden, zu welcher Seite sich das Volk neigt.

2. und 3. Februar: Das Regime schlägt zurück

Dem Fest der Freiheit folgt ein Tag brutaler Gewalt. Am Mittwoch, dem 2. Februar, demonstriert Präsident Mubarak der Welt, wozu sein Regime fähig ist. Der Angriff der Baltagiya beginnt gegen ein Uhr nachmittags. An einer Nilbrücke nördlich des Tahrir-Platzes ist zu beobachten, wie Kleinlaster voller Menschen mit schwarz-weiß-roten Nationalflaggen, Mubarak-Porträts und Stöcken anhalten, ihre menschliche Fracht entladen und wieder drehen – um die nächsten abzuholen. Alles wirkt wohlorganisiert. Wenn man sich dann unter die Tausenden Marschierer mischt, wird klar: Dies ist keine Versammlung der Freude wie am Vortag, sondern eine der Wut. Viele Arme, die Marginalisierten, die Analphabeten aus den »informellen Gebieten«, wie die riesigen Slums in Kairo vornehm umschrieben werden, sind diesmal unter den Demonstranten. Einer schimpft: »Erst stürzen sie das Land ins Chaos. Dann bekommen sie viele Zugeständnisse des Präsidenten. Was wollen sie denn noch?« Einige geben offen zu, dass sie in Büros der NDP Geld erhalten haben. Doch das staatliche Fernsehen verbreitet, dass es sich um spontane Demonstrationen der Ägypter handele, die vom Chaos der Revolution genug haben.

Sternförmig ziehen die Mubarak-Anhänger auf den Tahrir-Platz zu, den einige tausend Oppositionelle mit Barrikaden zu sichern versuchen. Die Anhänger und Schergen des Regimes sind ausgerüstet mit Baseballschlägern, Knüppeln, Messern, Molotow-Cocktails, Leuchtspurpistolen und scharfen Waffen. Als sie den Platz erreichen, zeigt sich, wes Geistes Kind sie sind. Den Angriff beginnen Pferde- und Kamelreiter mit langen Holzknüppeln, die in die Menge hineingaloppieren. Sie kommen von den Pyramiden aus Giza, wo sie sonst Touristen führen. Für Geld tun sie offenbar alles. Es gelingt den Pro-Mubarak-Truppen zunächst, die Oppositionellen weit auf den Platz hinein zu prügeln – bis diese sich sammeln, mit Steinen bewaffnen und zurückschlagen. Das ist der Moment, als das Militär sich mit Panzern zwischen die Fronten stellt. Doch die Soldaten greifen nicht aktiv ein. Sie verhindern nicht, dass Brandsätze von den Dächern angrenzender Häuser auf den Tahrir-Platz geschleudert werden und Scharfschützen Demonstranten gezielt ins Visier nehmen. Bis zum frühen Morgen kommen nach offiziellen Angaben elf Menschen ums Leben, mehr als 1500 werden zum Teil schwer verletzt, und noch lange nach Mitternacht machen in Kairos Zentrum Rollkommandos Jagd auf Protestler. »Sie fragten mich, ob ich von der Demonstration käme, und als ich nickte, verprügelten sie mich und sagten, dies solle mir eine Lehre sein«, berichtet Walid Elsheikh am nächsten Morgen. Das Regime schürt groteske Verschwörungstheorien, wonach ausländische Berichterstatter im Dienst der USA und Israels stünden und weltweit gegen Ägypten hetzten, damit fremde Truppen – des Iran beispielsweise – im Vaterland einmarschieren können. »Es herrscht Chaos, absolutes Chaos«, sagt Walid Elsheikh. »Aber wir haben den Platz verteidigt.«

Die jungen Demonstranten verteidigen ihn auch an den folgenden Tagen. Die Straßenschlachten halten an. Immer wieder gibt es Tote. Der Tahrir-Platz wird zum Fort der Revolution, in seiner Mitte entsteht eine Zeltstadt der Verteidiger der Demokratie. Aber wie schon bei der Öffnung der Gefängnisse hat sich das Regime verrechnet. Der surreal wirkende Angriff der Reiter – ein Sinnbild des Ancien Régime, das sich in die Köpfe brennt – ist ein neuer Wendepunkt. Nun werden auch Kräfte im Land mobil, die bisher gezögert haben: die Land- und die Fabrikarbeiter. Schon die Jahre 2009 und 2010 waren von landesweiten Massenstreiks, Sit-ins, großen Gewerkschaftsdemonstrationen geprägt. Eine Woche nach Beginn der Revolution treten im ganzen Land Zehntausende Arbeiter und Angestellte in den Streik.

Der neue Ministerpräsident Ahmed Shafik, ein ehemaliger Luftwaffengeneral, entschuldigt sich zwar für die Vorfälle des Mittwochs, übernimmt aber keine Verantwortung dafür. Seine Regierung kommt nicht umhin, das Internet nach vier Tagen wieder anzuschalten. Ohne das Netz kann in Ägypten kein Flug gebucht werden, keine Bank öffnen, ist kein Unternehmen international handlungsfähig. Doch kaum ist die Internetsperre aufgehoben, kursieren wieder E-Mails der Opposition mit Treffpunkten, mit Ratschlägen, wie man sich auf Demonstrationen verhalten soll, um Gewalt zu vermeiden, mit Informationen über die Toten des Aufstandes, die »Märtyrer« genannt werden.

Als die letzte Woche der Massenproteste anbricht, sind erneut Hunderttausende Menschen auf dem Tahrir-Platz. Die Welt kann sie zwar nicht mehr sehen, weil das Regime die Fernsehteams aus den internationalen Hotels am Platz vertrieben hat. Die Menschen auf dem umkämpften Terrain im Herzen Kairos sind dennoch entschlossen zu bleiben – koste es, was es wolle. Auch Walid Elsheikh ist noch bei ihnen. »Wir sind eingeschlossen«, sagt er am Handy. » Wir haben nichts zu essen und zu trinken. Aber die Stimmung ist gut.« In Wahrheit ist die Stimmung aufs Äußerste angespannt. Die Opposition hat für Freitag, den 4. Februar, einen Sternmarsch angekündigt. Die Mubarak-Anhänger mobilisieren ebenfalls. Die wichtigste Frage lautet: Auf welcher Seite steht die Armee?

4. bis 11. Februar: Sieg der Revolution

Der Tag, der nach dem Willen des Volkes Hosni Mubaraks letzter in Ägypten sein sollte, beginnt mit beeindruckenden Szenen auf dem Tahrir-Platz. Zehntausende Ägypter haben sich am Vormittag dort versammelt, um das traditionelle Freitagsgebet zu zelebrieren. Kurz zuvor fährt Verteidigungsminister Tantawi in die Nähe des Platzes und spricht mit Soldaten, die den Zugang am berühmten Ägyptischen Museum bewachen. Das ist das erste wichtige Signal des Tages: Das Militär wird den Protest schützen. Nach den bürgerkriegsähnlichen Zuständen ist endlich wieder Frieden eingekehrt. Soldaten haben das gesamte Areal während der Nacht mit Stacheldraht umzäunt und mit Panzern gesichert. Als der Imam zu beten beginnt, haben noch immer nicht alle Menschen den Platz erreicht. »Es ist ein unglaubliches Bild, so viele Menschen gemeinsam beten zu sehen«, erzählt Walid Elsheikh über Telefon. Er wiederholt, was der Geistliche predigt: »Es ist eine gute Sache, für unsere Freiheit zu kämpfen. Wir allein entscheiden über unsere Zukunft.« Mehrfach habe er gesagt: »Christen und Muslime, alle sind gleich. Wir sind alle Ägypter.« Das ist das zweite starke Signal: Allah ist auf der Seite aller. »Gott ist der Größte«, rufen die Betenden.

Von Armeehubschraubern aus beobachtet das ägyptische Militär die Demonstrationszüge, die sich zum oder um den Tahrir-Platz bewegen. Die Pro-Mubarak-Leute tragen wieder Präsidentenporträts, die genauso frisch gedruckt aussehen wie ihre ägyptischen Fahnen fabrikneu wirken. Sie rufen: »30 Jahre Stabilität, 30 Jahre Sicherheit«. Doch um den demokratischen Rebellen gefährlich zu werden, dazu sind sie an diesem Tag zu schwach. »Heute ist der letzte Tag« und »Geh zur Hölle, Mubarak« hallen Sprechchöre über den Tahrir-Platz am »Tag des Abgangs«. Wieder sind es vor allem junge Menschen, die sich die Seele aus dem Hals brüllen. Ähnlich wie ihre Großeltern, als sie sich 1952 mit Abdel Nasser gegen das Regime des Königs auflehnten. Aber viele ihrer Eltern scheinen das vergessen zu haben. Sie sind aufgewachsen im Staat von Sadat und Mubarak – und sind oft als entlohnte Diener der ausufernden Staatsbürokratie emotional und existenziell tief mit ihm verbunden. Sie können mit dem Tempo des Wechsels schwer mithalten, er macht ihnen Angst. Sie kennen Facebook und Twitter nicht. Sie berufen sich auf die ägyptische Tradition: »Kinder lehnen sich nicht gegen den Vater auf, sie respektieren ihn.« Die ägyptische Revolution ist auch ein Generationenkonflikt. Ein Ringen zwischen traditioneller und moderner arabischer Gesellschaft und um die Struktur des Übergangs. Dafür gibt es wenig Vorbilder. Für Menschen, die an Stagnation gewöhnt und nicht mehr jung sind, erscheinen die Vorgänge und Veränderungen oft unbegreiflich. Sie halten sich lieber an die schlechte Ordnung, die sie kennen, als sich auf eine Zeit der Unordnung einzulassen, deren Ausgang ungewiss ist. Zumal auch das Ausland keine Signale der Ermutigung sendet. Nicht nur die Verteidiger des Tahrir-Platzes fühlen sich allein gelassen.

Der Tahrir-Platz ist das Symbol der Freiheit geworden, das die jungen Demonstranten mit ihrem Leben verteidigen. Sie wissen: Verlieren sie den Platz, dann sind sie verloren. Das Regime wird sie gnadenlos verfolgen. Wenn sie unterliegen, wird das politische Leben in Ägypten viele weitere Jahre stillstehen. Eng gedrängt warten die Menschen auf ein Zeichen – das nicht kommt. Dann, gegen zehn Uhr abends am Freitag, dem 4. Februar, erscheint das Bild des »Rais«, des Führers, auf der Leinwand. Ungläubig hören die Menschen, was der Präsident sagt: Ein sofortiger Rückzug würde die Lage in Ägypten noch instabiler machen. Ein Einlenken angesichts von Straßenprotesten lehne er ab. Nun recken Hunderte ihre Schuhe der Leinwand entgegen. Die Schuhe zu zeigen, das ist in Arabien das Zeichen höchsten Abscheus.

Doch Hosni Mubarak hat sich mit seiner Rede nur ein wenig Zeit erkauft. Als der Blogger Wael Ghonim drei Tage später von der Staatssicherheit entlassen wird und im Fernsehen die Frage gestellt bekommt, ob er sich nicht schuldig fühle am Tod so vieler junger Menschen, weil er sie über Facebook aufgehetzt habe, da bricht Ghonim in Tränen aus und sagt: »Nicht wir sind schuld am Tod der Märtyrer, sondern die, die sie ermordet haben.« Dieser Satz berührt Millionen von Ägyptern. Der 28-Jährige wird in diesem Moment zum Vorbild und Helden der Rebellen. Ghonim wehrt das ab: »Ich bin kein Held, ich habe nur meine Tastatur benutzt.«

Obwohl es nur noch wenige Bilder von der Revolution gibt und die meisten internationalen Medien ihre Reporter abgezogen haben, halten die Proteste an. Aufrufe dazu sind nicht mehr nötig. Täglich strömen gewaltige Massen auf die Straße; sie blockieren in Kairo nun auch das Parlament und den Sitz des Kabinetts. Demonstriert wird im hintersten Winkel, im oberägyptischen Luxor, in al-Arish auf dem Sinai, selbst in der Wüstenoase al-Kharga, wo Polizisten am 8. Februar drei Demonstranten töten und Hunderte verletzen. Auf dem Tahrir-Platz legen sich viele Protestler, um einen Abzug der Panzer zu verhindern, vor die Fahrzeuge und zwischen deren Laufketten. Von den Verhandlungen, die ein sogenannter Rat der Weisen mit der Regierung zu führen beginnt, fühlen sich die basisdemokratischen Jugendbewegungen nicht repräsentiert. Sie lehnen sie ab und wiederholen trotzig ihre Hauptforderung nach dem sofortigen Rücktritt von Hosni Mubarak. Sie rufen jetzt: »Mubarak vor Gericht!«

Am Donnerstag, dem 10. Februar, hat der Präsident erneut eine Rede angekündigt, und viele glauben, er werde nun endlich seinen Rücktritt verkünden. Ein Generalmajor ruft der Menge auf dem Platz zu: »Alle eure Wünsche werden in Erfüllung gehen!« Immer mehr Menschen strömen zusammen, schwenken Fahnen und stimmen die Nationalhymne an. Um 22.45 Uhr redet Mubarak dann, man kann seine 17-Minuten-Ansprache auf einer Großleinwand verfolgen, die Leute halten den Atem an. In dieser Nacht zeigt das Staatsfernsehen erstmals die riesige Menge auf dem Tahrir-Platz in voller Größe. Mubarak räumt zwar Fehler ein, erklärt aber gleichzeitig, im Amt zu bleiben. »Während der Rede war es mucksmäuschenstill«, berichtet Walid Elsheikh am Telefon. »Gegen Ende, als man merkte, er will doch nicht zurücktreten, wurden die Leute wütend. Sie brüllten: Hau ab, hau ab!«. Die Enttäuschung ist den Menschen ins Gesicht geschrieben. Viele gehen deprimiert nach Hause. Doch Tausende harren auf dem Tahrir-Platz aus.

Am Freitag, dem 11. Februar, geht die Sonne über einer Metropole auf, die stillsteht und wartet. Auf den Straßen stehen die ausgebrannten Polizeiwagen, die Plätze und Brücken im Zentrum sind mit Steinen und Müll übersäht. An allen entscheidenden Kreuzungen sind Panzer aufgefahren. Die Opposition hat den »Tag der Entscheidung« ausgerufen. Sie will jetzt die Massen ununterbrochen mobilisieren, bis das Regime fällt und fordert dazu auf, auch Mubaraks Präsidentenpalast zu belagern. Hunderttausende folgen dem Aufruf. »Irgendwann am späten Nachmittag kam über Twitter die Nachricht, Ägypten hat gewonnen, Mubarak ist gegangen. Die Stimmung ist unglaublich«, berichtet Walid Elsheikh am Telefon. Mit Hubschraubern haben der Präsident und seine Familie Kairo gegen 17 Uhr verlassen und sind in ihre Sommerresidenz bei Scharm-el-Scheich auf dem Sinai geflogen. Innerhalb von Minuten strömen Millionen auf die Straßen. Böllerschüsse, Gewehrsalven und das Freudentrillern der Frauen sind zu hören. Die Menschen tanzen, singen, schwenken ägyptische Fahnen. Sie skandieren: »Das Volk hat das Regime gestürzt« und »Gott ist groß«. Sie reichen ihre Kinder den Soldaten auf den Panzern, um sie gemeinsam zu fotografieren. Ohrenbetäubende Hupkonzerte hallen durch Kairo. Es herrscht eine Jubelstimmung wie beim Mauerfall in Berlin.

Bis zum Morgen feiern die Menschen. Nach 18 Tagen Volksaufstand ist das Unglaubliche geschafft: Der Despot ist gestürzt, der Weg in eine demokratische Zukunft offen. Entscheidend dabei war, dass die Armee das Regime nicht mit Gewalt verteidigt hat. Ob es letztlich die Amerikaner waren oder kluge Kommandeure, die Mubarak die Pistole auf die Brust setzten und ihn zum Rücktritt drängten, spielt keine Rolle mehr. Der Hohe Militärrat hat zuletzt 24 Stunden getagt und verlautbart, man habe »Schritte eingeleitet, um die öffentliche Sicherheit zu gewährleisten«. Der Blogger Wael Ghonim twittert: »Glückwunsch, Ägypten – der Gangster hat seinen Palast verlassen.« Amr Mussa, der Generalsekretär der Arabischen Liga, spricht von einer »historischen Leistung« des ägyptischen Volkes, mahnt aber, das neue politische System müsse auf einem »nationalen Konsens« aufgebaut werden. Am nächsten Tag, nach der Jubelfeier, geschieht etwas Einzigartiges: Die Revolutionäre greifen zum Besen und machen sauber. Sie reinigen sogar die Nilufer. Symbolisch ergreifen sie wieder Besitz von ihrem Land.

Die Macht am Nil hat das Militär übernommen, mit dem Hohen Rat der Streitkräfte und dessen Vorsitzendem, Verteidigungsminister Hussein Tantawi, an der Spitze. Kurz vor diesem »weichen« Putsch hat sich das Militär in seinem »Kommuniqué No. 2« öffentlich festgelegt, für einen demokratischen Übergang zu sorgen, für freie Wahlen sowie die Aufhebung des Ausnahmezustandes, »wenn die gegenwärtige Krise überwunden ist«. Das Militär sichert auch zu, internationale Verträge einzuhalten – darunter das Friedensabkommen mit Israel.

Nach der Revolution

Auf dem Tahrir-Platz zwei Monate nach dem Sturz Hosni Mubaraks: Dutzende von Parteien haben ihre Stände aufgebaut, das Zentrum Kairos ist zur Speaker's Corner geworden, an Hauswänden prangen riesige Plakate des Militärs und der Regierung, die an die nationale Einigkeit appellieren: »Wir sind alle Ägypter!« Jugendgruppen, Geschäftsleute und Parlamentarier geben fast täglich die Gründung neuer Parteien bekannt. Kairo gibt sich der Euphorie und der Freiheit hin. Der Rückzug des repressiven Sicherheitsapparates macht das Leben freier, aber auch unsicherer. Die Straßen sind nachts gefährlicher geworden, Berichte von Überfällen und Entführungen nehmen zu.

Der Übergang zur Demokratie beginnt mit der Aufarbeitung und Abrechnung mit der Diktatur. Auch dies geschieht weitgehend friedlich und gibt bis zum Mai 2011 zu Hoffnungen Anlass. Wie in der ehemaligen DDR geben sich die staatlichen Medien plötzlich geläutert. Man werde künftig eine »ehrliche und konkurrenzfähige« Berichterstattung anbieten und sich »nur von der Wahrheit leiten lassen«, heißt es in einer vom Rundfunk ausgestrahlten Erklärung. Das Fernsehen sendet Abend für Abend Talkrunden mit Oppositionellen. Der Hohe Militärrat unter Hussein Tantawi verspricht, dass im September 2011 ein neues Parlament nach demokratischen Regeln gewählt wird. Auch andere Schritte des Militärrates wirken ermutigend. Seine Repräsentanten führen Gespräche mit Oppositionsgruppen, mit den Bloggern und Organisatoren der Jugendbewegung, sogar mit der immer noch verbotenen Muslimbruderschaft.

Streikwellen fluten durch das Land, Lohnsprünge von 30 Prozent und mehr sind keine Seltenheit. In staatlichen Behörden, in staatsnahen und in privatisierten Unternehmen fordern die

Mitarbeiter die Entlassung korrupter Vorgesetzter und bessere Arbeitsbedingungen. Als Tausende Demonstranten auf dem Tahrir-Platz den Rücktritt des von Mubarak eingesetzten Ministerpräsidenten Ahmed Shafik verlangen – weil er als Mann des Mubarak-Regimes gilt –, beugt sich der Militärrat. Neuer Ministerpräsident wird Anfang März der 58-jährige, als unbelastet geltende Essam Sharaf, Professor für Ingenieurwesen. Der neue Premier stellt sich zuerst auf Facebook und auf dem Tahrir-Platz vor – eine Verbeugung vor dem Volk und der Jugend.

Unglaublich klingende Machenschaften werden enthüllt. Anfang März wird bekannt, dass der langjährige Innenminister Habib al-Adli im Jahr 2004 eine Spezialeinheit eingerichtet habe, deren Aufgabe Operationen unter falscher Flagge gewesen seien. Die Einheit habe die schrecklichen Terroranschläge in Scharm-el-Scheich vom Juli 2005 (90 Tote, Hunderte Verwundete) und in Alexandria 2011 verübt, um sie dann Islamisten in die Schuhe zu schieben. Damit sollten offenbar die Repressionsmaßnahmen und das anhaltende Kriegsrecht gerechtfertigt werden.[5] Habib al-Adli ist der erste ranghohe Repräsentant des Mubarak-Regimes, der ins Gefängnis muss. Aber nicht wegen der Terrortaten, sondern wegen Geldwäsche und Veruntreuung von Geldern wird er zu zwölf Jahren Haft verurteilt. Ein gesonderter Prozess wegen der gewaltsamen Auflösung der Massenproteste von 2011 soll folgen. Al-Adli hat allerdings ausgesagt, dass er unschuldig sei und den Schießbefehl direkt vom Präsidenten erhalten habe.

Diese Aussage ist gefährlich für Hosni Mubarak. Der Ex-Präsident, seine Frau und seine beiden Söhne halten sich zunächst in ihrem Luxusanwesen in Scharm-el-Scheich auf, das die Armee weiträumig absperrt. Die Regierung hat ein Ausreiseverbot für sie und zahlreiche andere Exponenten des Regimes verhängt. Ihr Vermögen hat der Generalstaatsanwalt einfrieren lassen. Am Umgang der Streitkräfte mit dem Clan des früheren Herrschers lässt sich das fragile Wechselspiel zwischen den Revolutionären und dem mächtigen regierenden Militärrat studieren. Wochenlang scheint es, als wolle der neue starke Mann, Hussein Tantawi, das Problem aussitzen. Doch ab Ende März finden in Kairo wieder gewaltige Demonstrationen nach dem Freitagsgebet statt, auf denen Zehntausende den Fortgang der Revolution fordern sowie die Strafverfolgung des Mubarak-Clans und anderer Regimegrößen wegen Amtsmissbrauchs und der Revolutionstoten verlangen. Der Ruf des Tahrir-Platzes zeigt Wirkung; getrieben von den Demonstranten und unter dem Druck, die Revolution umzusetzen, handeln die Spitzenoffiziere und Richter. Die juristische Aufarbeitung beginnt.

Am 26. März werden die Mubarak-Söhne Gamal und Alaa festgenommen und in das berüchtigte Kairoer Tora-Gefängnis gebracht, wo bereits mehrere Ex-Minister und Magnaten auf ihre Strafverfahren wegen Amtsmissbrauchs und Bestechlichkeit warten. Vorwürfe: Korruption, Verschwendung öffentlicher Gelder, persönliche Bereicherung; das Vermögen des Mubarak-Clans wird auf gewaltige 40 bis 50 Milliarden Euro geschätzt. Hosni Mubarak entgeht der Verhaftung nur, weil er während eines Verhörs einen Herzanfall erleidet und in eine Klinik verlegt wird. Unklar bleibt, ob die Militärs die Justiz zur Strafverfolgung aufgefordert haben oder ob diese von sich aus handelt. Deutlich ist der 400-Seiten-Bericht einer vom Militärrat eingesetzten Kommission über die Todesfälle der 18-Tage-Revolution. Insgesamt seien während der Proteste mindestens 846 Zivilisten und 26 Polizisten getötet worden; weitere 6467 Menschen wurden verletzt. Die Polizei habe gezielt mit scharfer Munition auf Demonstranten geschossen, heißt es im Bericht vom 20. April; zwar habe kein schriftlicher Befehl Mubaraks vorgelegen, erklärt der Generalsekretär der Kommission, Richter Omar Marwan, »aber der Schießbefehl gegen Demonstranten war nur mit seiner Zustimmung möglich«. Auch seien elf der 41 ägyptischen Gefängnisse vom Regime absichtlich geöffnet worden, um Chaos zu erzeugen und damit den Volksaufstand zu schwächen.

Ausschließlich der Justiz aber wollen die Oppositionellen die Aufarbeitung der Untaten nicht überlassen. Nach dem Vorbild der DDR-Revolutionäre stürmen Bürger im ganzen Land am 6. März die Zentralen des Staatssicherheitsdienstes Amn al-Dawla. Es hat sich herumgesprochen, dass in den Büros der Folterpolizei die Schredder glühen. Den Oppositionellen gelingt es, wie ihren Vorgängern in Ost-Berlin, Leipzig oder Erfurt, zahlreiche Akten vor der Vernichtung zu bewahren. Ein entscheidendes Detail ist anders als 1990. Die ägyptischen Revolutionäre stellen die belastenden Dokumente sofort ins Internet und umgehen damit die Aufforderung des Militärrates, diese umgehend zurückzugeben.

Gut einen Monat nach dem Sturz Mubaraks lässt die Regierung über eine Verfassungsänderung abstimmen, um sicherzustellen, dass im September ein neues Parlament gewählt werden kann. Für die Übergangsverfassung, die im Auftrag der Militärführung von einem Juristenkomitee ausgearbeitet worden war, stimmen am 19. März 77 Prozent, dagegen 22,3 Prozent. Viele Anhänger der Demokratiebewegung sind über das Ergebnis unglücklich, denn sie lehnen die Verfassungsänderung ab und hatten dazu aufgerufen, mit Nein zu stimmen. Warum, erläutert Zeinab, eine junge Vertreterin der Demokratiebewegung aus Kairo: »Das Kriegsrecht wird darin nicht aufgehoben. Der Staat wird nicht als säkularer, sondern als islamischer Staat definiert. Vor allem aber werden die Wahlen zu schnell stattfinden, was die alten Kräfte und die Muslimbrüder bevorteilt. Die neuen Parteien brauchen mehr Zeit, um sich zu organisieren und bekannt zu machen.«

Wie Zeinab, so bleiben viele Facebook-Revolutionäre misstrauisch. Sie vermuten zu Recht, dass die Kräfte des alten Regimes den Gegenschlag vorbereiten und die Revolution im Verborgenen sabotieren. Am 9. März sammeln sich Mubarak-Anhänger – vermutlich bezahlte Baltagiya-Schläger – nahe dem Tahrir-Platz und jagen Demonstranten mit Macheten durch die Innenstadt. Zwei Tage später kommt es zu blutigen Kämpfen zwischen Muslimen und Kopten mit elf Toten und 110 Verletzten in Mokkatam, einem Viertel der koptischen Müllsammler; gewalttätige Auseinandersetzungen mit religiösen Begründungen nehmen zu und werden unter anderem von der radikalislamischen Salafistensekte geschürt. Unübersehbar ist, dass sich dabei Anhänger des alten Regimes mit islamistischen Extremisten verbünden. Islamisten brächten Gerüchte in Umlauf, um christliche Kultorte anzugreifen und Geschäfte zu zerstören, erklärt der koptisch-katholische Bischof von Ismailiya, Makarios Tewfik. Dem Land fehle eine durchsetzungsfähige Regierung. Man kann sagen, wir befinden uns in einer Phase der Nicht-Regierung.«

Das Misstrauen der Revolutionäre, auch das eng mit dem Mubarak-Regime verflochtene Militär könne einen echten Umbau des politischen System verhindern wollen, erhält Nahrung durch widersprüchliche Maßnahmen. Zwar lässt sich jeden Tag beobachten, wie Militärpolizisten die normale Polizei überwachen und im Zaum halten. Wie in Tunesien übernehmen Soldaten polizeiliche Funktionen wie den Schutz von Gebäuden. Bei politischen Kundgebungen reagieren sie meistens sehr zurückhaltend. Doch mehrfach sollen Schlägertrupps Protestler unter den Augen der

Armee brutal verprügelt haben; rund 1000 Rebellen sollen Anfang Mai noch immer in Militärgefängnissen sitzen. Ein Blogger wird wegen »Beleidigung der Streitkräfte« von einem Militärrichter zu drei Jahren Haft verurteilt. Den schwersten Stoß erhält das Bündnis zwischen Militär und Jugend am 10. April 2011, als bei einer Demonstration auf dem Tahrir-Platz wieder zwei Demonstranten sterben. Nun werden Rufe laut nach dem Rücktritt von Hussein Tantawi. Es erscheint möglich, dass das Militär irgendwann die Geduld mit den Unwägbarkeiten des demokratischen Übergangsprozesses verliert und ihn gewaltsam abbricht.

Dennoch überwiegt am Nil zwei Monate nach der 18-Tage-Revolution die Hoffnung. Das ägyptische Pfund hat den Umbruch erstaunlich gut verkraftet, wenn auch die Inflation galoppiert. Der Tourismus, Devisenbringer Nummer eins und Arbeitgeber für 2,5 Millionen Ägypter, zieht wieder an. Vor dem Land liegen riesige ökonomische Probleme, doch der Optimismus aufgrund der geglückten Revolution ist riesengroß. »Ich fühle mich wie neugeboren«, sagt der deutsch-ägyptische Journalist Walid Elsheikh. Sicher, es sind vor allem die gebildeten Ägypter, die so sprechen, und die klugen unter ihnen wissen, dass die Euphorie nicht ewig andauern kann – vor allem, solange sich an den Lebensumständen der Armen nichts Grundlegendes ändert, solange die gewaltigen wirtschaftlichen und sozialen Erwartungen nicht erfüllt werden. »Wir müssen sie an den Punkt bringen, an dem sie Brot essen, statt den Müll nach Essbarem zu durchwühlen«, erklärt Wael Ghonim, der Revolutionsheld, dem amerikanischen *Time Magazine*. »Brot, nicht Müll – das sollte unsere nächste Forderung sein.«[6]

Am 15. April haben die Facebook-Revolutionäre wieder »eine Million« zusammengerufen, »aus Sorge um unsere Revolution«, wie sie schreiben. Hunderttausende folgen dem Aufruf und strömen zum Tahrir-Platz. Sie fordern den Militärrat und die Regierung auf, endlich die Verantwortlichen für die Toten des Aufstands zu bestrafen und energischer gegen die Korruption im Land vorzugehen. Zugleich werden die Rufe nach einem Verbot der früheren Regierungspartei NDP lauter. Schon bereitet sich die NDP auf die Septemberwahlen vor; wie die ehemaligen Kommunisten im Ostblock will die Staatspartei – formal erneuert – wieder an die Fleischtöpfe. Da handelt die Justiz. Ein Verwaltungsgericht in Kairo verfügt noch am 15. April die Auflösung der NDP und lässt deren komplettes Vermögen einziehen und der Regierung übereignen. Zwei Tage später wird Hosni Mubarak zum Verhör geladen.

Die Revolutionäre haben das Momentum der Geschichte nicht verloren. Immer wenn die Kraft ihrer Revolution nachlässt, strömen sie freitags wieder auf den Tahrir-Platz, und das Land hält den Atem an. Und dann geht es wieder voran.

Anmerkungen

1 Vgl. Sonja Hegasy: Wir sind alle Khaled Said, in: die tageszeitung, 5.2.2011.

2 Rainer Hermann: Revolution nach Plan, in: Frankfurter Allgemeine Zeitung, 15.2.2011.

3 Peter Welchering: Wie Ägypten das Internet gezielt abschaltete, in: Frankfurter Allgemeine Zeitung, 8.2.2011, S. T2.

4 Paul Amar: Warum Mubarak am Ende ist, in: Frankfurter Allgemeine Zeitung, 7.2.2011.

5 Mubarak Regime Provoked Attacks on Christians, www.al-arabiya.com, 5.3.2011.

6 Joe Klein: Cairo's Unsettled Spring, in: Time, 18.4.2011.

Helmut Dietrich

Algerien: Nach dem Aufstand ist vor dem Aufstand

Unruhen, die aus dem Alltag kommen

In Tunesien war Ben Ali noch nicht gestürzt, und in Europa ahnte man noch nicht, dass ein epochales arabisches Erdbeben begonnen hatte, da sprang der Funke bereits nach Algerien über. Der gesamte Norden des Landes erhob sich Anfang Januar 2011. Wenn der Aufstand kurz nach der Flucht Ben Alis stattgefunden hätte, wäre die Schubkraft größer gewesen, und auch das algerische System wäre möglicherweise gekippt. Mit gepanzerten Fahrzeugen, Schüssen und Tränengas sowie mit sozialen Zugeständnissen hat die Regierung den Aufstand schnell niedergeworfen.

Schon geraume Zeit vor diesen dramatischen Januartagen ist Algerien in Bewegung geraten. Ein langanhaltender, stiller Aufstand verändert den größten Maghreb-Staat nach und nach. Algerien ist das Land der lokalen Unruhen. Offiziell wurden im vergangenen Jahr 9000 bis 10 000 »émeutes«, lokale Aufstände, registriert. Ihr Ablauf ähnelt sich: Mit Barrikaden aus Baumstämmen, Müllcontainern und brennenden Autoreifen werden die Durchgangsstraßen gesperrt. Öffentliche Gebäude – das Polizeirevier, das Gericht, das Rathaus – werden angegriffen. Häufig gehen Akten und Archive in Flammen auf. Danach eilen hohe Staatsvertreter aus der Regionalverwaltung herbei, die mit halbgaren Zugeständnissen Ruhe schaffen wollen. Wer festgenommen wird, riskiert eine Haftstrafe von bis zu drei Jahren.

Entweder ist die katastrophale Wohnsituation der Auslöser für einen lokalen Aufstand. Familien, die seit Jahrzehnten in heruntergekommenen Sozialwohnungen oder in Slums hausen, tun sich zusammen und fordern besseren Wohnraum. Oder es ist das Fehlen kommunaler Versorgung, das die Unzufriedenheit hochkochen lässt. Und seit Herbst 2010 sind es die polizeilichen

Angriffe auf die ambulanten Verkäufer und ihre informellen Märkte, die urbane Aufstände provozieren. Es wächst eine allgemeine soziale Unzufriedenheit. Straßenfeger, Hausangestellte, Wächter und ambulante Gemüseverkäufer verdienen monatlich umgerechnet 80 bis 120 Euro. Zum Leben auf allerunterstem Niveau braucht eine Kleinfamilie nach halboffiziellen Berechnungen 400 Euro. Eigenanbau gibt es kaum. Zwar haben noch viele Familien Verwandte auf dem Land, aber in Algerien ist – anders als in den Nachbarländern – die Subsistenzwirtschaft weitgehend zerstört. Die Arbeitslosigkeit bei den 15- bis 65-Jährigen soll bei 40 Prozent liegen.[1]

Wer in Algerien wohnt, kennt diese Aufstände. Sie geschehen gewissermaßen vor der Haustür. Slums und dichtbewohnte Ruinen befinden sich auch in der Innenstadt gleich um die Ecke. Abrissaktionen, Zwangsräumungen und Umsiedlungen hat wohl jeder schon in der Nachbarschaft erlebt. Das Defizit kommunaler Dienstleistungen bekommt man bereits am Morgen im Badezimmer zu spüren, wenn der Wasserhahn trocken bleibt. Abhilfe schafft nur eine Zisterne auf der Dachterrasse, mit der man für die wasserlosen Wochentage vorgesorgt hat. Und was die informellen Märkte betrifft: Man begegnet ihnen auf Schritt und Tritt. Dort versorgt man sich mit frischem Obst, Gemüse oder vielleicht Fisch. Auch Kosmetika und diverser Haushaltsbedarf sind im Angebot. Zumeist werden die Waren direkt auf dem löchrigen Asphalt ausgebreitet. Das ist der Treffpunkt für die Nachbarschaft und der Austauschort für lokale Nachrichten.

Die informellen Souks (Märkte) verkörpern in Algerien die Gesellschaft im Kleinen. Ab elf Uhr verschwinden die ambulanten Händler wieder. In Algier sollen 60 Prozent der Waren im informellen Sektor verkauft werden.[2] Es gibt in Algerien keine modernen Hyper-Einkaufszentren wie in Tunesien oder Marokko. Kleine Supermärkte sind rar, und die Ein-Mann-Läden in Garagengröße haben selten frische Ware. Der Fisch liegt dort allenfalls in der Gefriertruhe.

Vor der Haustür ist oft nicht nur der nächste Slum oder der Souk, sondern auch die Mauer eines Kasernengeländes. Jede Stadt ist durchsetzt mit Militär- und Gendarmerie-Einrichtungen, die ein Stadtteil im Stadtteil sind. Auf ihren Außenmauern stehen Wächter, die Waffe im Anschlag. Das sieht bedrohlich aus. Von diesen

Orten geht kein engmaschiges polizeiliches Spitzelnetz aus wie im Tunesien Ben Alis, wohl aber eine militärische Feuerkraft, die im Falle eines landesweiten Aufstands zum Einsatz kommen könnte. Generäle prägen die Herrschaft in Algerien. Die Armee führt gigantische Manöver und Razzien durch, vorzugsweise in der von Berbern bewohnten Region. Im Laufe des Jahres 2010 hat das algerische Militär nach eigenen Angaben ungefähr 170 Jugendliche erschossen.[3] Sie werden der Presse ohne Angabe von Namen als Terroristen präsentiert. Die meisten Toten gab es in der Kabylei, über der im Jahr 2010 sogar Bomben abgeworfen wurden.[4] Bei den Razzien verloren auch viele Soldaten ihr Leben, meistens durch ferngezündete Bomben.

Bereits im Mai 2010 warnten die Medien, dass sich die lokalen Revolten bündeln und in einen landesweiten Aufstand münden könnten. Einige Schlaglichter aus dem Jahr 2010: Im Mai erfasste eine allgemeine Streikwelle das Land.[5] Am 22. Mai verfolgte die Zollfahndung einen Jugendlichen im Grenzbezirk von Tlemcen, der bei der Hetzjagd tödlich verunglückte. Die aufgebrachte Bevölkerung verbrannte daraufhin den regionalen Fahrzeugpark des Zolls – 317 Autos.[6] Im Sommer begann das Innenministerium, den unüberschaubar gewordenen Markt halbstaatlicher und halblegaler Paramilitärs und Privatpolizeien zu erfassen und neu zu ordnen; ein Drittel der knapp 100 000 Angehörigen der Kommunalgarden, die der Staat als Bürgerwehren im Krieg gegen die Islamisten bewaffnet hatte, wurde entlassen.[7] Anfang August meldeten Zeitungen, dass das Internet und der E-Mail-Verkehr genauer überwacht werden sollen.[8] Im zweiten Halbjahr 2010 gingen die Sicherheitsbehörden verschärft gegen Aufrührer vor.

Am 7. und 8. Dezember bestiegen an den Stränden von Oran über 200 Jugendliche Boote und nahmen Kurs auf Spanien, das ungefähr 100 Kilometer entfernt auf der gegenüberliegenden Mittelmeerseite liegt. Nie zuvor hatte es in Algerien einen solchen kollektiven Aufbruch von Boatpeople gegeben. Der Hälfte von ihnen gelang die Überfahrt, die andere Hälfte wurde von der Küstenwache festgenommen. Auf Druck der Europäischen Union war 2009 ein Gesetz verabschiedet worden, das für die illegale Ausreise eine Haftstrafe von zwei bis sechs Monaten vorsieht.[9] Doch die Angeklagten wurden in einem Schnellverfahren allesamt zu Geldstrafen von umgerechnet 500 Euro verurteilt und freigelassen.

»Wir waren junge Leute, zwischen 18 und 25 Jahre alt«, berichtete nach dem Verfahren Alilou Titanic, einer der Verurteilten, »und ich kann euch sagen, dass ganz Algerien vertreten war. Wir waren aus Oran, Tiaret, Tizi Ouzou, Béjaïa usw. Alle hatten die Schnauze voll, ohne feste Arbeit. Und wir werden bei der nächstbesten Gelegenheit wieder losfahren.« Die Fahrt kostete pro Person 800 Euro. »Wir hatten eine gute Ausrüstung: Schiff, Motor, GPS, Kompass – alles in Ordnung.«[10] Ihr Kalkül ging auf: Zwei Dutzend Boote lassen sich nicht aufhalten, viele kamen durch.

Wenige Tage später, am 17. Dezember, verbrannte sich in Tunesien Mohamed Bouazizi. Sein Tod wurde auch in Algerien als Fanal verstanden. In den letzten Wochen des Jahres kam es aufgrund der miserablen Wohnsituation in zahlreichen Vierteln von Algier zu Unruhen. In den zerfallenden fünf- bis achtstöckigen Mietskasernen muss sich in der Regel eine Großfamilie eine Einzimmerwohnung teilen. Die jungen Leute können, weil Einkommen und Wohnraum fehlen, nicht heiraten und keinen eigenen Hausstand gründen. Nun errichteten Demonstranten auf den Hauptstraßen Barrikaden und lieferten sich mit den Spezialeinheiten der Polizei, die Gummiknüppel und Tränengas einsetzte, stundenlange Schlachten. Schüsse fielen nicht, noch nicht. Am Folgetag dieser Straßenkämpfe schrieb die Tageszeitung *L'Expression:* »Algier sitzt auf einem Pulverfass.«[11]

Im Dezember wies das Innenministerium im ganzen Land die Wilayas (Regionalverwaltungen) und Rathäuser an, die informellen Märkte nach und nach zu räumen. Doch als Polizeikräfte die traditionsreichen Märkte in der Innenstadt von Algier schließen wollten, kam es zu neuen Unruhen. Wegen wachsender Widerstände gaben Ende Dezember die kommunalen Ordnungsämter überall zögerlich nach und verzichteten auf die Umsetzung der regierungsamtlichen Anordnung.[12]

Am 29. Dezember titelten Boulevardzeitungen, dass in den kommenden Wochen 13 000 Bäckereien schließen würden. Tatsächlich war in den privaten Mehlverkaufsstellen der Nachschub knapp und teuer geworden. Aber die öffentlichen Verkaufslager konnten noch liefern. Ende Dezember begannen die Bäckereien, aufgrund des Engpasses schon am frühen Nachmittag zu schließen. Welchen Hintergrund die angekündigte »Brotkrise« hatte, war nicht klar. Wollte die Regierung die Subventionen kürzen?

War es ein Manöver der Grossisten? Hing die Sache mit den Importen und den steigenden Lebensmittelpreisen auf den Weltmärkten zusammen?[13] Die Lage am Jahresende begann sich zu verschärfen.

Die Militärs

Würde die Polizei die Seiten wechseln, wenn es ernst wird? Oder würde die Armee, die sich im Hintergrund die Macht teilt, in rivalisierende soziale oder regionale Blöcke auseinanderfallen? Solche Szenarien wurden offen diskutiert. Die Front politischer Senioren, die den Unabhängigkeitskrieg gegen Frankreich ausgefochten hat, regiert noch immer. Sie hat bewiesen und weiß, dass auch die mächtigste Macht von Aufständen hinweggefegt werden kann. Die politische Klasse entstammt überwiegend dem Militär und hat Erfolg mit Erdöl und Erdgas erzielt, das seit den 1960er Jahren erschlossen wurde. Die Parteien und das Militär sind eng mit dem staatlichen Petro-Konzern Sonatrach verwoben. Diese unermesslich reich gewordenen Machtgruppierungen versuchen, mit dem Versprechen von Jobs und Geld Loyalitäten zu schaffen. Die besten Hochschulabsolventen stehen vor der Alternative, unter den Fittichen von Militärs oder Freunden von Militärs beruflich aufzusteigen – oder in der ewigen Arbeitslosigkeit zu versinken und in ihre bitterarm gebliebenen Stadtteile oder Dörfer zurückzukehren.

Bis zum ersten landesweiten Aufstand im Oktober 1988 gab es in Algerien ein »sozialistisches« Einparteiensystem, in dem die faktische Macht aber bei der Armee und ihrem mächtigen Geheimdienst lag. Die FLN (Front de Libération Nationale), die den Kampf gegen die französische Kolonialherrschaft gewonnen hatte, war im Lager der blockfreien Staaten und in der panafrikanischen Bewegung eine führende Kraft. (Mit dem Untergang der Blockkonfrontation verlor Algerien diese Dividende und geriet ähnlich wie das Tito-Jugoslawien in eine existenzielle Krise.)

Die aufbegehrende Jugend und Forderungen der Arbeiter nach höheren Löhnen und besseren Lebensbedingungen verhinderten zunächst eine wirtschaftliche Neustrukturierung nach Vorgaben des Internationalen Währungsfonds. Aufgrund des gefallenen Rohölpreises waren die Staatskassen – im Unterschied zu heute –

leer.[14] Am 4. Oktober 1988 legte ein Generalstreik das gesamte Land lahm. Jugendliche errichteten in zahlreichen Städten Barrikaden, griffen Polizeiposten an und stürmten die Lokale der Regierungspartei FLN und staatliche Einrichtungen. Am 6. Oktober rief die Regierung den Belagerungszustand aus.

Panzer zogen auf, Soldaten erschossen auf den Straßen bis zum 11. Oktober ungefähr 500 Menschen. Friedhofsruhe kehrte ein. Danach installierte die Regierung ein Mehrparteiensystem, ließ Pressevielfalt zu und bereitete Wahlen vor. Nachdem die islamistische FIS (Front Islamique du Salut) im Dezember 1991 die erste Runde der Parlamentswahlen klar gewonnen hatte, putschte im Januar 1992 das Militär. Tausende Mitglieder oder auch nur Anhänger der FIS wurden in die Wüste deportiert. So begann der Bürgerkrieg, der in den 1990er Jahren über 100 000 Menschenleben kostete. Die staatlichen Repressionskräfte ließen Tausende Menschen »verschwinden«. Es gab zahlreiche Massaker, die den Islamisten untergeschoben wurden. Der Bürgerkrieg entwickelte sich nach dem Befreiungskrieg zu einem zweiten Trauma, das die algerische Gesellschaft bis heute zeichnet und noch längst nicht aufgearbeitet ist.

Die Charta für Frieden und nationale Aussöhnung, am 28. Februar 2006 erlassen, sieht ausdrücklich die Straflosigkeit für alle Sicherheitskräfte und andere vom Staat bewaffnete Verbände vor. Mit Haftstrafen hingegen ist zu ahnden, wer den Staat oder Staatsbeamte wegen Bürgerkriegsdelikten kritisiert. Die Justiz muss jede Anzeige wegen Bürgerkriegsverbrechen abweisen. Andererseits wurden 2000 Gefangene freigelassen und viele von ihnen bevorzugt ins Berufsleben integriert.

Unter dem Ausnahmezustand, der erst im Februar 2011 offiziell aufgehoben wurde, waren Demonstrationen und legale Streiks nicht möglich. Eine Zivilgesellschaft – mit registrierten Vereinen, selbstverwalteten Treffpunkten und Nichtregierungsorganisationen – konnte in Algerien nicht entstehen. Wohl aber gewannen die Alltagsstrukturen an Bedeutung. Autonome Gewerkschaften ohne feste Konturen entstanden. Wilde Streiks wurden zur Regel. Die Straße als sozialer Treffpunkt wurde für Regierung, Polizei und Militär unberechenbar.

Der Aufstand vom Januar 2011

Am 1. Januar 2011 schnellten die Preise für Zucker und Speiseöl um 20 Prozent nach oben. Wie bei der Verknappung des Weizenmehls in der Vorwoche gaben die Zeitungen ganz unterschiedliche Gründe an. Stündlich konnte man erleben, wie diese Preise weiter anstiegen. Als sich die Wut im ganzen Land zu organisieren begann, kaufte die Regierung auf den internationalen Märkten in aller Eile riesige Lebensmittelvorräte auf, erhöhte die Subventionen und drückte die Preise auf das alte Niveau. Gleichzeitig demonstrierte sie damit, dass sie über die entscheidenden Kontrollinstrumente auf den Grossistenmärkten verfügte.

Doch Ruhe kehrte nicht ein. Zur Debatte stand längst das »System«, das in der Vergangenheit Armut bescherte und keine Zukunft bot. So verbreitete sich auch in Algerien die Parole: »Das Volk will den Sturz des Systems«. Der einsetzende große Januaraufstand unterschied sich von den Abertausenden Lokalunruhen der Vorjahre: Er fand in Algerien an zahlreichen Orten gleichzeitig statt – und im Schulterschluss mit der tunesischen Revolution. Viele hatten ihre Angst verloren – trotz eines drohenden Blutbads.

Im Morgengrauen des 3. Januar 2011 rückten unter Polizeischutz Bagger in den Oraner Stadtteil Les Planteurs vor, in den ältesten und größten Slum Algeriens, entstanden im 19. Jahrhundert, als Frankreich das Land unterwarf und Bauern zu Tausenden nach Oran flüchteten. Les Planteurs ist ein Labyrinth von bogenförmigen, mäandernden Wegen, Sackgassen und überraschenden Durchgängen. Im algerischen Befreiungskrieg ging von hier der lokale Widerstand aus. In den 160 Jahren seiner Existenz hat der Slum zahllose Räumungsversuche überstanden. Derzeit mag er 100 000 Bewohner zählen.

Les Planteurs versorgt die Stadt mit billigster Arbeitskraft. Der Straßenfeger in Protin, die Hausangestellte in Choupôt, die ambulanten Lebensmittelverkäufer in Mimosa, die die Produkte des Großmarkts Les Halles Centrales auf die Straßen bringen, die Aufpasser an der Fremdsprachenabteilung der Universität im Stadtteil Maraval, die selbsternannten Parkwächter vor der Wohnung des Autors in Protin – überall trifft man Leute, die frühmorgens aus ihren Behausungen in Les Planteurs aufgebrochen sind. Sie sind nicht in Gewerkschaften organisiert, haben keine

Vereine und keine offiziellen Sprecher. Es ist eine Welt, in der scheinbar jeder jeden kennt, in der man weitergereicht wird und in der Streit wie Gastfreundschaft zu Hause sind. Und wenn die Nacht hereinbricht, bringt man den selbsternannten Parkwächtern, deren Ausweis der mitgeführte Knüppel ist, etwas zu essen. Freilich weiß man nicht, ob die Parkwächter vielleicht für ganz andere Leute arbeiten. Die Loyalitäten sind unklar. Es sind diese widersprüchlichen Netze der direkten Kommunikation, die die Stadt auf unsichtbare Art durchziehen und am Leben halten.

Montag, 3. Januar 2011: An der Ausfallstraße von Les Planteurs beginnt ein Bagger mit den Abrissarbeiten. Selbsterrichtete Neubauten werden zermalmt. Die Nachbarn umringen das Räumkommando. Am Nachmittag wird die Menge immer größer. Der Bagger rückt ab. Die Anwohner blockieren die Ausfallstraße. Am Abend ziehen mehrere hundert Jugendliche los, quer durch die Stadt bis zum Sitz des lokalen Radios und der nationalen Fernsehstation.

Mittwoch, 5. Januar: In der Innenstadt bricht Panik aus. So beschreibt es jedenfalls die Lokalpresse. Aus den stets verstopften Arterien der Stadt verschwindet schlagartig der Autoverkehr. Die Geschäfte auf der Flaniermeile Rue Larbi Ben M'hidi lassen ihre Rollläden herunter. Ein Gerücht besagt, dass schwere Auseinandersetzungen und Plünderungen unmittelbar bevorstehen. Tatsächlich brennen kurz danach auf den Hauptstraßen der Innenstadt Autoreifen. Es kommt zu Straßenschlachten. Eine staatliche Kreditbank wird geplündert, die Computer landen auf der Straße. Den zentralen Platz und wichtige Kreuzungen Orans besetzt präventiv die Polizei mit Räumfahrzeugen und schwerem Gerät.[15] An demselben Abend kommt es in zahllosen Städten Nordalgeriens zu Unruhen. Der SMS-Dienst der drei algerischen Mobiltelefongesellschaften wird eingestellt. Es gibt keine Koordination, keine gezielte Verabredung. In der Hauptstadt haben polizeiliche Schikanen gegen ambulante Verkäufer und Zwangsräumungen die Menschen aufgebracht. Viele haben ihre Wohnung verloren, weil sie beim Kauf derselben mit falschen Papieren getäuscht worden sind. Junge Männer ohne festen Wohnsitz aber laufen Gefahr, als Deserteure zur Fahndung ausgeschrieben zu werden. Wer nicht gemeldet ist, kann keinen Kredit aufnehmen, wird an der Universität zu keinem Examen zugelassen, ist gewissermaßen »illegal« im eigenen Land. Aufgebrachte Jugendliche bauen nun in Algier Barrikaden. Vereinzelt werden Schmuckgeschäfte und Restaurants geplündert. Stundenlang ist die Hauptstadt von der Umwelt abgeschnitten.

Am Samstag, dem 8. Januar – beim mehrtägigen landesweiten Aufstand sind seit Montag bereits fünf Personen erschossen worden –, nimmt der Staat die Preiserhöhungen für Zucker und Speiseöl zurück. Alle Razzien gegen die informellen Märkte werden eingestellt. Die Abrissbagger ziehen ab. Am Sonntag werden in Algerien die letzten Scharmützel gemeldet. Autonome Gewerkschaften und Oppositionsparteien fordern einen geordneten Übergang und werfen den Massen auf den Straßen Vandalismus vor. Der Januaraufstand scheitert, weil die gewerkschaftliche und politische Opposition ihm die Unterstützung versagt und weil es in Algerien keinen Autokraten wie Ben Ali als zentrale Hauptfigur gibt, sondern ein undurchsichtiges anonymes Geflecht von Armeeclans sich die Einkünfte aus dem Erdöl- und Erdgasgeschäft teilt.

Nach dem 9. Januar beginnt die Regierung eine Offensive der sozialen Zugeständnisse, die bis heute anhält. Doch die Unzufriedenheit wächst weiter.

Premierminister Ahmed Ouyahia erinnerte am 8. April warnend an die Brotunruhen von 1988 und den Bürgerkrieg der 1990er Jahre: »Algerien hat einen hohen Preis gezahlt, mit Tausenden Toten, und hat sich davon noch nicht vollständig erholt. Was will denn die algerische Gesellschaft? Will sie hinunterschreiten bis zur Hölle?«[16] Doch der bedrohliche Verweis zieht nicht mehr. 75 Prozent der heutigen Bevölkerung sind unter 30 Jahre alt und haben die bleiernen Jahre nicht bewusst erlebt. Die Gegnerschaft von Islamisten und Regierung erscheint ihnen als Anachronismus, wenn nicht als Kulissenspiel der Macht. Im Alltag erleben sie, wie gut sich FLN-Kader mit Vertretern islamistischer Parteien verstehen, die ja an der Regierung beteiligt sind. Die jungen Leute mögen religiös sein, aber mit den alten politischen Ränkespielen und Schachzügen wollen sie nichts zu tun haben.

Die Angst ist weg

Auf Twitter, Facebook und in vielen Internetauftritten änderten sich Sprache und Tonlage der Botschaften schlagartig. Die Angst war weg. Auch als Ausländer gewöhnte man sich in Nordafrika an, über brisante Dinge hinter vorgehaltener Hand zu sprechen und sich schriftlich nur in Andeutungen zu ergehen. Schließlich fahndet die Polizei auch durch Internetüberwachung. Allzu oft konnte man sich über die Schere im Kopf nur wundern. All das ist Anfang Januar 2011 vergessen. Manifeste, wütende Artikel, Diskussionen über Klandestinität oder offenen Kampf, wasserklare Analysen – mit einem Mal war alles da, und alles war im Netz zu finden. Im Nu hatte man die ersten Einschätzungen der internationalen Thinktanks zur Krise in Nordafrika ausgewertet. Man war sich Anfang Januar auch in Algerien schon sehr sicher, dass der tunesische Ceauşescu politisch nicht überleben würde – zu einem Zeitpunkt, als sich Europa noch ahnungslos zeigte. Was in Algerien passieren würde, blieb im Ungewissen. Der Kampf gegen den petro-militärischen Herrschaftskomplex würde ungleich härter werden.

Dass die Leute auf der Straße die Angst verloren, war entscheidend. Wovor hatten sie Angst? Vor der Folter, vor dem Blutbad – ohne Zweifel. Aber auch davor, in Europa und in der Welt nicht verstanden zu werden. Doch diese Angst vor Missverständnissen ist nun vorbei. Es ist offenkundig: In Nordafrika geht es nicht um eine Auseinandersetzung zwischen angeblich aufgeklärten Regimes und gefährlichen Fundamentalisten, sondern um despotische Herrschaftssysteme, die von legitimen sozialen Bewegungen erschüttert werden. Wie in Tunesien begleiten Selbstverbrennungen die Revolten. Verzweiflung und unbedingter Aufbruch liegen eng beieinander. Schätzungen der algerischen Presse zufolge zündeten sich von Januar bis Anfang März 2011 in Algerien etwa 40 Menschen an, fünf von ihnen starben.[17] Zahlreiche öffentlich begangene Selbstmorde aber wurden allenfalls auf den Lokalseiten der Presse vermerkt.

Erfolgreiche Streiks und Sit-ins von Berufsguppen – erfolglose politische Demonstrationen

Am 24. Februar 2011 hob Präsident Abdelaziz Bouteflika, seit 1999 gewähltes Staatsoberhaupt und 2009 nach einer Verfassungsänderung zum dritten Mal »wiedergewählt«, den Ausnahmezustand auf, der seit dem 9. Februar 1992 galt. Aber fast alle Demonstrationen und Versammlungen blieben weiterhin verboten. Entweder wurden sie von den Behörden nicht genehmigt oder explizit untersagt.[18] Am 15. April kündigte Bouteflika in einer Fernsehrede eine Reform der Verfassung und eine politische Öffnung an. Die Einschaltquoten waren hoch und die Enttäuschung maßlos. Es ging um geringfügige Veränderungen am Verfassungstext, und die politische Öffnung blieb ein vages Versprechen.

Die Partei Sammlung für Kultur und Demokratie (RCD), die sich in den Jahren des Bürgerkriegs an der Regierung beteiligt hatte, bildete nun aus der Opposition heraus die Nationale Koordination für Wandel und Demokratie, in die sie unter anderem die Menschenrechtsliga einbezog. Die neue Koalition versuchte, am 22. Januar in der Innenstadt von Algier »für die Demokratie« und den »Sturz des Systems« zu demonstrieren. Doch wegen zahlreicher Polizeikontrollen im Großraum der Hauptstadt und wegen des stillgelegten Zugverkehrs schafften es viele Anhänger der Koalition nicht, ins Stadtzentrum zu gelangen. So standen schließlich 2000 Demonstranten 30 000 Polizisten gegenüber, wurden von ihnen eingekreist und verprügelt. Zu weiteren Demonstrationen der Koalition fanden sich immer weniger ein, zumal sie sich noch gespalten hatte.

Am 4. März konnte sich erstmals nach über sechs Jahren die FFS (Front des Forces Socialistes) zu einer Kundgebung in einem Saal der Hauptstadt versammeln. 3000 Anhänger der ältesten Oppositionspartei des Landes kamen zusammen. Doch es gelang auch der FFS nicht, die rebellische Jugend zu erreichen, die den Parteien eine heimliche Nähe zur herrschenden politischen Klasse und ihre Zurückhaltung während des Januaraufstands vorwirft.

Auf die Unzufriedenheit im Land antwortete die Regierung mit der Vergabe von gewaltigen Geldmitteln. Die nach den Januarunruhen beschlossenen Subventionen von Zucker und Öl schrieb sie langfristig fest. Der Liter Speiseöl darf nicht mehr als umgerechnet 80 Cent kosten, das Kilo loser Zucker nicht mehr als 60 Cent. Auf den internationalen Märkten ist der Zuckerpreis im ersten Vierteljahr 2011 um 60 Prozent im Vergleich zum Vorjahr angestiegen; Speiseöl wurde um 52 Prozent teurer. Im ersten Vierteljahr 2011 hat der Staat 24 Millionen Euro für die Subventionierung von Zucker und Öl ausgegeben. Im gesamten Jahr wird die Lebensmittelsubventionierung nach Angaben des Handelsministers 2,2 Milliarden Euro kosten.[19]

Im Januar und Februar stellte die Regierung 20 Milliarden Euro für Sozialmaßnahmen zur Verfügung, hauptsächlich für zinslose Kredite für Arbeitslose, die sich verpflichtet hatten, Ich-AGs zu gründen.[20] Genauere Untersuchungen zeigen jedoch, dass die Kredite vor allem an die Heranwachsenden aus systemnahen Kreisen vergeben werden. Vom plötzlichen Geldsegen profitierten nicht alle gleichermaßen. Während die Gehälter von Professoren fast vervierfacht wurden, erhöht man die Hungerlöhne der unteren Einkommensschichten kaum. Das war mit ein Grund dafür, dass eine breite Streik- und Protestwelle das Land erfasste. Zum ersten Mal versuchen nun Arbeiter und Angestellte, die gewaltigen Lohnsenkungen rückgängig zu machen, die sie im Bürgerkrieg zwischen 1994 und 1998 hinnehmen mussten.[21] Alle Berufszweige sind in Bewegung geraten. Proteste, Demonstrationen, Sit-ins bestimmen in allen Städten das Bild. Sogar auf den Erdöl- und Erdgasfeldern kam es zu Hungerstreiks von Arbeitern und Technikern. Die Gewerkschaftszentrale UGTA reagiert auf all diese Bewegungen nicht. Sie stammt aus dem alten FNL-Umfeld und bemüht sich traditionell um Spannungsminderung und den Aufbau von Genossenschaften. Und so haben sich angesichts des staatsloyalen Schweigens der UGTA zahlreiche neue Vereinigungen von Interessengruppen gebildet.[22]

Das Nationale Komitee für die Verteidigung der Rechte von Arbeitslosen (CNDDC) fordert Arbeitslosengeld und protestiert dagegen, dass vor allem Frauen zu einem Elendslohn von 3000 Dinar (22 Euro) pro Monat zu Sozialarbeiten herangezogen werden. Am 20. März fand die erste landesweite Demonstration der Arbeitslosen statt. Den eindrucksvollsten und entschiedensten Kampf führte der Nationale Rat der Lehrerinnen und Lehrer mit Zeitvertrag (CNEC). An seiner Spitze steht die 34-jährige Meriem Maârouf. Sie erklärt: »Wir sind Opfer der ›Hogra‹ [Erniedrigung]. Wissen Sie, die einstellende Behörde kann jederzeit und ohne Ankündigung unser Arbeitsverhältnis beenden. Wir haben kein Recht auf bezahlte Ferien, auf bezahlte Krankheitstage oder auf Mutterschaftsurlaub. Eine Lehrerin ist nach dem Kaiserschnitt nach drei Tagen wieder zum Unterricht erschienen! Eine andere, schwanger und mit Beinbruch, musste mit Gipsverband unterrichten. In manchen Regionen werden die Verträge monatlich erneuert.« Nach einem Sit-in von zehn Tagen und zehn Nächten gelang dem CNEC Ende März der Durchbruch: Zugesichert wurde die Übernahme aller Lehrkräfte mit Zeitvertrag – ohne Einzelprüfung – in den Schuldienst.[23]

Die andere soziale Bewegung, die bereits jetzt mehr erreicht hat als alle Kundgebungen der »historischen« politischen Parteien, ist die der Studierenden. Seit Jahren sind Studentinnen und Studenten aufgebracht über die Bildungsreform an den Hochschulen, über die miserablen Studienbedingungen und über ihre fehlende Berufsperspektive. Es gab bereits zahlreiche Streiks, nachdem das Hochschulministerium die Abschlüsse der alten Studiengänge mit einem Federstrich entwertet und damit Zehntausende Hochschulabsolventen in das sichere berufliche Abseits befördert hatte. Im März 2011 begannen die Studierenden eine landesweite Mobilisierung. Am 10. April blockierten sie die Zufahrtsstraßen des Hochschulministeriums. Am 11. April, dem Vortag der ersten nationalen Studentendemonstration, kam es vor dem Präsidentenpalast zu gewalttätigen Auseinandersetzungen: Es gab fünf Schwerverletzte. Am 12. April gingen in Algier trotz Verbots zehn- bis zwanzigtausend Studierende auf die Straße und skandierten: »Das Volk will den Sturz des Regimes.«

Der soziale Aufbruch in diesem Frühjahr hat deutlich gemacht, dass es in Algerien immer noch gewaltige Hypotheken des Bürgerkriegs gibt: In fast allen Städten gehen inzwischen die »Opfer des Terrorismus« auf die Straße. Sie verlangen, dass ihre Angehörigen, die von Islamisten getötet wurden, als »Märtyrer« anerkannt und sie als Hinterbliebene mit entsprechenden Renten versehen werden wie die Märtyrer des nationalen Befreiungskriegs. Am 4. März durchbrachen Tausende von Kommunalgarden, die die Armee während des Bürgerkriegs als Bürgerwehren bewaffnet hatte, mehrere Polizeiabsperrungen auf dem Demonstrationsweg zur Nationalversammlung. Am 5. und 11. April veranstalteten Kommunalgarden auf dem Platz der Märtyrer, der stets mit Gittern abgesperrt wird, ein Sit-in.[24] »Die Macht muss verstehen, dass wir bereit sind, für unsere Würde zu sterben«, erklärten sie, »wir sind in der Lage, zum Präsidentenpalast zu laufen, und wenn man uns daran zu hindern versucht, werden wir uns mit Benzin überschütten und uns selbst verbrennen.«[25] Die ehemaligen Insassen der Straflager in der südalgerischen Wüste, in denen 24 000 wirkliche oder vermeintliche Islamisten interniert wurden, verlangen die Öffnung der Archive, die Ausstellung einer Bescheinigung über die Internierungszeiten, eine sofortige Entschädigung der Hinterbliebenen, die Wiedereingliederung der ehemaligen Internierten in ihr Berufsleben, die Übernahme der entsprechenden Rentenversicherungsjahre und eine Entschädigung für die entfallenen Einkommen.[26]

Im Rückblick auf die vergangenen Monate kann man feststellen, dass sich große Gruppen der algerischen Gesellschaft in Bewegung gesetzt haben. Sie sind seit Januar 2011 dabei, sich das faktische Versammlungsrecht zu erkämpfen. Finanzielle und Streikforderungen sind über ein Jahrzehnt lang durch den Bürgerkrieg, den Ausnahmezustand und die Arroganz der Mächtigen aufgestaut worden. Lokale Aufstände finden nach wie vor überall im Lande statt. Aus den Schulen und Universitäten kommen spürbare Impulse, und ein allgemeiner Aufstand wird auch für Algerien wahrscheinlich.

Bislang gibt es keinen Tahrir-Platz in Algier. Die Straßen rund um den Präsidentenpalast und der Platz der Märtyrer im Stadtzentrum sind – nach zahlreichen Kundgebungen, Sit-ins und Prügeleinsätzen der Polizei – inzwischen weiträumig mit Gittern abgesperrt.[27] Aber es mangelt auch nicht an einem zentralen Platz, sondern am Zusammenschluss von herkömmlichen lokalen Protestgruppen und neuen Sozialbewegungen.

Anmerkungen

1 El Mouboub Mouhoud, Professor für Wirtschaftswissenschaften in Paris, in: Le Monde, 15. 3. 2011.

2 El Watan, 20. 12. 2010.

3 Bis zum 13. November 2010 waren es 100 Erschossene (Liberté, 14. 11. 2010). Ende Dezember erschoss die Armee bei einer mehrtägigen Militäroperation in den Bergen von Sidi Ali Bounab 50 Jugendliche (L'Expression, 30. 12. 2010).

4 Beispielsweise wurden Ende Mai die Berge und Wälder von Afkadou und Tifra von Sicherheitskräften bombardiert (Le Jeune Indépendant, 1.6.2010).

5 El Watan, 14.5.2010.

6 El Watan, 24.5.2010.

7 El Watan, 29.7.2010.

8 Ennaher, 2.8.2010.

9 Gesetz Nr. 09-01 vom 25. Februar 2009, in Kraft getreten am 8. März 2009. Artikel 175 besagt, dass mit einer zwei- bis sechsmonatigen Haft- und einer Geldstrafe in Höhe von umgerechnet 170 bis 500 Euro zu bestrafen ist, wer das nationale Territorium außerhalb der Grenzabfertigungsposten verlässt.

10 Le Quotidien d'Oran, 14.12.2010; El Watan, 14.12.2010.

11 L'Expression, 27.12.2010; Liberté, 27.12.2010.

12 El Watan, 20.12.2010.

13 Le Quotidien d'Oran, 30.12.2010; El Watan Weekend, 31.12.2010. Algerien hat im laufenden Buchungsjahr nach der Ernte 2010 knapp drei Millionen Tonnen Weizen aus Frankreich importiert. Das sind fast 25 Prozent der französischen Weizenexporte (El Watan, 12.4.2011).

14 Ende Dezember 2010 verfügte Algerien über Währungsreserven in Höhe von 135 Milliarden Dollar und über ein Staatsbudget von 48 Milliarden Euro (Le Monde, 8.1.2011). Der Handelsüberschuss des Jahres 2010 betrug 14,8 Milliarden Dollar (Le Monde, 3.1.2010).

15 Zu den Tagen vom 3. bis 10. Januar siehe die aktuelle Berichterstattung in *Le Quotidien d'Oran* und *El Watan*.

16 Le Quotidien d'Oran, 9.4.2010.

17 Le Monde, 28.2.2011 und 7./8.3.2011.

18 Siehe Kommuniqué von Human Rights Watch vom 6.4.2011, El Watan, 7.4.2011.

19 Le Quotidien d'Oran, 12.4.2010.

20 Le Monde, 7./8.3.2011.

21 El Watan Économie, 4.–10.4.2011.

22 Le Quotidien d'Oran, 9.4.2011.

23 L'Expression, 30.3.2011; Le Quotidien d'Oran, 30.3.2011; El Watan, 1.4.2011; Le Quotidien d'Oran, 4.4.2011.

24 Le Monde, 10.3.2010; El Watan, 12.4.2011.

25 El Watan, 5.4.2011; Le Quotidien d'Oran, 6.4.2011.

26 Le Quotidien d'Oran, 5.4.2011.

27 Le Quotidien d'Oran, 12.4.2011.

Marc Dugge

Marokko: Königliche Reformen

Natürlich haben die Revolten in Tunesien und Ägypten auch Marokko nicht unbeeindruckt gelassen. Gerade das Beispiel Marokko zeigt aber, dass der vielzitierte »Dominoeffekt« in der arabischen Welt (im Sinne einer kontinuierlichen Abfolge von politischen Umstürzen) nicht oder zumindest nicht kurzfristig eintreten muss. Zwar gibt es, was die wirtschaftlichen und politischen Rahmenbedingungen der verschiedenen Länder betrifft, durchaus Gemeinsamkeiten: So hat auch Marokko eine hohe Jugendarbeitslosigkeit und Defizite bei Demokratie und Rechtsstaatlichkeit. Anders gestaltet sich allerdings das Verhältnis des Volks zu seinem Machthaber. Dies hat einen entscheidenden Einfluss auf die Dynamik der Proteste.

In Tunesien wie in Ägypten waren die Präsidenten Ben Ali und Mubarak zu Feindbildern geworden. Sie galten als Symbolfiguren für Korruption, Unterdrückung, Nepotismus und Klientelismus. Ihre Anhäufung von Geld und Macht empfanden viele Menschen als maßlos und illegitim. Die Rebellion konnte dieses Ausmaß annehmen, weil es klare Feindbilder gab. Große Teile der Bevölkerung fühlten sich in der Wut auf diese Feindbilder vereinigt. Im Fall von Marokko sind diese Voraussetzungen nicht gegeben. Zwar gingen auch hier Zehntausende auf die Straße, um demokratische Reformen und den Rücktritt der Regierung zu fordern. Aber König Mohammed VI. hat die Chance, aus dieser Protestwelle nicht beschädigt, sondern sogar gestärkt hervorzugehen. Um das zu verstehen, muss man einen genaueren Blick auf das Verhältnis der Marokkaner zu ihrem König und auf die Ziele der Protestbewegung werfen.

Die Monarchie als Garant der Stabilität

Marokko wird seit Hunderten von Jahren von arabischen und berberischen Herrschergeschlechtern regiert, seit dem 17. Jahrhundert von der Dynastie der Alaouiten. Die Alaouiten stammen erklärtermaßen vom Propheten Mohammed ab. Das gilt auch für den derzeitigen König Mohammed VI.

Er ist somit nicht nur politisches, sondern auch religiöses Oberhaupt des Scherifen-Reichs – ein Umstand, der ihm zusätzlich Autorität und Ansehen verleiht. Der König wacht im Verständnis vieler Marokkaner über ein ethnisch und kulturell sehr heterogenes Land. Er gilt traditionell als Identitätsstifter und als Garant der Stabilität und Einheit Marokkos. Das kam insbesondere in der Kolonialzeit zum Tragen.

Der Neubegründer der Monarchie: Mohammed V.

Marokko war seit 1912 französisches Protektorat. Sultan Mohammed Ben Jussuf (der spätere König Mohammed V.) wird in den 1930er und 1940er Jahren zur Leitfigur des Widerstands. Als 1953 die Opposition immer lauter die Unabhängigkeit von Frankreich fordert, sieht sich die Besatzungsmacht gezwungen, den ruhigen, charismatischen Mann ins Exil zu schicken. Eine höchst unkluge Maßnahme. Der Sultan wird in der Heimat nur noch populärer. Aufgrund des Drucks der Straße gibt Paris schließlich nach. Am 16. November 1955 landet der Sultan auf dem Flughafen von Rabat – und zieht vor jubelnden Untertanen in die Stadt ein. Kurze Zeit später verkündet er die Unabhängigkeit Marokkos und lässt sich als Mohammed V. krönen. Von der ersten Stunde der Unabhängigkeit im Jahr 1956 an spielt der König so die zentrale politische Rolle im Land. Er hatte das Kunststück vollbracht, sich als traditioneller Herrscher an die Spitze einer Revolte zu stellen.

Der Bewahrer: Hassan II.

Mohammed V. ist den Marokkanern bis heute in guter Erinnerung geblieben. Das gilt – vielleicht überraschend – auch für seinen Sohn und Thronfolger, Hassan II. Marokkaner loben noch heute Hassans Charisma, seine Intellektualität, Durchsetzungskraft und Verwurzelung im Islam. Die Erinnerungen an seine harte Herrschaft stehen bei vielen offenbar nicht im Vordergrund.

Hassan II. besteigt 1961 den Thron. Der König ist der religiösen Tradition verhaftet und legt ein absolutistisches Staatsverständnis an den Tag, wonach er sich als Gesandter Gottes sieht. Sein Auftrag: den islamischen Glauben seines Volkes zu bewahren und den Zusammenhalt der marokkanischen Gesellschaft zu sichern. Die Einstellung des Königs gegenüber westlicher Modernität sollte sich, wie Mohammed Khallouk treffend beschreibt, als selektiv erweisen.[1] Einerseits will Hassan II. Marokko modernisieren und sucht den Schulterschluss mit Europa und den USA. Er versucht sogar, die Aufnahme Marokkos in die Europäische Wirtschaftsgemeinschaft (EWG), Vorläuferin der Europäischen Union (EU), zu erreichen. Andererseits legt Hassan II. keinen gesteigerten Wert darauf, Demokratie und Menschenrechten in seinem Reich Geltung zu verschaffen. Das zeigt sich etwa in der ersten Verfassung Marokkos, die er im Jahr 1962 der Öffentlichkeit präsentiert. In ihr werden dem König sehr weitgehende Rechte eingeräumt: So ernennt der Monarch Minister und den Ministerpräsidenten, im Ministerrat hat er den Vorsitz. Verschiedene Verfassungsartikel erlauben ihm, unliebsame Gesetze zu verhindern – oder genehme durchzudrücken. Sein Vorsitz im »Hohen Rat der Richterschaft« ermöglicht ihm, auf Gerichtsurteile Einfluss zu nehmen. Ganz klar: Eine Gewaltenteilung ist im Marokko Hassans II. nicht gegeben. Regimegegner werden konsequent verfolgt und verhaftet, viele gehen ins Exil. Aber auch dort entkommen Oppositionelle nicht immer dem langen Arm des Regimes: Die Umstände der Ermordung des charismatischen linken Politikers Mehdi Ben Barka 1965 in Paris sind bis heute ungeklärt. »Années de plomb«, »bleierne Jahre«, nennen Marokkaner die härteste Zeit der Regentschaft von Hassan II.

Gegen Ende seiner Herrschaft lockert der krebskranke König die Zügel immer mehr; möglicherweise um seinem Sohn und erklärten Thronfolger Mohammed einen sanfteren Übergang zu ermöglichen. So wird 1996 in einer Verfassungsreform die Kontrollfunktion des Parlaments gegenüber der Regierung gestärkt. Auch wird eine zweite Kammer im Parlament eingerichtet. Die Macht des Königs schränken diese Reformen jedoch nicht wesentlich ein. In Artikel 19 heißt es weiterhin: »Der König ist der höchste Vertreter der Nation, Symbol ihrer Einheit, Garant ihres Fortbestandes, der über die Achtung des Islams und der Verfassung wacht.« Ahmed Benchemsi, der bis vor kurzem Chef des einflussreichen Wochenmagazins *TelQuel* war, sagt dazu: »Der König hat die absolute Macht. Die einzige Begrenzung ist Artikel 19 der Verfassung. In ihm ist festgelegt, dass nur der König selbst seine Macht begrenzen kann. Anders gesagt: Wenn sich die Herrschaftsform in Marokko ändern soll, dann beschließt das der König ganz allein.« Artikel 23 der Verfassung besagt: »Die Person des Königs ist unangreifbar und heilig.« Kritik an ihm ist damit untersagt. Das bekam auch schon Ahmed Benchemsi zu spüren – immer wieder wurde er wegen Majestätsbeleidigung angezeigt.

In Marokko gilt der Dreiklang »Gott, Vaterland, König« – und damit scherzt man nicht. Als ein 18-jähriger FC-Barcelona-Fan aus der Nähe von Marrakesch 2008 »Gott, Vaterland, Barça« an eine Mauer sprayte, wurde er zu 18 Monaten Haft verurteilt. (Er kam allerdings vorzeitig auf freien Fuß.) Die Lektion: An der Unantastbarkeit der Monarchie hat sich nichts geändert. Auch wenn sich das gesellschaftliche Klima in Marokko unter König Mohammed VI. gewandelt hat.

Der leise Herrscher: König Mohammed VI.

Man weiß nicht viel über ihn: Es heißt, dass er schnelle Autos liebt, gern Jetski fährt – und oft privat ins Ausland reist. Bei Staatsempfängen oder Gipfeln lässt er sich dagegen häufig von seinem Bruder Moulay Rachid vertreten. Der König ist scheu. Medienscheu zumindest. Anders als sein Vater lässt Mohammed VI. kaum Journalisten an sich heran. Der Spanier Ferran Sales bekommt 1997 die seltene Gelegenheit, mit dem damaligen Erbprinzen ein Interview zu führen. »Das Interview hatte einen langen und komplizierten Vorlauf, in dem die Fragen abgesprochen wurden. Beim Interview hat der Prinz dann so gewirkt, als hätte er alle Antworten auswendig gelernt. Das einzig Interessante waren die Fotos von ihm, die mein Kollege geschossen hat. Eines zeigt einen traurigen Prinzen, einen Prinzen, der uninteressiert wirkt – für mich seine wahre Geisteshaltung in dieser Zeit«, sagte Sales dem ARD-Hörfunk.[2]

Zwei Jahre später, 1999, stirbt Hassan II. – und Sohn Mohammed, erst 35 Jahre alt, besteigt den Thron. Eine seiner ersten Amtshandlungen: Er schasst den berüchtigten Innenminister seines Vaters, Driss Basri. So erwirbt er sich rasch den Ruf eines Reformers. Mohammed gilt als einer, der einen Schlussstrich unter die Regentschaft seines Vaters ziehen und das Land auf sanfte Art in die Moderne führen will. Ein Zeichen dafür ist seine Heirat mit Lalla Salma, einer blondgelockten Informatikerin aus Fes. Hassan II. besaß noch einen Harem, seine Frauen waren vor den Blicken der Öffentlichkeit geschützt. Lalla Salma weiht dagegen Kulturfestivals ein, auf Fotos steht sie neben ihrem Mann, während der gemeinsame Sohn die Kerzen auf der Geburtstagstorte ausbläst. Mohammed VI. kennt die Bedeutung von Symbolen. Beraten wird der König unter anderem von André Azoulay, der schon für Hassan II. gearbeitet hat: »Seine Majestät Mohammed VI. hat etwas Tolles hinbekommen«, sagt Azoulay. »Er hat es geschafft, alle Errungenschaften, die er vorgefunden hat, zu optimieren, zu stabilisieren, zu festigen. Und gleichzeitig eine Vision zu entwerfen, die noch ambitionierter ist, noch gewagter, kreativer und fortschrittlicher. Die Herausforderung für Marokko ist die: Je besser wir werden, je mehr wir reformieren, nach vorn kommen, desto höher sind die Erwartungen. Das ist logisch.«[3]

Tatsächlich hat sich viel getan in Marokko. Die Kulturszene ist lebendiger geworden, die Presselandschaft vielfältiger, Frauen haben dank eines neuen Familiengesetzes mehr Rechte als früher. Straßen wurden gebaut, schnelle Internetverbindungen gelegt, die Wasser-, Telefon- und Stromversorgung verbessert. Mohammed VI. versteht sich als Bürgerkönig (»monarche citoyen«)[4] – als Regenten, der nah am Volk ist. Über seine Stiftung versucht er, ein soziales Gewissen zu zeigen. Mit großem Pomp weiht er laufend Sozialprojekte ein, etwa Behindertenwerkstätten oder Krankenhäuser. »Seit dem Beginn seiner Regentschaft zieht Mohammed VI. einen Besuch bei den Benachteiligten der Gesellschaft internationalen Konferenzen vor«, schreibt der französische Marokkospezialist Pierre Vermeren. Und schildert, dass schon seit Anfang der 1990er Jahre sorgfältig am Image des »Königs der Armen« gebastelt wurde – mit Erfolg.[5] Kritiker merken allerdings an, dass die karitativen, PR-trächtigen Aktionen des Königs das Fehlen einer echten Sozialpolitik verschleiern. Wahr ist auch, dass Mohammed VI. zwar ein »König der Armen« sein mag, nicht aber ein armer König. Mohammed VI. ist der wichtigste Unternehmer und Versicherer seines Landes – und laut dem *Forbes*-Magazin der siebtreichste König der Welt.

Der Frust über die bestehenden Verhältnisse

Marokko gibt sich unter Mohammed VI. modern – doch kann das über die schwache wirtschaftliche Situation des Landes und die gravierenden sozialen Probleme nicht hinwegtäuschen. Marokko ist das wirtschaftliche Schlusslicht im Maghreb. Das Pro-Kopf-Einkommen ist laut aktuellen Daten von 2010 nur halb so hoch wie in Tunesien, das Durchschnittseinkommen liegt bei umgerechnet 300 Euro im Monat.

Zwar wächst die marokkanische Wirtschaft nach offiziellen Angaben um rund fünf Prozent jährlich – doch Beobachter vermissen Anzeichen für einen nachhaltigen Aufschwung. Ausländische Investoren sind zurückhaltend. Intransparenz, Korruption, mangelnde Rechtssicherheit und Bürokratie sind für Firmen die wichtigsten Hemmnisse, sich in Marokko zu engagieren. Dazu kommt ein Mangel an qualifizierten Arbeitskräften. So verharren viele Marokkaner in der Arbeitslosigkeit, auch junge Menschen. Selbst Universitätsabgänger müssen sich mit Gelegenheitsjobs (etwa in Call-Centern) durchschlagen. Sie sehen wütend mit an, wie interessantere Posten an Sprösslinge aus Familien verteilt werden, die Geld und Einfluss haben. Vetternwirtschaft, Nepotismus und Klientelismus sorgen dafür, dass viele sich von der Entwicklung des Landes ausgeschlossen fühlen. Gerade junge Menschen wollen Marokko daher den Rücken kehren und versuchen, auf legale oder illegale Weise ins Ausland zu gelangen. Die Familien helfen häufig, die teuren Schlepper zu bezahlen. Nüchtern betrachtet handelt es sich um eine Investition in die Zukunft: Viele marokkanische Familien leben fast ausschließlich von den Überweisungen ihrer Verwandten aus dem Ausland. Das Geld aus Europa wird dringend gebraucht, denn die Lebenshaltungskosten steigen immer mehr, besonders für Nahrung und Wohnraum.

Um Hungerrevolten wie in den 1980er Jahren zu verhindern, subventioniert der Staat Grundnahrungsmittel wie Brot und Öl, aber auch Sprit und Gas durch die »caisse de compensation«, die Kompensationskasse. Ökonomen kritisieren das heftig: Zum einen fehle damit Geld für eine echte Sozialpolitik, zum anderen profitierten auch die Reichen Marokkos von den Subventionen. Und auch wenn der Staat hohe Summen in den sozialen Wohnungsbau investiert, leben noch immer viele Marokkaner in ärmlichsten Verhältnissen. Im Hohen Atlas erfrieren jedes Jahr

Menschen, weil sie sich im Winter keine Heizung leisten können, während sich unten im Tal, in Marrakesch, die Schönen und Reichen feiern. Keine Frage: Die Unterschiede zwischen Arm und Reich sind in Marokko immer sichtbarer geworden; in Marrakesch parkt schon mal ein Ferrari neben einem Eselskarren. Der Gesellschaftsvertrag wird auf eine immer härtere Probe gestellt. Die Wut auf jene, die durch Korruption, Familienbande oder Nähe zur Macht zu Geld und Einfluss gekommen sind, ist spürbar. Die Unzufriedenheit hat nicht nur eine soziale und wirtschaftliche, sondern auch eine zunehmend politische Dimension. Die Protestbewegungen in Tunesien und Ägypten veranlassen Marokkaner, einen genaueren Blick auf die Verhältnisse im eigenen Land zu werfen.

Die Bewegung des 20. Februar

Das Internet war in Tunesien wie auch in Ägypten ein wichtiges Mittel, um die Massen zu mobilisieren. Facebook, Twitter und Blogs halfen den Demonstranten dabei, sich zu koordinieren und miteinander zu kommunizieren. Im Internet wurden unliebsame Fotos und Videos verbreitet, die etwa die gewaltsame Niederschlagung von Demonstrationen zeigten. So konnte sich jeder ein eigenes Bild von der Brutalität der Regime machen. Dank sozialer Netzwerke bekamen die Nutzer das Gefühl, direkt an der Bewegung teilzuhaben und Diskurse (etwa mit Hilfe der Kommentarfunktion bei Facebook) beeinflussen zu können – auch jenseits der Landesgrenzen.

In Marokko wurden die Ereignisse in Tunesien mit großer Aufmerksamkeit verfolgt. »Ja, es ist möglich!«, titelte das regierungskritische Magazin *TelQuel* – und freute sich unverhohlen darüber, dass es möglich ist, die versteinerten politischen Verhältnisse im Maghreb zu ändern. Chefredakteur Karim Boukhari schrieb: »Viele von uns dachten, dass die Zeit der Revolutionen vorbei sei. (…) Viele dachten, dass die Straße, die Menge, das arabische Volk nur ein Spielzeug sei, eine modellierbare Masse, etwas, mit dem ein mächtiger Mann spielen kann, das er kontrollieren, dominieren, ausnutzen (…) kann. Um es dann zu ignorieren, zu vergessen. (…) Es ist Zeit, der ›Hogra‹ [der Missachtung und Erniedrigung], ein Ende zu bereiten, den Schmerzen, die den ganzen Körper der arabischen Welt plagen.« Um auf ihre Misere aufmerksam zu machen, setzten sich im Januar und Februar in Marokko fünf Marokkaner in Brand. Damit folgten sie dem Beispiel des tunesischen Obstverkäufers Mohamed Bouazizi, der mit seiner Selbstverbrennung die tunesische Revolution ausgelöst hatte. Ein junger Marokkaner erlag seinen Verletzungen.

Inspiriert von Tunesien wuchs auch in Marokko eine neue Bürgerrechtsbewegung heran. Auch diese organisierte sich im Internet – und rief zu Demonstrationen im Land auf. Die zunächst bedeutendsten Kundgebungen fanden am 20. Februar 2011 statt – daher nannte sich die Initiative auch Bewegung des 20. Februar (Mouvement du 20 Février). Zu Beginn gehörten der Gruppe auf Facebook nur ungefähr 50 Personen an, die meisten von ihnen zwischen 18 und 30 Jahre alt. Innerhalb weniger Tage waren es Tausende, Ende März bereits 42 000 Mitglieder. Der 23-jährige Gründer der Bewegung, Oussama El Khlifi, sagte im März: »Die Mehrzahl der Marokkaner ist arm. Die jungen Leute finden keine Arbeit. Millionen Marokkaner leben in gesundheitsschädigenden Wohnungen. Der Zugang zur Gesundheitsversorgung ist schwierig, für die Ärmsten sogar unmöglich. Die Korruption ist fast der Normalzustand, sie vergiftet die Verwaltung und die Justiz. Es gibt Einzelne, die sich von einem auf den anderen Tag bereichert haben, darunter auch Minister, Staatsangestellte und angeblich ›Gewählte‹. Es ist ein Staat der Privilegien. Uns schmerzt, dass der König dies geschehen lässt.«[7]

An jenem verregneten Sonntag, dem 20. Februar, gingen Zehntausende im ganzen Königreich auf die Straße, ganz überwiegend friedlich. Wie in Tunesien und Ägypten waren viele junge Menschen unter den Demonstranten. Ein Großteil von ihnen kam aus dem linken Milieu, darunter auch die »jeunes diplomés« – arbeitslose Universitätsabsolventen, die einen Job im öffentlichen Sektor forderten. Menschenrechtsbewegungen und verschiedene linke Parteien hatten sich der Bewegung ebenso angeschlossen wie Islamisten. Sowohl die vom Staat erlaubte königstreue Partei für Justiz und Gerechtigkeit (PJD) wie auch die verbotene königskritische Islamistenbewegung Al-Adl Wal-Ihsan (Vereinigung für Gerechtigkeit und Spiritualität) waren mit von der Partie.

So verschieden wie die Demonstranten waren auch die Forderungen. Eine neue Verfassung, die die Demokratie stärkt – und Marokko auf den Weg einer parlamentarischen Monarchie bringt, die den Namen auch verdient. Außerdem: eine unabhängige Justiz, bessere Gesundheitsversorgung, mehr Jobs, weniger Korruption und Willkürherrschaft. Einige verlangten vom König, sich aus der Wirtschaft des Landes zurückzuziehen – und forderten den Rücktritt seines Businessberaters Mounir Majidi. Die Wut richtete sich aber nicht nur gegen Mitglieder des Makhzen (der Entourage des Königs), sondern auch gegen gewählte Politiker. Insbesondere Ministerpräsident Abbas El Fassi geriet ins Visier der Demonstranten. Ihm wird unter anderem Ämterpatronage und Untätigkeit vorgeworfen. Mohammed VI. selbst wurde nicht angegriffen. Im Gegenteil: Einige trugen sogar Bilder des Königs mit sich. »Zu keinem Zeitpunkt haben wir die Person des Königs in Frage gestellt«, sagt Oussama El Khlifi. »Der König ist der Stolz der Marokkaner. Für uns ist die Monarchie die Garantin der nationalen Stabilität – und das wird sie bleiben.«[8]

Reaktion des Königs: Der Diskurs vom 9. März

Schon bald reagierte der König. In einer seiner seltenen Fernsehansprachen wandte er sich am 9. März 2011 an seine Bürger. Mohammed VI. blickte steif und mit ernster Miene in die Kameras: »Die Verfassungsreform, die wir heute ankündigen, ist ein wichtiger Meilenstein auf unserem Weg der Demokratie. Diesen Weg verfolgen wir konsequent mit umfassenden politischen, wirtschaftlichen und gesellschaftlichen Reformen. Die Institutionen, der Rechtsstaat, die gute Regierungsführung sollen dabei besonders berücksichtigt werden. Ich will diese Reform – und Gott möge mir dabei helfen.« Der König gab den Reformer, der erklärtermaßen mehr Demokratie wagen will. Eine Kommission solle bis Juni eine neue Verfassung ausarbeiten. Anschließend sollen die Wähler in einem Referendum darüber abstimmen. Ein paar Pflöcke hat der König schon eingerammt: Die Machtbefugnisse des Ministerpräsidenten sollen gestärkt werden, Parteien und der Rechtsstaat ebenso. Auch sollen Menschenrechte künftig stärker berücksichtigt werden und mehr persönliche Freiheiten möglich sein. Die junge Bürgerrechtlerin Zineb El Rhazoui war in einer ersten Reaktion überwältigt. Sie gilt als eine der vehementesten Kritiker der bestehenden Verhältnisse. 2009 hatte sie in einem Park mit Gleichgesinnten öffentlich ein Picknick veranstaltet – mitten im Ramadan. »Politisch gesehen war es ein Donnerschlag«, sagte El Rhazoui. »Der König hat alle wichtigen Forderungen der jungen Marokkaner angesprochen. Das ist ein Sieg für alle, die mutig auf die Straße gegangen sind, um für ihre Rechte zu kämpfen! (…) Wenn Mohammed VI. es ehrlich mit uns meint, wenn er nun persönlich darüber wacht, dass die Reformen auch durchgeführt werden, dann werte ich das als Zeichen seiner politischen Weisheit. Es war an der Zeit, uns zu zeigen, dass er unsere Probleme ernstnimmt.«[9] Manche Kommentatoren sahen Marokko bereits auf dem Weg zu einer konstitutionellen Monarchie nach britischem oder spanischem Vorbild. In jedem Fall traf die Rede des Königs auf Zustimmung im gesamten politischen Spektrum. Sonst überaus regierungskritische Kommentatoren sprachen von einer bevorstehenden politischen Zeitenwende in Marokko. Auch Vertreter ausländischer Regierungen lobten Mohammed VI., Frankreichs Präsident und EU-Ratsvorsitzender Sarkozy nannte sein Vorgehen »mutig« und »exemplarisch«.

Die Euphorie unter den Bürgerrechtlern währte allerdings nur kurz. Am 13. März wurde eine Demonstration in Casablanca von der Polizei gewaltsam niedergeschlagen. Es soll Hunderte Verletzte gegeben haben. Unter den Demonstranten waren zahlreiche Anhänger der verbotenen islamistischen »Vereinigung für Gerechtigkeit und Spiritualität«.

Das harte Vorgehen der Polizei nährte Zweifel, ob der König es mit seinen Bekenntnissen zu mehr Demokratie tatsächlich ernst meint. Seine Rede wurde genauer unter die Lupe genommen. Mehrere Beobachter kamen zu dem Schluss, dass sich der König genügend Schlupflöcher gelassen habe. Auch nach diesem Diskurs sei er in der Lage, die politische Entwicklung entscheidend zu steuern. Eine (Selbst-)Beschneidung seiner Macht sei noch lange nicht garantiert. Die Besetzung der verfassungsgebenden Kommission mit königsnahen Rechtsexperten stieß ebenfalls auf Kritik. Thomas Schiller, Maghreb-Beauftragter der Konrad-Adenauer-Stiftung, bewertet die Rede entsprechend zurückhaltend.[10] Der König habe deutlich gemacht, dass an den Kernpunkten des Systems, die er als das »Fundament« für einen neuen Pakt zwischen Thron und Volk bezeichnet, nicht gerüttelt wird. »Indirekt werden damit die Artikel 19 und 23 der Verfassung, die die herausgehobene Stellung des Königs betreffen, z.B. seine Rolle als Befehlshaber der Gläubigen, von jeder Reform ausgenommen.«[11]

Das verschaffe dem König weiterhin viele Möglichkeiten, auf den politischen Prozess einzuwirken. Zudem würde deutlich, dass der König auf die sozialen und wirtschaftlichen Forderungen der Demonstranten nicht eingegangen war.

Die Bewegung des 20. Februar rief daher für den 20. März zu weiteren Demonstrationen auf, um den Druck auf das Regime aufrechtzuerhalten. Tatsächlich beteiligten sich erneut Zehntausende an den Kundgebungen – in Rabat etwa waren nach Meinung vieler Augenzeugen rund doppelt so viele Demonstranten auf den Straßen wie einen Monat zuvor. Sie streckten symbolisch Besen in den Himmel, um einen Rücktritt der Regierung zu fordern – und hielten Logos von Facebook und Twitter in den Händen. Journalisten der staatlichen Fernsehsender wurden ausgepfiffen. Auch waren am 20. März auffallend wenige Porträts des Königs zu sehen. Ein ähnliches Bild bot sich bei Folgedemonstrationen im April. Die Polizei ging nun nicht mehr gewaltsam gegen die Demonstranten vor – obwohl zahlreiche Anhänger der illegalen islamistischen »Vereinigung für Gerechtigkeit und Spiritualität« präsent waren.

Der Terroranschlag in Marrakesch vom 28. April 2011 verdrängte die Reformbewegung kurzfristig aus den Medien. Ein Sprengsatz hatte in einem bei Touristen beliebten Café mindestens 17 Menschen getötet. Laut dem marokkanischen Innenminister Cherkaoui handelt es sich bei den Attentätern um radikale Islamisten. Über die Motivation der Täter und die möglichen Folgen des Anschlags für die marokkanische Politik lässt sich derzeit nur spekulieren. Allerdings hat das Ereignis auf schreckliche Weise deutlich gemacht, dass der König mit seinen Reformversprechen Terroristen unbeeindruckt gelassen hat. Viele Beobachter fürchteten, dass die Behörden nun wieder hart gegen Islamisten vorgehen würden. Nach den Attentaten von Casablanca 2003 hatte die Polizei viele Islamisten in Blitzaktionen festgenommen – und auch gefoltert. Menschenrechtler liefen Sturm. Der marokkanische Regierungssprecher Khalid Naciri betonte nun unmittelbar nach dem Anschlag, dass das Ereignis den Reformprozess nicht in Frage stellen werde. Ähnlich äußerte sich der Generalsekretär des neu gegründeten staatlichen Rats für Menschenrechte, Mohammed Sebbar: »Würde man Reformen stoppen, täte man den Drahtziehern des Anschlags einen Gefallen. Meiner Ansicht nach ging es den Tätern darum, den politischen Wandel zu stoppen.

Reformen sind das beste Mittel, um gegen sie zu kämpfen.« Tatsächlich blieben Massenverhaftungen wie im Jahr 2003 aus – was allerdings auch damit zu tun haben dürfte, dass die staatlichen Behörden das islamistische Milieu sehr viel genauer kennen und beobachten als damals. Mohammed VI. zeigte Präsenz: Er besuchte zwei Tage nach dem Anschlag den Tatort und auch Opfer im Krankenhaus. Die Bewegung des 20. Februar rief zu neuen Demonstrationen am 1. Mai auf. Tausende demonstrierten in mehreren Städten Marokkos gegen den Terrorismus und für mehr Demokratie. Porträts des Königs waren nun wieder häufiger auszumachen.

Marokko vor einer Zeitenwende?

Die königliche Rede könnte weitreichende Folgen für Marokko haben. Noch lässt sie aber viel Spielraum für Interpretationen offen: Was will der König wirklich? Sind seine Ankündigungen pure Kosmetik oder vom Willen nach tiefgreifenden Reformen getragen? Wie unabhängig ist die Verfassungskommission? Wird sie es wagen, auch eine Begrenzung der königlichen Macht zu fordern? Wie weit wird Mohammed VI. dem Ruf nach einer parlamentarischen Monarchie entgegenkommen? Ist es ihm ernst damit, Demokratie und Meinungsfreiheit in Marokko zu stärken, um tunesische oder ägyptische Verhältnisse zu vermeiden? Und, sollte er es ernst meinen: Ist der König in der Lage, seinen Willen im Makhzen durchzusetzen?

Es liegt auf der Hand, dass die Eliten im direkten Umfeld des Königs Verlierer tiefgreifender Reformen sein würden. In ihrer jetzigen Position können viele Vertreter des Makhzen Reformen ausbremsen und sich quasi im rechtsfreien Raum bewegen. Sollte es eine demokratische Entwicklung geben, würden diese Eliten sicher an Einfluss verlieren und der Quellen ihres Reichtums verlustig gehen. Möglicherweise droht einigen hohen Beamten sogar ein Prozess wegen Korruption und Machtmissbrauch. Tunesien führt den Eliten im Maghreb zur Zeit auf drastische Weise vor, was es bedeutet, wenn das Großreinemachen im Staatsapparat einsetzt. Es scheint aus heutiger Sicht (Mai 2011) unwahrscheinlich, dass sich der König dieses Großreinemachen tatsächlich leisten will bzw. kann. Daher wird es wohl auch vom Druck der

Straße abhängen, wie weitreichend die Reformen letztlich sein werden.[12] Auch hier hat Tunesien ein gutes Beispiel gegeben.

Allerdings hat die königliche Rede schon eines bewirkt: Marokkaner diskutieren so laut und unbefangen über die politische Zukunft ihres Landes wie seit Jahrzehnten nicht mehr. Tabus fallen, Menschen machen ihrem Ärger öffentlich Luft. Das gilt selbst für staatliche Institutionen: Ende März demonstrierten Hunderte Journalisten in Rabat und Casablanca für mehr Meinungs- und Pressefreiheit, darunter auch Mitarbeiter der amtlichen Nachrichtenagentur MAP und der staatlichen Fernseh- und Rundfunksender SNRT und 2M.

Die Rede vom 9. März hat gezeigt, dass der König als Reformer wahrgenommen werden *kann*. Hierin unterscheidet er sich von vielen Führern in der arabischen Welt – auch von Ben Ali und Mubarak. Mohammed VI. besitzt offensichtlich die nötige Autorität, um das Land auf einen Reformkurs zu bringen. Das liegt nicht nur an seinem Ansehen als religiöser Führer und Identitätsstifter, sondern auch daran, dass die politische Klasse bei den meisten Marokkanern kaum Vertrauen genießt. So hat Mohammed VI. derzeit keine Konkurrenz durch andere charismatische Führungspersönlichkeiten zu befürchten. In Europa und den USA genießt er Rückhalt. Der Einfluss des Auslands auf die Geschehnisse sollte nicht über-, aber auch nicht unterschätzt werden. Marokko benötigt weiterhin dringend Investitionen, Kredite und Entwicklungshilfe. Die Entwicklung in Tunesien und Ägypten setzt insbesondere die europäischen Regierungen unter Druck, ihre Zusammenarbeit mit autoritären Regimen zu rechtfertigen. Das weiß man auch in Marokko – dem bislang größten Empfänger des EU-Nachbarschaftsfonds.

Mohammed VI. hat mit seiner Rede den Parteien und der Zivilgesellschaft neue Freiräume eröffnet. Es wird sich zeigen, wie diese genutzt werden können.

Anmerkungen

1 Mohammed Khallouk: Islamischer Fundamentalismus vor den Toren Europas – Marokko zwischen Rückfall ins Mittelalter und westlicher Modernität, Wiesbaden 2008.
2 Zit. aus Marc Dugge: Der absolute Herrscher – Marokko unter König Mohammed VI., ARD-Hörfunkbeitrag, 20. 7. 2009.
3 Ebenda.
4 Der Begriff »monarchie citoyenne« ist recht unpräzise. Ich würde ihn übersetzen als »Monarchie der Bürger« – eine Monarchie, in der der König nah am Volk ist, sich um dessen Belange kümmert und von ihm getragen wird.
5 Pierre Vermeren: Le Maroc de Mohammed VI: La transition inachevée, Paris 2009.
6 TelQuel, 22. 1. 2011.
7 Maroc Hebdo International, 4. 3. 2011.
8 Ebenda.
9 Zit. nach Alexander Göbel: Marokkos König kündigt Verfassungsreform an, ARD-Hörfunkbeitrag, 10. 3. 2011.
10 Thomas Schiller: The King's Speech. Marokkos König kündigt Reformen an, Länderbericht der Konrad-Adenauer-Stiftung, März 2011.
11 In der Rede heißt es an der entsprechenden Stelle: »Die Heiligkeit unserer unveränderlichen Werte, über die sich die Nation einig ist, nämlich der Islam als Religion des Staates, der die Religionsfreiheit garantiert, wie das Emirat über die Gläubigen, das monarchistische Regime, die nationale Einheit, die territoriale Integrität, die Demokratie, sind eine solide Bürgschaft und eine solide Grundlage, um einen historischen Kompromiss einzugehen, der die Stärke eines neuen Pakts zwischen dem Thron und dem Volk hat.«
12 Vgl. Abdeslam Maghraoui: Scenarios politiques au Maroc face à la contestation, http://fr.lakome.com/opinion/62-chroniques-dopinion/235-abdeslam-maghraoui.html (28. 3. 2011).

Thomas Schmid

Libyen: Revolution gegen den Revolutionsführer

Libyen schien noch Anfang Februar 2011 ein Hort der Stabilität zu sein. In Tunesien, seinem westlichen Nachbarland, hatte die Jasmin-Revolution gesiegt. In Ägypten, seinem östlichen Anrainer, wankte bereits die Macht des Pharao. Oberst Muammar Gaddafi aber hatte das Land im eisernen Griff. Und als über Facebook für den 17. Februar zu einem »Tag des Zorns« aufgerufen wurde, schien klar: Der Revolutionsführer würde jede Unruhe im Keim ersticken.

Schon Anfang Januar hatten zwar in einigen Städten unzufriedene Bürger gegen den Wohnungsmangel protestiert. Doch »Bruder Führer«, wie er sich gerne nennen lässt, ermunterte sie einfach, nicht fertiggestellte Neubauwohnungen zu besetzen, was dann viele auch taten.[1] Ende Januar rief der Schriftsteller Jamal al-Hajj im Internet dazu auf, Demonstrationen für mehr Freiheit zu organisieren. Am 1. Februar wurde er festgenommen – weil er einen Fußgänger angefahren habe.[2]

Doch vorsichtshalber bestellte Gaddafi für den 6. Februar vier Anwälte zu einem Treffen in sein Beduinenzelt in der Hauptstadt Tripolis. Abdul Ghoga, Vorsitzender der Anwaltskammer von Bengasi, der zweitgrößten Stadt des Landes, berichtete später, bei Kamelmilch und grünem Tee hätten sie einen Monolog des Revolutionsführers anhören müssen, und als sie selbst Meinungsfreiheit, Pressefreiheit und eine Verfassung gefordert hätten, habe Gaddafi ihnen beschieden: »Alles, was das Volk braucht, ist Essen und Trinken.«[3]

Für den 17. Februar war also ein »Tag des Zorns« angesagt. Das Datum war nicht zufällig gewählt. Der Protest sollte gleichzeitig eine Hommage an die Opfer sein, die fünf Jahre zuvor, am

17. Februar 2006, in Bengasi von der Polizei erschossen worden waren. Damals hatte das Regime eine Demonstration vor dem italienischen Konsulat organisiert, weil Italiens Reformminister Roberto Calderoli bei einem Fernsehauftritt ostentativ ein T-Shirt mit den Mohammed-Karikaturen getragen hatte, die in der islamischen Welt weithin für Empörung sorgten. Doch die Parolen der Demonstranten richteten sich schon bald nicht mehr gegen den Italiener, sondern gegen das eigene Regime, gegen Gaddafi. Die Polizei erschoss nach amtlichen Angaben 15 Personen, die Opposition geht von doppelt so vielen Opfern aus.[4]

Eine Festnahme mit Folgen

Vorsorglich nimmt die Polizei am 15. Februar, zwei Tage vor dem angekündigten »Tag des Zorns«, in Bengasi den Rechtsanwalt Fathi Tarbel fest. Er vertritt die Interessen der Angehörigen der Opfer eines Massakers, bei dem in einem Gefängnis von Tripolis im Jahr 1996 über 1200 Häftlinge erschossen wurden. Tarbel selbst hat damals einen Bruder, einen Schwager, einen Cousin und fünf enge Freunde verloren.[5] Schon fünfmal war der hartnäckige Advokat im Gefängnis. Die Nachricht von seiner Festnahme verbreitet sich in Windeseile. In schwarzer Robe eilen 14 Berufskollegen zum Sitz des Volkskomitees (Stadtregierung) und verlangen die Freilassung. Schon bald stehen einige hundert Personen vor dem Gebäude der Lokalregierung. Sie schreien Parolen gegen Gaddafi, werfen Steine, Flaschen. Die Polizei setzt Gummiknüppel und Wasserwerfer ein. Zehn Polizisten und vier Demonstranten werden verletzt. Noch gibt es keine Toten. Aber die arabische Revolution hat auch Libyen erreicht.

Bis zum Mittag des 16. Februar haben sich der Facebook-Gruppe »Revolte des 17. Februar 2011« bereits 9600 Personen angeschlossen.[6] Am »Tag des Zorns« kommt es dann in zahlreichen Städten des Landes zu Kundgebungen, obwohl Internet und Telefonleitungen gekappt wurden. Dutzende Demonstranten fallen Scharfschützen zum Opfer. In Bengasi laufen Armeeeinheiten zu den Rebellen über. Am 20. Februar ist die Stadt unter Kontrolle der Aufständischen.

Noch am selben Tag hält Saif al-Islam Gaddafi eine vom Fernsehen landesweit ausgestrahlte Rede ans Volk. Der an der Londoner Scool of Economics ausgebildete zweitälteste Sohn des Herrschers galt lange als das diplomatische Gesicht und die sanfte Stimme der Diktatur. Der Ingenieur, Architekt, Maler und Kunstliebhaber hatte auch schon die Folter in libyschen Gefängnissen beklagt und Reformen des politischen Systems angemahnt. Mit seiner Gaddafi-Stiftung, die ausländische Opfer des Regimes entschädigte, hatte er dem lange verfemten und mit Sanktionen belegten Regime die Rückkehr in die internationale Gemeinschaft geebnet. Nun aber überrascht Saif mit einer außerordentlich aggressiven Rede. Er beschimpft die Aufständischen als Kriminelle und Rauschgiftabhängige und droht unverblümt: »Flüsse voller Blut werden fließen.« Er warnt vor einem Zerfall Libyens, dem Kollaps der Wirtschaft und der Rückkehr des Kolonialismus.

Am 22. Februar schließlich zeigt sich der Revolutionsführer selbst dem Fernsehpublikum und dementiert damit alle Gerüchte, er sei nach Venezuela ins Exil geflohen. Die Rebellen bezeichnet er als Ratten, Kakerlaken und Drogensüchtige. Er warnt, dass ein instabiles Libyen zum Einfallstor für al-Qaida werden könnte. Nach dieser Drohung bietet er auch noch die chinesische Lösung, die Option Tiananmen, an. Zwei Tage später findet er eine abenteuerliche Erklärung für die Rebellion: Anhänger von al-Qaida hätten den Jugendlichen halluzinogene Tabletten in den Kaffee geschüttet.

»Massendemokratie« mit Gebrauchsanweisung

Ist Gaddafi ein Fall für die Psychiatrie? Ist er »der Irre in Nahost«, wie US-Präsident Ronald Reagan einst meinte? Zweifellos ist der Beduinensohn ein exzentrischer Egomane, ein bizarrer Diktator, grausam und gnadenlos, und mit seinem Outfit eine skurrile Erscheinung. Aber ist vielleicht, was uns als folkloristische Inszenierung erscheint – das Leben im Zelt, die Kamelmilch, das Beduinengewand –, eine Botschaft an diejenigen, auf die er letztlich setzt, die ihm loyalen Stämme? Wie auch immer: Ein beträchtliches Maß an Realitätssinn ist dem libyschen Diktator nicht abzusprechen. Hinter einer zur Schau gestellten Irrationalität verbirgt sich oft ein durchaus rationales Kalkül, die Fähigkeit, Interessen abzuwägen und den Kurs zu ändern, wenn es vorteilhaft scheint. Sonst hätte sich der »Bruder Führer« wohl nicht mehr als 41 Jahre lang an der Macht halten können.

Als Muammar Gaddafi, damals Hauptmann der Armee (den Grad eines Obersten verlieh er sich später), 1969 mit seinem Bund Freier Offiziere gegen den 79-jährigen König Idris putschte, war er gerade 27 Jahre alt. Wie sein großes Vorbild Gamal Abdel Nasser, der seit 1954 Ägypten regierte, war auch Gaddafi von panarabischen und panafrikanischen Gedanken beseelt. Er errichtete in den 1970er Jahren ein politisches System sui generis, die Große Sozialistische Libysch-Arabische Volks-Dschamahirija, wie es offiziell heißt. Parteien sind generell verboten. Die Macht wird formal auf lokaler Ebene von Volkskomitees ausgeübt, auf nationaler Ebene von einem Allgemeinen Volkskongress. Zum »Koordinator der Volksmacht« bestellte Gaddafi im Oktober 2010 seinen Sohn Saif al-Islam.[7] In der libyschen »Massendemokratie« haben die Massen nichts und der Revolutionsführer, der formal überhaupt kein Amt innehat, alles zu sagen.

Den ideologischen Unterbau dieses eigenartigen politischen Systems liefert das »Grüne Buch«, Gaddafis Bibel von 1975, etwa 100 Seiten dick und Pflichtlektüre in allen Schulen. Es ist ein konfuses Machwerk, dem in jeder größeren libyschen Stadt ein Monument gewidmet ist. Zu seiner Exegese gibt es an den Universitäten ganze Fachabteilungen und in Tripolis das »Weltzentrum für das Studium und die Erforschung des Grünen Buches«. Das Werk gliedert sich in drei Teile. Im ersten Teil geht es um die »Volksmacht«, im zweiten Teil um den »Sozialismus«, im dritten Teil um die »Dritte Universaltheorie«. Hier stehen dann auch so erkenntnisschwere Sätze wie »Frauenärzte sagen, dass Frauen jeden Monat menstruieren, Männer aber nicht. (...) Wenn eine Frau nicht menstruiert, ist sie schwanger.«[8] Und man erfährt auch, dass die Zukunft der »schwarzen Rasse« gehört, weil die Schwarzen keine Familienplanung kennen und sich deshalb schneller vermehren würden als die anderen Rassen, die »ständig mit Arbeit beschäftigt« seien, während die Schwarzen »bei permanent heißem Wetter Müßiggang betreiben«.

In Bengasi, der Hauptstadt der Rebellion, ist es im Frühjahr 2011 schwierig, ein Exemplar des »Grünen Buches« aufzutreiben. Alle haben eines gehabt. Alle haben es weggeworfen, einige gar öffentlich auf einem Scheiterhaufen verbrannt. Auf dem zentralen Platz der Stadt sind Karikaturen des Despoten von Tripolis ausgestellt. Er wird als Affe, als Verrückter, als Unhold, als Teufel gezeichnet. Es ist ein Exorzismus der besonderen Art.

Mit Todesmut und Leichtsinn

Ende Februar scheint das Ende der Herrschaft Gaddafis eine Frage von Wochen, ja vielleicht nur noch Tagen zu sein. Zwei amtierende Minister sind zu den Aufständischen übergelaufen, eine stattliche Reihe von Diplomaten hat sich vom Regime offiziell losgesagt. Auch im Westen des Landes hat Gaddafi die Kontrolle über einige Städte verloren. In Tripolis wird geschossen, und vom Osten rücken die Rebellen immer näher. An der Küste nehmen sie Stadt für Stadt ein: Adschdabija, Brega, Ras Lanuf. Die Bilder gehen um die Welt. Jugendliche in Fantasieuniformen, schlecht bewaffnet, fahren in Privatautos und Kleinlastern, auf deren Ladeflächen alte Geschütze montiert sind, an die Front. Todesmutig und leichtsinnig gleichermaßen. Sie haben weder Kommandostrukturen noch Schlachtplan. Sie stürmen einfach nach vorn, immer weiter, Richtung Tripolis. An den Bau von Verteidigungslinien haben sie nicht gedacht, genauso wenig an eine Logistik, um den Nachschub zu sichern. Und so rollen Gaddafis gut geschulte Streitkräfte die Front mit Kampfjets und schwerer Artillerie wieder auf, erobern Stadt um Stadt zurück. Am 17. März stehen sie vor Bengasi.

In einer von Radio und Fernsehen übertragenen Rede kündigt Gaddafi die unmittelbar bevorstehende »Befreiung von Bengasi« an, Haus für Haus werde durchsucht. Wer mit einer Waffe angetroffen werde, gelte als Feind und werde als solcher behandelt. Gnade werde es nicht geben. Eine klare Drohung, die weithin als die Ankündigung eines Massakers interpretiert wird. Ein solches ist Gaddafi, der 1996 umstandslos über 1200 wehrlose Gefangene füsilieren ließ, und seinen Spezialeinheiten zuzutrauen. Ob es dazu gekommen wäre, darüber kann man nur spekulieren. Über Massaker in anderen Städten wie Zuwara oder al-Sawija, die Gaddafis Spezialeinheiten zurückeroberten, wurde bis Mai 2011 nichts bekannt, was bei der gängigen Informationspolitik aber nicht viel bedeutet. Noch am selben Tag verfügte der Sicherheitsrat der Vereinten Nationen mit der Resolution 1973 eine Flugverbotszone und erlaubte »alle notwendigen Maßnahmen« zum »Schutz der Zivilbevölkerung«. Drei Tage später zerstörten französische Kampfjets die auf Bengasi zurollenden Panzer der Truppen Gaddafis. Amerikaner und Briten schalteten die libysche Flugabwehr aus und übernahmen faktisch die Lufthoheit über Libyen. Bengasi, in dessen Vororten bereits Gefechte stattfanden und das vor dem Fall stand, wurde gerettet.

Deutschland, seit Jahresbeginn 2011 nichtständiges Mitglied des UN-Sicherheitsrates und ohne Vetorecht, hatte sich gegen die Resolution 1973 ausgesprochen und sich bei der Abstimmung enthalten – aus innenpolitischen Gründen: In Baden-Württemberg standen entscheidende Landtagswahlen bevor. Auch in Frankreich, das am energischsten auf eine Intervention gedrängt hatte, diktierten innenpolitische Interessen die außenpolitischen Entscheidungen. In der Pose des Feldherrn hoffte Präsident Nicolas Sarkozy auf zusätzliche Stimmen bei den Kantonalwahlen. Zudem wollte er Terrain wieder wettmachen. Im benachbarten Tunesien hatte Frankreich noch drei Tage vor der Jasmin-Revolution dem Diktator Ben Ali technisches Know-how für die Niederschlagung der Unruhen angeboten. Humanitäre Erwägungen mögen bei der Verabschiedung der Resolution eine Rolle gespielt haben. Aber man darf davon ausgehen, dass sich der Westen die Chance, die der Aufstand bot, Gaddafi loszuwerden oder wenigstens entscheidend zu schwächen, nicht entgehen lassen wollte, zumal ein siegreicher Revolutionsführer auch die Stabilisierung Tunesiens und Ägyptens hätte torpedieren können. Dass auch die Arabische Liga eine Flugverbotszone forderte und die Resolution 1973 begrüßte, wurde mit großer Erleichterung aufgenommen. Das nahm dem Vorwurf, es gehe einmal mehr um einen Kreuzzug des Westens gegen den Islam, den Wind aus den Segeln.

Militärisch führte die Intervention zunächst zu einem Patt. Weder gelang es Gaddafi, Bengasi zurückzuerobern, noch den Rebellen, in den Westen Libyens vorzudringen, wo sie sich nur in wenigen Enklaven halten konnten: in Misrata, der drittgrößten Stadt des Landes, in al-Sintan (150 Kilometer südwestlich von Tripolis) und in Nalut, in der Nähe der Grenze zu Tunesien. Die Front lag fortan zwischen Adschdabija und Brega, 250 Kilometer südlich von Bengasi, und bewegte sich kaum. Westlich der Frontlinie herrscht das alte Regime. Östlich von ihr entsteht eine neue Administration, deren oberste Instanz ein Nationaler Übergangsrat ist, der – Stand von Mitte Mai 2011 – von Frankreich, Italien, Großbritannien, Qatar, Gambia und den Malediven als legitime Vertretung des libyschen Volkes anerkannt ist.

Libysche Wendehälse

In der Öffentlichkeit herrschte zunächst Rätselraten, wer die Leute eigentlich sind, die der Westen mit seiner Intervention in Libyen unterstützt. Erst allmählich wurde es klar: Dem Nationalen Übergangsrat steht Mustafa Abdul Dschalil (59) vor, der am »Tag des Zorns« noch Gaddafis Justizminister war und erst am 21. Februar aus Protest gegen die gewaltsame Niederschlagung der Revolte zu den Rebellen überlief. Trotz dieser Vergangenheit wird er respektiert. Ihm wird zugutegehalten, dass er Gaddafi einmal öffentlich fragte, weshalb Gefangene, deren Strafe abgelaufen sei, weiterhin im Gefängnis sitzen. Zudem hat er im März 2010 schon – vergeblich – seinen Rücktritt angeboten. Außerdem stammt er aus al-Bayda, einer Stadt im befreiten Osten, und die Herkunft ist in Libyen noch immer wichtig. Vizepräsident Abdul Hakim Ghoga, ein Rechtsanwalt aus Bengasi und Revolutionär der ersten Stunde, diente hingegen nie dem Regime und forderte nach der Festnahme seines Kollegen Tarbel am 15. Februar sofort öffentlich dessen Freilassung. Von den 31 Mitgliedern des Übergangsrats, dem im Übrigen auch Tarbel angehört, ist etwa die Hälfte namentlich bekannt. Die Identität der Übrigen wird geheim gehalten – angeblich aus Sicherheitsgründen, weil sie Städte aus den von Gaddafi kontrollierten Landesteilen vertreten. Auch weiß niemand, wo der Rat tagt, weil das Regime im staatlichen Fernsehen ein Kopfgeld in Höhe von 250 000 Dollar auf den Ratsvorsitzenden ausgesetzt hat.

Der Übergangsrat gründete Anfang März einen siebenköpfigen Exekutivrat, der als provisorische Regierung fungiert und Mitte Mai auf 16 Mitglieder erweitert wurde. Dessen Vorsitz nimmt der in Bengasi geborene Mahmud Dschibril (59) ein. Der in Kairo und Pittsburgh (USA) ausgebildete Finanzfachmann wurde unter Gaddafi 2007 Vorsitzender des Nationalen Wirtschaftsentwicklungsrats, überwarf sich mit dem Diktator aber schon Ende 2010 und hat jetzt alle Chancen, zum bevorzugten Gesprächspartner des Westens zu avancieren. Die Aufgaben eines »Außenministers« nimmt im Rat Ali al-Essawi wahr. Er stammt ebenfalls aus Bengasi, war Botschafter in Indien und desertierte nach dem Beginn des Aufstands als erster Diplomat. Das Ressort Finanzen, Wirtschaft und Öl leitet Ali Tarhouni, der schon 1973 in die USA emigrierte, dort Wirtschaftsprofessor wurde, Ende Februar seine

Studenten sitzenließ und mitten im Semester in seine Heimat zurückkehrte, um der Revolution zu dienen.

Die Armee der Aufständischen, die inzwischen jugendliche Rebellen in Schnellkursen militärisch ausbildet und an der Front das Kommando übernommen hat, wird von Abdul Fatah Junis geführt. Der 67-jährige General kennt Gaddafi wohl besser als jeder andere in den Reihen der Opposition. Zusammen mit ihm hat er beim Putsch 1969 die Radiostation von Bengasi eingenommen.[9] Jahrzehntelang befehligte er eine Spezialeinheit der Armee, bis er vor drei Jahren Innenminister wurde. Wenige Tage nach Beginn des Aufstands lief er zu den Rebellen über und half ihnen bei der Vertreibung der Spezialtruppen aus Bengasi.

Als Gaddafis Truppen davor standen, Bengasi zurückzuerobern, kam in der Hafenstadt ein alter Haudegen aus den USA an: Khalifa Haftar. Auch er war am Putsch von 1969 beteiligt, geriet 1987 im Tschad, gegen den Gaddafi einen Krieg vom Zaun gebrochen hatte, in Gefangenschaft, wurde danach Kommandant einer Libyschen Nationalarmee, die sich den Sturz Gaddafis auf ihre Fahnen schrieb, ging 1990 in die USA ins Exil und kehrte nun zurück, um das Kommando der Rebellenarmee zu übernehmen – für eine Woche. Danach wurde er abgesetzt, und Junis übernahm wieder die Armeeführung. Auf die Querele um den Oberbefehl angesprochen, sagte Junis knapp: »Hefta ist mein Kollege und mein Freund. Er hat nun keine offizielle Funktion. Wie auch immer: Hier ist Platz für jeden, der die Revolution fördern will.«[10]

An der zivilen wie an der militärischen Spitze der Aufständischen stehen also mit Dschalil und Junis Wendehälse, die noch zu Beginn der Revolte dem Revolutionsführer als Minister gedient haben. In Bengasi ist dies kein Thema öffentlicher Debatte – vielleicht, weil man jetzt keinen Streit in den eigenen Reihen will, vielleicht, weil man auf die unbestreitbare militärische Kompetenz und die Führungsqualitäten der beiden angewiesen ist. In Gaddafis direkter Massendemokratie konnte sich keine alternative Elite herausbilden, und immerhin hat Dschalil sich ja für Gefangene eingesetzt, und immerhin hat Junis beim Sturm auf die Katiba, die Kaserne von Gaddafis Spezialeinheiten in der Stadt, tatkräftig geholfen. Und immerhin sind sie beide aus Bengasi.

Die historische Zweiteilung des Landes

Der Nationale Übergangsrat will keinen ostlibyschen Staat gründen. Er wehrt sich gegen Sezessionsvorwürfe, die das Regime in Tripolis erhebt, und besteht darauf, ganz Libyen zu repräsentieren. Auf den Straßen Bengasis verkünden Spruchbänder: »Libya, only one clan with Tripolis its capital« – »Libyen ist ein einziger Stamm und Tripolis seine Hauptstadt«. Trotzdem: Faktisch ist das Land geteilt, es gibt viele Stämme, und sie spielen eine Rolle.

Die heutige militärische Frontlinie entspricht im Großen und Ganzen der historischen Grenze zwischen Tripolitanien mit der Hauptstadt Tripolis und der Cyrenaika mit Bengasi als Zentrum. Die beiden Landesteile wurden erst – zusammen mit dem Fessan, der Wüstenregion fernab der Küste – unter dem italienischen Kolonialismus zu einem Staatsgebilde zusammengefasst. Vorher waren sie beide osmanische Provinzen, die recht unterschiedliche Entwicklungen durchgemacht hatten. Als die italienische Armee unter der liberalen Regierung Giolitti 1911 – also schon elf Jahre vor der Machtübernahme Mussolinis – in Libyen einfiel, setzte sie sich erst in Tripolitanien fest. Mit der Eroberung der Cyrenaika tat sie sich schwer. Dort leistete die Sanussi-Bruderschaft, im Bündnis mit dem Osmanischen Reich, hartnäckigen Widerstand.

Die Bruderschaft hatte der im heutigen Algerien geborene islamische Mystiker Muhammad al-Sanussi 1837 in Mekka gegründet. Er ließ sich in al-Bayda nieder, einer Stadt in den Grünen Bergen, 200 Kilometer nordöstlich von Bengasi. Dort baute er die erste Zawiya, eine Art Kloster, die auch Koranschule, Herberge, Krankenstation und allgemein Beratungs- und Begegnungszentrum für die Nomaden der Gegend war. Die Sanussi-Bruderschaft betrieb zudem Handel und Ackerbau und verfügte über eigene Truppen. Als der große Mystiker starb, hatte er 44 Bücher verfasst,[11] und die Sanussi-Bruderschaft kontrollierte die gesamte Cyrenaika.

Die Zawiya ist heute ein verlassenes Gehöft am Stadtrand von al-Bayda, die Anwohner zeigen dem Besucher die Höhle, in der Muhammad al-Sanussi gelebt hat und in der Muhammad al-Mahdi, sein Sohn, geboren wurde. Dessen Sohn Idris, der Enkel des großen Mystikers, der 1916 Oberhaupt der Sanussi-Bruderschaft wurde, schloss mit Italien, das im Unterschied zum Osmanischen Reich zu den Siegermächten des Ersten Weltkriegs zählte, seinen Frieden, und wurde von Italien 1920 als Emir der Cyrenaika anerkannt. Doch kaum war er 1922 auch Emir von Tripolitanien geworden, floh Idris unter dem Druck einer aggressiven italienischen Siedlungspolitik nach Kairo. Den Widerstand gegen die Faschisten, die in Rom 1922 die Macht übernahmen, führte Omar al-Mukhtar an, der ihnen mit seinen bloß 2000 Wüstenkriegern[12] einen erbitterten Guerillakrieg lieferte. Erst 1931 gelang es den Italienern, den fast 70-jährigen »Löwen der Wüste« festzunehmen, nachdem er im Gefecht vom Pferd gefallen war. Er wurde in Ketten gelegt, nach Bengasi gebracht, in einem Schnellverfahren zum Tod verurteilt und öffentlich gehenkt. Damit war der Widerstand gebrochen.

Als die Vereinten Nationen ihr Protektorat Libyen 1951 in die Unabhängigkeit entließen, wurde Idris, das aus dem ägyptischen Exil zurückgekehrte Oberhaupt der Sanussi-Bruderschaft, König des neuen Staates. Bereits ein Jahr danach ließ er alle Parteien und Gewerkschaften verbieten. Seine Herrschaft zeichnete sich schon bald durch Misswirtschaft und Korruption aus. Als Gaddafi gegen den einzigen König, den Libyen je hatte, 1969 putschte, stieß er zumindest in Tripolitanien auf beträchtliche Zustimmung, in der Cyrenaika eher weniger.

Ein Jahr nach Gaddafis Machtübernahme plante Ahmed al-Sanussi, Ururenkel des bedeutenden Mystikers, der die Bruderschaft einst gegründet hatte, und Enkel eines Cousins des entmachteten Königs, einen Staatsstreich. Doch der Plan wurde verraten und Ahmed al-Sanussi zum Tode verurteilt. 18 Jahre lang rechnete er täglich mit seiner Hinrichtung, bis sein Urteil 1988 in eine Haftstrafe umgewandelt wurde. 18 Jahre lang durfte er keinen Besuch empfangen. Bei der Folter verlor er seine Zehen.[13] Im Jahr 2001 kam er frei. Er hatte sechs Jahre länger im Gefängnis gesessen als Nelson Mandela. Heute ist er 78 Jahre alt und Mitglied des Nationalen Übergangsrats der Rebellen, die Gaddafis Herrschaft ein Ende setzen wollen.

Bewaffnete und andere Islamisten

Die Sanussi-Bruderschaft ist heute politisch ohne Bedeutung. In al-Bayda, seinem Geburtsort, wird König Idris I. jedoch noch immer verehrt. Sein Porträt hängt oft neben jenem Omar Mukhtars, der im Wadi al-Kuf, wenige Kilometer außerhalb der Stadt, den Widerstand gegen die italienischen Kolonialherren anführte. In dieser Gegend, oberhalb des Wadi in den Grünen Bergen, formierte sich auch in den 1990er Jahren wieder ein Widerstand. Militante Islamisten, Anhänger des Dschihad, des Heiligen Kriegs gegen die Ungläubigen, die aus Afghanistan zurückgekehrt waren, wo sie gegen die sowjetischen Besatzer gekämpft hatten, formierten sich zu einer neuen Guerilla, zur Kämpfenden Islamischen Libyschen Gruppe. Gaddafi räumte mit ihr gnadenlos auf. Viele, die die Razzien überlebten, wurden später beim bereits erwähnten Gefängnisaufstand von 1996 in Tripolis erschossen.

Nach dem Beginn des Aufstands im Osten Libyens meldete sich auch der politische Islam zurück. Möglicherweise aus Resten der zerschlagenen Libyschen islamischen Kampfgruppe (LIFG), die sich mit »al-Qaida im islamischem Maghreb«, einem regionalen Ableger von Osama Bin Ladens Terrororganisation, verbrüderte[14], ist die Libysche Islamische Bewegung entstanden. Den Terror von al-Qaida lehnt sie explizit ab.

In Bengasi sind die Moscheen wieder rund um die Uhr geöffnet. Auf dem zentralen Platz beten jeden Freitag Tausende im Freien. Die Religion ist in den öffentlichen Raum zurückgekehrt. Im Aufstand selbst spielten Islamisten aber bisher eine marginale Rolle, auch wenn Imame eine Fatwa erließen, mit der sie die Gläubigen verpflichteten, am Aufstand teilzunehmen. Zwar kommandierte Abdelmonem Mukhtar, ein langjähriges Mitglied der Libyschen islamischen Kampfgruppe, eine Brigade, bis er am 15. April bei den Kämpfen um Brega fiel. Aber er ist wohl eher die Ausnahme.

Der Imam Mohammed Busidra, einer der bekanntesten Islamisten der Cyrenaika, der über 20 Jahre im Gefängnis gesessen hat, spricht sich heute öffentlich für Gewaltenteilung, eine unabhängige Justiz und die Trennung von Religion und Staat aus.[15] Es ist durchaus möglich, dass sich ähnlich wie in der ägyptischen Muslimbruderschaft und in der tunesischen Ennahda unter den libyschen Islamisten eine moderate Linie durchsetzt, die sich eher an der erfolgreichen AKP des türkischen Premierministers Recep Tayyip Erdogan orientiert, als dass sie den Weg der Dschihadisten einschlägt. Andererseits ist die Gefahr nicht von der Hand zu weisen, dass Mitglieder von »al-Qaida im islamischen Maghreb« versuchen, sich den libyschen Rebellen anzuschließen.

Unter der Herrschaft Gaddafis wurde die notorisch rebellische

Cyrenaika, deren Stämmen der Revolutionsführer nicht trauen konnte, bewusst vernachlässigt und blieb in ihrer wirtschaftlichen Entwicklung gegenüber Tripolitanien zurück. Während Tripolis mit seinen Wolkenkratzern, luxuriösen Fünfsternehotels, monumentalen Renommierbauten und weitläufigen Parkanlagen den Charakter einer modernen Metropole hat, ist Bengasi eine heruntergekommene Provinzstadt. Sidi Harabisch, das alte osmanische Viertel der Stadt, ein architektonisches Juwel, wäre wohl abgerissen worden, wenn die Unesco nicht interveniert hätte. Die italienischen Kolonialbauten sind dem Verfall preisgegeben. Es ist, als ob Gaddafi hier späte Rache üben wollte.

Die Macht der Stämme

Auch wenn heute 85 Prozent der Libyer in Städten wohnen, weiß im Land doch so gut wie jeder, welchem Stamm er angehört. Während Gaddafi zu Beginn seiner Herrschaft die Macht der Stämme zu untergraben versuchte[16], stützte er sich zur Herrschaftssicherung schon bald auf die Stämme, vor allem auf seinen eigenen, den Stamm der Khadafa, der mit 170 000 Angehörigen relativ klein ist, dem aber fast sämtliche Piloten der Luftwaffe angehören. Gaddafi konnte sich 41 Jahre lang an der Macht halten, weil er es meisterhaft verstand, die Interessen von Stämmen auszutarieren oder die einen gegen die andern auszuspielen.

Das ging nicht immer gut. 1993 versuchten Offiziere, die fast alle den Warfala, mit einer Million Mitgliedern größter Stamm des Landes, angehörten, einen Staatsstreich, weil sie sich bei der Besetzung hoher Armeeposten benachteiligt fühlten. Gaddafi ließ die Kasernen der Meuterer von der Luftwaffe bombardieren. Die Magarha, Angehörige des zweitstärksten Stammes, haben sich in der Vergangenheit zwar immer wieder mit den Khadafa überworfen. Andererseits ist Abdallah Sanussi, Chef des Inlandsgeheimdienstes und einer der mächtigsten Männer Libyens, ein Magarha. Er ist Schwager von Safia Farkasch, der zweiten Ehefrau Gaddafis und Mutter von sechs seiner sieben Söhne sowie der einzigen Tochter. Sein Cousin Abdel Salam Dschallud, ebenfalls Magarha, ist ein Mitstreiter Gaddafis der ersten Stunde und war zwei Jahrzehnte lang die Nummer zwei des Regimes, bis er in Ungnade fiel.

Wie weit vor allem die großen Stämme der Warfala und Magarha im Westen des Landes noch loyal zum Regime stehen, ist höchst umstritten. Im April unterzeichneten 61 Führer oder Vertreter sämtlicher Stämme Libyens in Bengasi eine gemeinsame Erklärung, in der es heißt: »Nichts könnte uns auseinanderbringen. Wir teilen dasselbe Ideal eines freien, demokratischen und geeinten Libyen. (...) Wir Libyer bilden einen einzigen Stamm: den Stamm der freien Libyer. (...) Das Libyen von morgen wird, wenn der Diktator einmal verschwunden ist, ein geeintes Libyen sein mit der Hauptstadt Tripolis. (...) Wir nehmen diese Botschaft, die wir einem französischen Philosophen anvertrauen, zum Anlass, Frankreich – und via Frankreich Europa – zu danken: Sie haben das Blutbad, das uns Gaddafi versprochen hatte, verhindert.«[17]

Der von den Unterzeichnern erwähnte Philosoph ist Bernard-Henri Lévy, den seine Gegner als »Resolutionsführer« bezeichnen, seit er Präsident Sarkozy gedrängt hat, sich für eine UN-Resolution einzusetzen, um die Zivilbevölkerung vor Gaddafis Truppen zu schützen. Auf seiner Homepage triumphiert er: »Mit dem Mythos eines zweigeteilten Libyen ist es nun vorbei. Genauer: Die Bruchlinie ist keine geographische mehr, die die freien Stämme des Ostens von jenen des Westens trennt, auf die sich angeblich noch immer das Regime abstützt; sie ist eine politische und verläuft innerhalb der Stämme selbst, die – wenn sie sich noch nicht klar hinter den Nationalen Übergangsrat stellen – auf dem Weg sind, es zu tun oder wenigstens wichtige Führer haben, die es hiermit tun.«[18]

Am 5. Mai lud das libysche Regime ausländische Journalisten in Tripolis in ein großes Zelt ein. Dort waren – nach Regierungsangaben – 2000 Stammesführer versammelt. Die Zusammenkunft, die als Zeichen der Unterstützung für Gaddafi bezeichnet wurde, sei, so hieß es offiziell, von 850 Stämmen selbst organisiert worden.[19] Wie dem auch immer sei, offenbar bemüht sich Gaddafi um die Unterstützung der Stämme. Es mag durchaus sein, dass die Urbanisierung Libyens zu einer Auflockerung tribaler Loyalitäten geführt hat. Doch werden die Stämme, von denen einige unter Gaddafis Herrschaft gezielt privilegiert wurden, wohl weiterhin eine wichtige Rolle spielen.

Ein neues Prinzip und eine schwammige Resolution

Im Umgang mit der libyschen Krise wurde völkerrechtliches Neuland beschritten. Zum ersten Mal in der Geschichte beschloss der Sicherheitsrat der Vereinten Nationen, unter Bezugnahme auf das Prinzip der »Schutzverantwortung« (responsibility to protect), eine militärische Intervention zu autorisieren. Nach Kapitel VII der UN-Charta darf die internationale Gemeinschaft das Prinzip der Nichteinmischung in die Angelegenheiten eines souveränen Staates nur verletzen, wenn ein Staat von einem andern Staat angegriffen wird oder wenn ein Staat den Weltfrieden bedroht. Findet ein Genozid innerhalb der eigenen Staatsgrenzen statt wie in Ruanda 1995, wo in 100 Tagen 800 000 Menschen hingemetzelt wurden, ist nach strikter Auslegung der UN-Charta eine internationale Intervention nicht erlaubt. Erst 2005 beschloss die UN-Vollversammlung fast einhellig eine Resolution, die eine Schutzverantwortung der souveränen Staaten für ihre Bevölkerung einfordert. Ist ein Staat nicht fähig oder willens, seine Bürger vor Genozid, ethnischer Säuberung, Verletzungen des humanitären Völkerrechts, Kriegsverbrechen oder schweren Menschenrechtsverletzungen zu schützen, darf die internationale Staatengemeinschaft intervenieren.

Die vom UN-Sicherheitsrat am 17. März verabschiedete Resolution 1973 erlaubt »alle notwendigen Maßnahmen« zum »Schutz der Zivilbevölkerung«. Es ist eine sehr vage und strapazierfähige Formulierung. Die Zerstörung einer Kommandozentrale in Tripolis kann zum Schutz der Zivilbevölkerung im 1000 Kilometer entfernten Bengasi beitragen. Ist sie notwendig? Auch den Einsatz von Bodentruppen zur Errichtung eines Korridors, über den eine belagerte Stadt wie Misrata versorgt werden kann, scheint durch die Resolution gedeckt, die nur Besatzungstruppen explizit ausschließt. Und dürfen den Aufständischen trotz des Waffenembargos, das ja für ganz Libyen gilt, Waffen geliefert werden? Je länger die Intervention dauert, desto deutlicher wird, dass es nicht nur um den Schutz der Zivilbevölkerung geht, sondern auch um einen Regimewechsel in Tripolis. Die Regierungen der USA, Großbritanniens und Frankreichs haben dies inzwischen offen eingestanden.

Ausblick

Es zeichnen sich in Libyen zwei Perspektiven ab. Dass Gaddafi ganz Libyen wieder unter seine Kontrolle bringt, scheint ausgeschlossen. Dem stehen auch die Interessen der westlichen Mächte entgegen. So bleibt es entweder bei einem Patt und einer Teilung des Landes, oder Gaddafis Regime bricht zusammen, weil ihm nicht nur Stämme, sondern auch die bewaffneten Verbände die Loyalität aufkündigen. Bei einem Patt scheint ein Waffenstillstand möglich, nicht aber die Wiederherstellung eines gemeinsamen Staates. Weder wollen die Aufständischen Gaddafi oder einen seiner Söhne als Partner akzeptieren, noch ist der Revolutionsführer gewohnt, die Macht zu teilen.

Sehr schnell würde in diesem Fall die bis Mai 2011 kaum diskutierte Frage des Öls aufs Tapet kommen. Bislang hat Libyen über 95 Prozent seiner Exporteinnahmen mit der Ausfuhr von Öl bestritten – 70 Prozent gingen an die EU, allein an Italien knapp 40 Prozent, an Deutschland 13 Prozent. Rund 80 Prozent des Staatshaushalts wurden über den Verkauf von Erdöl finanziert. Aufgrund des Öls hat Libyen das höchste Pro-Kopf-Einkommen des afrikanischen Kontinents. Der Reichtum hat über eine Million Gastarbeiter ins Land gelockt, vor allem aus dem benachbarten Ägypten, aber auch aus den afrikanischen Staaten südlich der Sahara. Mindestens die Hälfte von ihnen ist geflüchtet, nicht nur vor Gaddafis Truppen. Gleich hinter der Grenze zu Ägypten lagern Tausende Schwarzafrikaner. Sie sind aus dem Gebiet der Rebellen geflohen. Nachdem bekannt wurde, dass Gaddafi im Ausland – und gerüchteweise auch unter den illegalen Einwanderern – schwarze Söldner anheuerte, kam es zu Pogromen gegen Schwarze. Verschiedene Quellen sprechen von Dutzenden, die gelyncht wurden.[20]

Libyen hat die größten bekannten Erdölvorkommen Afrikas und das größte Ölfeld des Kontinents: Sarir. Es liegt in einem Gebiet, das von den Rebellen kontrolliert wird. Seit Beginn des Aufstandes aber wurde kaum mehr Öl gefördert. Anfang April griffen Gaddafis Truppen die Erdölanlage von Messla an, die ebenfalls auf dem Gebiet der Rebellen liegt. Der Terminal von al-Sawija, westlich von Tripolis, zu dem das Öl aus den Feldern floss, die das Regime kontrolliert, wurde bei den Kämpfen zerstört. Brega, ein anderer wichtiger Terminal, lag im Februar, März und April an der Front und wurde immer wieder umkämpft. Vor dem Krieg förderte Libyen täglich 1,8 Millionen Fass, die der staatlichen National Oil Corporation jährlich 23 Milliarden Euro in die Kasse spülten. Noch hat Gaddafi Reserven. Aber mittelfristig wird er auf die Einnahmen aus dem Erdölexport nicht verzichten können. Im Gebiet der Rebellen ist die Versorgungslage schon jetzt prekär. Der Preis von umgerechnet acht Cent, den man noch im April pro Liter Benzin bezahlte, wird jedenfalls nicht mehr lange zu halten sein.

Die Alternative zum Patt und zur Teilung des Landes ist ein Kollaps des Regimes in Tripolis. Zwar ist nach dem Justiz- und dem Innenminister im April auch Außenminister Mussa Kussa desertiert, der 15 Jahre lang Chef des Auslandsgeheimdienstes war, bevor er 2009 ins Kabinett eintrat. Auch sind einige hohe Offiziere nach Tunesien geflüchtet. Über Auflösungserscheinungen in den beiden etwa 10000 Mann starken paramilitärischen Spezialeinheiten, die von zwei Söhnen Gaddafis befehligt werden und die das militärische Rückgrat des Regimes bilden, ist bisher jedoch nichts bekannt geworden.

Auf die Dauer wird Gaddafi ein Embargo kaum überstehen. Nach dem Bombenanschlag auf ein Verkehrsflugzeug einer amerikanischen Fluglinie, das 1988 beim schottischen Ort Lockerbie abstürzte und bei dem 259 Menschen starben, verhängte die UNO 1993 Sanktionen, weil Libyen sich weigerte, die Schuldigen auszuliefern. Gaddafi knickte ein, die Sanktionen wurden 1999 ausgesetzt und 2003 vollständig aufgehoben. Libyen verzichtete im selben Jahr auf sein Atomprogramm und wurde wieder in den Schoß der internationalen Gemeinschaft aufgenommen.

Danach lieferten westliche Staaten von 2004 bis 2010 für mehr als eine Milliarde US-Dollar Waffen an Libyen.[21] Spanien verkaufte Streubomben, die laut Amnesty International im April im belagerten Misrata zum Einsatz kamen. Gerhard Schröder und Nicolas Sarkozy posierten mit dem einstigen Schurken. Silvio Berlusconi schloss mit ihm ein völkerrechtswidriges Abkommen über die Rückführung von Flüchtlingen, das die EU schulterzuckend hinnahm. Doch eine zweite Rückkehr zur Normalität, zum »business as usual«, wird es für Gaddafi nicht geben – nicht mehr nach dem Aufstand in der Cyrenaika und nicht mehr nach dem mörderischen Beschuss des belagerten Misrata, nicht mehr nach all dem, was im Frühjahr 2011 geschehen ist.

Anmerkungen

1 Neue Zürcher Zeitung, 10.2.2011.

2 Amnesty International: Un auteur libyen arrêté à la suite d'un appel à la contestation, http://www.amnesty.org/fr/news-and-updates/libyan-writer-detained-following-protest-call-2011-02-08 (8.2.2011).

3 Zeit Online, http://www.zeit.de/politik/ausland/2011-03/gadhafi-bengasi-uebergangs-rat (2.3.2011).

4 Der libysche Dissident Idriss Boufayed gegenüber dem Verfasser am 9.2.2011 in Lausanne.

5 Fathi Tarbel gegenüber dem Verfasser am 8.4.2011 in Bengasi.

6 Meldung von afp, 16.2.2011.

7 Rachid Khechana: Die drei Gewänder des Oberst Gaddafi, in: Le Monde diplomatique (deutsche Ausgabe), April 2011.

8 Zitiert nach Süddeutsche Zeitung, 21.3.2011.

9 Spiegel Online, 14.3.2011.

10 Reuters, 7.4.2011.

11 Herbert Eisenstein: Geschichte Libyens in islamischer Zeit, in: Fritz Edlinger/Erwin M. Ruprechtsberger (Hg.): Libyen. Geschichte, Landschaft, Gesellschaft, Politik, Wien 2009, S. 71.

12 Aram Mattioli: Experimentierfeld der Gewalt, Zürich 2005, S. 47.

13 Spiegel Online, 13.3.2011.

14 Le Monde, 25.3.2011.

15 Mohammed Busidra im Gespräch mit dem Verfasser am 10.4.2011 in al-Bayda.

16 Ronald Bruce St John (Autor von »Libya, Continuity and Change«) in: New York Times, 25.2.2011.

17 http://www.bernard-henri-levy.com/les-61-chefs-de-tribu-de-libye-parlent-suivi-de-le-decryptage-de-l%E2%80%99appel-par-bernard-henri-levy-18305.html.

18 http://www.bernard-henri-levy.com/l%E2%80%99appel-de-benghazi-18363.html.

19 dapd, 5.5.2011.

20 Z.B. Urs Fruehauf: EU-Libya Agreements on Refugees and Asylum Seekers, in: Perspectives. Political Analysis and Commentary from the Middle East, 2.4.2011, S. 248; African Migrants Targeted in Libya, Al Jazeera (engl.), http://english.aljazeera.net/news/africa/2011/02/201122865814378541.html (28.2.2011).

21 Andreas Buro/Clemens Ronnefeldt: Der Nato-Einsatz in Libyen ist (Öl-)interessengeleitet, in: INAMO, Nr. 65, Frühjahr 2011, S. 38.

Martina Doering

Syrien: Vorwärtsverteidigung des Assad-Clans

An der Straße von Damaskus nach Beirut ist mit großen, hellen Steinen eine Schrift auf einen grauen Berghang gelegt, die man so auch in Stein gemeißelt auf den Sockeln von Denkmälern findet, mit denen der langjährige syrische Präsident Hafiz al-Assad geehrt wird: »Surija al-Assad« – Assads Syrien. Kurz und knapp sind damit die Verhältnisse im Land erfasst.

Hafiz al-Assad hat in seiner 30-jährigen Herrschaft als Präsident ein System geschaffen, das nach seinem Tod im Sommer 2000 sein Sohn Bashar in quasimonarchistischer Erbfolge übernommen hat. Der junge Assad hält es mit vielen wirtschaftlichen und wenigen politischen Korrekturen aufrecht, das Land bleibt auf diese Weise elf Jahre lang relativ stabil. Dann jedoch begeht der Präsident den größten Fehler, den ein Assad begehen kann: Erst reagiert er gar nicht, als tumbe Behördenvertreter und Provinzgeheimdienstler Mitte März 2011 in der südwestlichen Stadt Daraa Teenager verhaften und später auf protestierende Demonstranten schießen lassen. Und dann kündigt er nur zögerlich und verschwommen politische Reformen an, verspricht schließlich höhere Sozialleistungen und lässt sogar den seit 1963 geltenden Ausnahmezustand aufheben. Doch als der erhoffte Erfolg ausbleibt, geben er und die Mitglieder seines Machtzirkels den Befehl, die landesweit beginnenden Aufstände brutal niederzuschlagen. Dutzende Menschen fallen den Schüssen von Geheimdienstlern, Polizisten und Sicherheitskräften zum Opfer. Mord an den eigenen Landsleuten, so skandieren die Demonstranten, ist Verrat – und die Popularität, derer sich Bashar al-Assad bei einer Mehrheit der Syrer lange Zeit durchaus erfreuen konnte, schwindet dahin. Die Assad-Dynastie steuert auf den Abgrund zu.

Syrien wird zeitverzögert von den Vorgängen und Entwicklungen erfasst, die sich seit Beginn der Protestbewegung im Dezember 2010 über fast die gesamte arabische Welt ausbreiten. Erst erschüttern die Schockwellen des Aufruhrs Tunesien und Ägypten, dann auch Bahrein, den Jemen, Libyen und in geringerem Umfang Marokko, die palästinensischen Gebiete. Es sind ähnliche Gründe, die immer mehr Tunesier, Ägypter, Jemeniten und schließlich auch Syrer auf die Straße treiben – in Staaten, in denen sich Autokraten zum Teil seit Jahrzehnten an der Macht halten und ihre Herrschaft durch einen riesigen Sicherheitsapparat, Repression und Klientelwirtschaft sichern. Überall haben Arbeitslosigkeit, Armut, fehlende Zukunftsperspektiven den Unmut der Bürger genährt. Überall sind auch die Auslöser des Aufbegehrens gleich: Die Menschen sind es leid, die Arroganz ihrer Herrscher länger zu tolerieren. Sie wollen die Missachtung nicht länger hinnehmen, die die Behörden ihnen und ihren Anliegen entgegenbringen. Sie sind der Angst überdrüssig, die Sicherheitskräfte und Spitzel verbreiten, ebenso wie der Bevormundung durch den Staat, durch seine Institutionen und ihre Vertreter, die vorgeben zu wissen, was das Beste für die Untertanen sei. Sie haben genug von der offiziellen Propaganda, deren Niveau die Intelligenz selbst eines einfachen Bauern, Tagelöhners oder Basarhändlers beleidigt. Vor allem aber drückt sich in dem Aufbegehren die Sehnsucht der jungen Generationen nach einem anderen, selbstbestimmten Leben aus, nach individuellen Freiheiten und nach Mitwirkung. Sie haben es satt, nicht gefragt zu sein und nicht gefragt zu werden.

Syrien ist dennoch ein Sonderfall. Zwar stellt jede Demonstration und jeder Syrer, der dabei ums Leben kommt, die Fundamente der Assad-Herrschaft in Frage. Andererseits gibt es jedoch Faktoren, die das Regime auf der Habenseite verbuchen kann: Bashar al-Assad ist im Gegensatz zu vielen anderen arabischen Potentaten im Land durchaus beliebt. Syrien ist ein multireligiöser und multiethnischer Staat, was die Angst vor Chaos und Bürgerkrieg nach einem Umbruch bei vielen Syrern schürt. Eine feste Hand ist daher akzeptiert, zumal sich das Land im Zentrum mehrerer regionaler Konflikte befindet. Die Nachbarstaaten Türkei, Irak, Libanon und selbst Israel haben wenig Interesse an einem Regimewechsel. Das erklärt auch die zögerlichen Reaktionen der

USA sowie der Europäischen Gemeinschaft. Hinzu kommt die ambivalente Natur des Regimes, das Assad errichtet und sein Sohn übernommen hat. Dieses System ruht auf vier Säulen.

Die vier Pfeiler der Macht

Als sich der damalige Verteidigungsminister Hafiz al-Assad 1970 in Syrien an die Macht putscht, beendet seine Herrschaft fast ein Vierteljahrhundert der Instabilität, die das Land nach der Unabhängigkeit 1946 von der französischen Kolonialherrschaft prägte. Regionale Mächte hatten versucht, Einfluss auf Syrien zu nehmen, diverse politische Fraktionen und Personen haben sich die Herrschaft streitig gemacht. Mit Assad übernehmen zudem Alawiten die Macht in einem Land, in dem die Mehrheit der Bevölkerung aus Sunniten besteht. Die Alawiten sind eine islamische Gemeinschaft, die aus den Schiiten hervorgegangen ist. Sie wird ob ihrer relativ liberalen Auslegung des Islams und ihrer religiösen Praktiken von vielen Sunniten als Ketzervereinigung angesehen. Die Sunniten machen rund 75 Prozent der syrischen Bevölkerung aus, die Alawiten etwa sieben bis zehn Prozent. Die restlichen 15 Prozent der Bevölkerung sind Christen, Drusen und Juden. Auch ethnisch ist die Bevölkerung heterogen, rund 90 Prozent sind Araber. Kurden, Armenier, Tscherkessen, Türken und Turkmenen stellen zusammen die restlichen zehn Prozent.

Das Regime des arabischen Nationalisten Assad ist keineswegs religiös-doktrinär, sondern eher säkular, der Präsident verordnet seinem Volk religiöse Toleranz. Obwohl Assad wiederholt von sunnitischen Fundamentalisten und syrischen Kurden herausgefordert wird, setzen sich Säkularität und Toleranz durch und werden zu einer Säule der Assad-Herrschaft. Es sei schwer auszumachen, wie tragfähig diese Säule ist, sagt der Syrienkenner von der University of Chicago, Michael Provence. Aber religiöses Sektierertum gelte den Menschen in Syrien als schändlich. »Sie sehen es als Errungenschaft, dass alle Religionsgemeinschaften in Syrien in Frieden leben können.«[1] Zudem sei ihnen mit dem Bürgerkrieg im Libanon von 1975 bis 1990 sowie den Entwicklungen im Irak nach dem Sturz von Saddam Hussein 2003 abschreckend vor Augen geführt worden, wohin Sektierertum sowie politischer und religiöser Radikalismus führen können.

Zum zweiten wichtigen Grundpfeiler seiner Herrschaft macht Assad die Forderung nach Rückgabe der von Israel im Sechstagekrieg 1967 besetzten Golanhöhen. Assad war Verteidigungsminister des Landes, als die arabischen Staaten den Krieg gegen Israel und die Syrer damit den Golan verloren. Es ist so auch eine persönliche Schmach, die Assad mit der Rückgewinnung des Golan ausmerzen will. Dafür geht der Nationalist Assad Zweckbündnisse mit islamistischen Bewegungen ein, schmiedet schon vor dem Zusammenbruch des Ostblocks eine Allianz mit dem Iran. Er wird sich an weiteren Kriegen gegen den jüdischen Staat beteiligen, nimmt aber auch Gespräche über eine Kompromisslösung mit Israel auf. Im Innern wird die Politik zur Rückeroberung der Golanhöhen zur Staatsräson. Die Niederlage von 1967 und der Territorialverlust avancieren zum Trauma des ganzen Volkes, zur Quelle der nationalen Identität und damit zu einer Säule von Assads Herrschaft.

Die gespenstische Dimension dieses Golan-Traumas manifestiert sich im Oktoberkrieg-Panorama. In dem Museum etwa zwei Kilometer in nordwestlicher Richtung von der Damaszener Altstadt entfernt wird an den – aus Sicht der syrischen Führung – glorreichen Sieg im Krieg gegen Israel im Oktober 1973 erinnert. Israel war von den Angriffen überrascht worden, nach dem anschließenden Waffenstillstand gehörte zumindest die Stadt Kuneitra auf den Golanhöhen wieder zu Syrien. Auf dem Gelände des Panoramamuseums stehen eroberte Panzer und Kampfflugzeuge der Israelis sowie syrisches Kriegsgerät aus sowjetischer Produktion. Im Hauptgebäude in Form einer altarabischen Zitadelle treibt der Personenkult um den früheren Präsidenten reiche Blüten: In der ersten Etage hängen Fotos von Hafiz al-Assad als Student, Militär sowie Staatsmann, mit und ohne Uniform, ausländischen Politikern die Hände schüttelnd. In einem halbrunden Saal im Obergeschoss erklärt ein Film den Kampf um Kuneitra mit historischen Aufnahmen, dann geht das Licht an und das Spektakel beginnt: Ein Schlachtenpanorama mit der Stadt Kuneitra im Zentrum taucht auf. Schüsse und Kampfjetlärm sind zu hören. In den aus Gips und Sand modellierten Hügeln und Gräben liegen Soldaten mit dem Gewehr im Anschlag, israelische Fahnen brennen, Ambulanzen bergen Verletzte. Langsam dreht sich die Zuschauertribüne an der Szenerie vorbei. Nicht nur das Panoramageschehen ist eingefroren, auch die Zeit scheint stillzustehen. Vor allem Schulklassen machen hier ihren Pflichtbesuch, aber auch Eltern mit ihren Kindern kommen her: Die Gebt-den-Golan-zurück-Ideologie ist in den Köpfen vieler Syrer verankert, darauf kann später auch der junge Assad bauen.

Zum dritten Pfeiler der Herrschaft Assads wird der Wille, sein Land zu einer Regionalmacht aufzubauen. Moskau hilft ihm dabei, doch die Wahl zwischen Amerika und der Sowjetunion trifft er nur bedingt selbst: Die USA stehen seit Gründung des jüdischen Staates zu Israel. Die arabischen Staaten und damit Syrien finden sich damit fast zwangsläufig an der Seite der Sowjetunion wieder, die die nationalen Unabhängigkeitsbewegungen in der Dritten Welt aus eigenen – ideologischen wie strategischen – Gründen unterstützt. Um sein Ziel zu erreichen, rüstet Assad daher mit sowjetischem Kriegsgerät sein Militär auf. Mit dem israelisch-arabischen Konflikt rechtfertigt die Führung in Damaskus aber nicht nur die enormen Lasten, die diese Militärisierung dem Staat, der Wirtschaft und dem Volk aufbürdet. Der Konflikt dient auch als Begründung für die Repressionen, die Unfreiheit und die Niederhaltung jeglicher Opposition im Innern. In dem latenten Krieg mit Israel, so wird dem Volk eingehämmert, ist die Wahrung der Einheit des Volkes oberste Pflicht; Kritik, Individualismus oder Gegnerschaft zu Assad schwächen das Land.

Syrien konkurriert um die Rolle als Regionalmacht mit anderen arabischen Ländern: Es ringt mit Irak unter seinem Herrscher Saddam Hussein sowie mit Ägypten um die Vormachtstellung – und macht sich beide zum Feind. Im strategischen Konzept Assads spielt der benachbarte Libanon eine wichtige Rolle. Aus syrischer Sicht hat das kleine Nachbarland seit osmanischer Zeit zu Großsyrien gehört und daher seine Bindung an Syrien nie verloren. Die syrische Präsenz im Libanon ist nach Ansicht Assads historisch und politisch nicht nur begründet, sondern unerlässlich. Ab 1976 greift Syrien deshalb wiederholt in den Bürgerkrieg im Libanon ein – zugunsten der maronitischen Christen. Der Gegner ist zum einen Israel, das mehrfach im Libanon interveniert. Zum anderen ist es zu jener Zeit die Palästinensische Befreiungsorganisation (PLO) unter Jassir Arafat. Dessen Vision einer Vereinigung aller Palästinenser und die Präsenz ihrer Kampfverbände im Libanon laufen den regionalen Ambitionen Syriens zuwider.

Letztlich wird der syrische Anspruch auf Libanon und damit Syrien als Schutzmacht des Levante-Landes 1989 im Abkommen von Taif (in Saudi-Arabien) anerkannt, nicht nur von den arabischen Staaten, sondern auch von den USA. Nur mit Hilfe der Syrer endet der libanesische Bürgerkrieg.

Dass Assad ein kühl und nüchtern kalkulierender Pragmatiker ist, demonstriert er mit den Zweckehen, die das säkularalawitische Syrien mit dem Iran und später mit der libanesischen, schiitischen Hisbollah sowie der palästinensischen, sunnitischen Hamas eingeht. Syrien und Iran brauchen einander: Assad wird für den Iran zum wichtigsten und einzigen Bündnispartner in der Region nach dem Überfall irakischer Truppen 1980. Später stehen beide Länder zusammen, als sowohl Syrien wie auch der Iran durch die USA und den Westen wegen angeblicher Massenvernichtungsprogramme unter Druck gesetzt werden. Die Unterstützung der Hisbollah ab 1982 hilft Damaskus, die militärische Unterlegenheit gegenüber Israel zu kompensieren. Das ist auch der Grund für die Allianz mit der Hamas, denn die Unterstützung für die palästinensischen Islamisten ist keine syrische Herzensangelegenheit. Sie wird als Verhandlungsmasse gesehen, die bei Gesprächen mit Israel eingesetzt werden soll – was sich zum Teil als falsches Kalkül herausstellt. Hamas und Hisbollah werden mit den Jahren immer selbständiger sowie selbstbewusster und provozieren mit ihren Aktionen unerwünschte militärische Reaktionen Israels. Die Hilfe für Hamas und Hisbollah erweist sich nach dem Zusammenbruch des Ostblocks sogar als Ballast und nach den Terroranschlägen von al-Qaida vom 11. September 2001 in den USA geradezu als kontraproduktiv: Sie wird zur größten Hürde für die aus wirtschaftlichen Gründen notwendige Normalisierung der Beziehungen zum Westen.

Syrien wird nach der Machtübernahme durch Hafiz al-Assad zu einem repressiven Sicherheitsstaat, wie er selbst in der arabischen Welt seinesgleichen sucht. Ein dichtes Netz aus Überwachung und Repression wird zur vierten Säule der Macht. Einsam im Zentrum des Geflechts sitzt Hafiz al-Assad wie die Spinne im Netz, genauso wie später der junge Bashar al-Assad. In Stein manifestiert sich diese Isolation wie auch der unbedingte Herrschaftswille im Präsidentenpalast in Damaskus. Der Koloss aus Sandstein, Marmor und Granit thront wie eine Trutzburg auf der für den Bau planierten Spitze des Kassioun-Berges, 1150 Meter hoch über Damaskus, die Millionenstadt zu Füßen. Kilometerlang windet sich die Zufahrtsstraße in die Höhe, durch eine graubraun-staubige, baum- und menschenleere Landschaft. Inmitten eines riesigen Areals steht das Hauptgebäude, umgeben von akkurat angelegten Blumenrabatten und Grünflächen, auf denen selbst die Grashalme strammzustehen scheinen. Riesige Säulen flankieren das Eingangstor, die Empfangshalle hat die Dimensionen einer Kathedrale. Alles ist monströs und gigantisch, kalt und furchteinflößend. Hier werden ausländische Staatsgäste und Delegationen empfangen, an hohen Feiertagen ausgewählte Untertanen und Glückwunschkomitees aus den Gouvernements des Landes. Hafiz al-Assad demonstriert damit: Ich bin es, von dem alles Wohl und Wehe abhängt.

Syrien wird unter seiner Herrschaft zu einem extrem zentralistisch regierten Staat in permanentem Ausnahmezustand, in dem alle wichtigen Entscheidungen vom Präsidenten getroffen werden, in dem Widerspruch nicht geduldet wird. Angehörige seiner Familie sowie der Alawiten-Gemeinschaft werden auf strategisch wichtigen Posten platziert. Loyalität zu Assad wird zur wichtigsten Währung in diesem System. Die regierende Baath-Partei macht Assad zu einem Instrument, das seine Entscheidungen durchsetzt, das die Bürger diszipliniert und in seinem Sinne kontrolliert und propagandistisch bearbeitet. Die gleichen Aufgaben haben die staatlich sanktionierten Organisationen, wie Gewerkschaften, Jugendvereine, Berufsverbände.

Die zahlreichen, teilweise konkurrierenden Geheimdienste haben nahezu unbegrenzte Befugnisse, sie verfolgen jede tatsächliche oder vermeintliche Opposition und gehen unerbittlich gegen Abweichler vor. Hunderttausende Syrer retten sich ins Exil, mehrere tausend sitzen als politische Gefangene in den Haftanstalten. Willkür und Angst werden zu Herrschaftsmitteln: Verhaftungen werden nicht bekanntgegeben, es müssen keine Prozesse stattfinden, in denen Anklagen erhoben werden und Verteidigung möglich ist. Wo sich trotzdem Opposition manifestiert, greift die Armee ein – wie zur Niederschlagung der islamistischen Bewegung in Hama. Im Februar 1982 lässt Hafiz al-Assad einen Aufstand fundamentalistischer Moslems in der Stadt Hama niederwalzen und ein Blutbad unter der eigenen Bevölkerung anrichten. Die Ortschaft, eine Hochburg konservativ-religiöser Sunniten, wird aus der Luft bombardiert und von Tausenden Soldaten gestürmt. 10 000 bis 25 000 Zivilisten werden unter den Trümmern der Häuser begraben, von Maschinengewehrgarben niedergemäht oder in Reihen aufgestellt erschossen. Die Aktion geht als Massaker von Hama in die Geschichte ein.

Die negativen Folgen dieser Politik, dieses geradezu manisch verfolgten Ziels des unbedingten Machterhalts und der Systemkonservierung, bleiben nicht aus. Es sind gesellschaftliche Konsequenzen, die alle Autokratien und undemokratischen Regime in Kauf nehmen müssen, auch Syrien bekommt sie zu spüren: Lethargie und Stagnation. Niemand wagt, selbständig Entscheidungen zu fällen. Die Bürokratie ufert aus, jedes Papier, jeder Antrag braucht zahlreiche Unterschriften und Stempel. Verantwortung wird nach oben abgeschoben, wo sich alles staut. Korruption legt sich wie ein erstickender Teppich über das Land: Jeder, der etwas besorgen, gewähren oder genehmigen kann, hält die Hand auf. Betroffen davon sind nicht nur die einzelnen Bürger, sondern vor allem die Wirtschaft. Ob bei der Vergabe öffentlicher Aufträge, von Import- oder Exportlizenzen, von Baugenehmigungen oder der Gründung von Unternehmen – überall und immer muss bezahlt werden.

In den 1990er Jahren brechen die Sowjetunion, dann der Ostblock zusammen und damit die wichtigsten Wirtschaftspartner weg. Die ökonomische Lage verschlechtert sich. Das Assad-Regime beginnt mit dem Abbau erster Subventionen, mit denen es sich die Loyalität der Syrer und soziale Ruhe erkauft hat. Aber schon der alte Assad beginnt auch, die politische Verkrustung aufzubrechen. Politische Gefangene werden freigelassen, bei Parlamentswahlen wird ein Drittel der Sitze unabhängigen Bewerbern reserviert. Ab 1990 werden Kritik und öffentlich geführte, kontroverse Diskussionen möglich. Gegenstand aber dürfen nicht Assad oder das System sein, sondern lediglich soziale und wirtschaftliche Themen. Wirtschaftsreformen beginnen, bleiben aber stecken, weil sie nicht von den nötigen politischen Veränderungen begleitet werden – und weil der Konflikt mit Israel wieder die Oberhand gewinnt.

Die Teenager von Daraa

Als Hafiz al-Assad im Sommer 2000 kurz vor seinem 70. Geburtstag stirbt, hinterlässt er seinem Sohn Bashar ein vom Westen und innerhalb der Region zwar isoliertes, aber stabiles Land. Mit der Machtübernahme des damals 34-jährigen Assad verbinden viele, wenn nicht die meisten Syrer große Hoffnungen. Sie erwarten von dem in England ausgebildeten Augenarzt wirtschaftliche und gesellschaftliche Liberalisierung, bessere Lebensbedingungen und eine politische Öffnung. Einige dieser Erwartungen erfüllen sich zunächst tatsächlich. Schon wenige Jahre nach der Machtübernahme Bashar al-Assads sind die großen Städte des Landes und vor allem Damaskus nicht wiederzuerkennen. Die Öffnung ist überall zu erkennen: Zahlreiche Internetcafés entstehen, mit ausländischer Beteiligung werden große Hotels gebaut, westliche Bekleidungsketten eröffnen ihre Filialen. Die Altstädte werden saniert. Privatinitiative wird gefördert. Sogar Privatbanken sind nun erlaubt. Bürokratische Hemmnisse für Auslandsinvestitionen werden abgebaut, Staatsbetriebe privatisiert, und Ausländern wird der Erwerb von Grundbesitz ermöglicht. Die Bildungspolitik bekommt einen höheren Stellenwert, Universitäten und Schulen erhalten Computer. Der neue Präsident muss in der Tat etwas für die Jugend tun. Die Bevölkerung wächst pro Jahr um drei Prozent, der Anteil der unter 15-Jährigen liegt bei 45 Prozent. Jährlich strömen 250 000 bis 300 000 Jugendliche, zum Teil gut ausgebildet, auf den Arbeitsmarkt. Aber weder Industrie noch Landwirtschaft und schon gar nicht die zivile Bürokratie sind diesem Ansturm gewachsen. Der junge Assad treibt deshalb vor allem die Wirtschaftsreformen voran.

In den ersten Monaten seiner Amtszeit weht allerdings auch der Hauch eines politischen Frühlings durchs Land. Schon in seiner Antrittsrede verspricht Assad, gegen die wuchernde Korruption anzukämpfen, und redet von mehr Transparenz. Die staatlichen Institutionen sollen gestärkt werden und dem Gesetz mehr Geltung verschafft werden. Er lässt eines der berüchtigtsten Gefängnisse schließen und verfügt die Freilassung von 600 politischen Gefangenen. Die Chefs der wichtigsten – staatlichen – Medien werden durch Personen ersetzt, die als liberaler und offener gelten. Die Zeitungen, die zuvor in bester sozialistisch-orthodoxer Manier ihre Leser mit den immer gleichen Meldungen langweilten, öffnen sich für unterschiedliche Meinungsbeiträge und initiieren selbst Debatten. Regimekritiker – Ärzte, Anwälte, Künstler, auch Parlamentarier – gründen Diskussionszirkel, treffen sich in Privathäusern, Klubs oder Cafés, wo sie offen reden. In einem Manifest fordern syrische Intellektuelle nicht nur tiefgreifende politische Reformen, sondern schließlich auch die Aufhebung des seit 1963 geltenden Ausnahmezustandes. Im Parlament gründen Abgeordnete einen Unabhängigen Parlamentarischen Block und stellen damit die Alleinherrschaft der regierenden Baath-Partei in Frage. Zum ersten Mal seit Jahrzehnten schwindet die omnipräsente Angst, mit der das Assad-Regime und seine Geheimdienste die Bürger in Schach gehalten hatte.

Doch dann kommt die Wende: Zu Beginn des Herbstes 2001 werden die ersten Oppositionellen verhaftet. Die Zeitungen schreiben wieder von der nationalen Einheit, die es zu verteidigen gilt. Nach wenigen Monaten ist der politische Frühling vorbei. Syriens Oppositionelle hatten tatsächlich gedacht, mit dem Tod des alten Assad sei nicht nur eine Ära beendet, sondern könne das alte Regime überwunden werden. Der junge Assad, so glaubten einige, habe nur wenig politische Erfahrung und auch eine unklare Position inmitten der alten Kader seines Vaters. Manche betrachteten ihn daher als Verbündeten, andere hielten ihn für einen schwachen Präsidenten, der auf sie angewiesen sei. Doch sie haben die Robustheit des Regimes verkannt und zu schnell zu viel gewollt, wie der amerikanische Syrienexperte Michael Provence meint.[2]

Bashar al-Assad hat zwar im liberalen Westen gelebt und in Großbritannien studiert, aber er ist als Sohn eines Autokraten aufgewachsen, mit allen Privilegien, inmitten einer gleich ihm privilegierten Schicht. Selbst seine schärfsten Kritiker sprechen ihm nicht ab, dass er tatsächlich Veränderungen und liberale Reformen will. Doch von Demokratie hat er nie geredet, die Mitwirkung einer unabhängigen und kritischen Zivilgesellschaft, Meinungs- und Parteienvielfalt und also eine Einbeziehung aller gesellschaftlichen Gruppen hatte er nie im Sinn. Bestenfalls sollen diese politischen, sozialen und beruflichen Interessensgruppen Empfehlungen aussprechen, sich an den Debatten beteiligen – aber dann die Entscheidungen akzeptieren, die weiterhin ganz oben gefällt werden. Anders als sein Vater, so schreibt der Politologe Volker Perthes 2002 in seinem Buch »Geheime Gärten. Die neue arabische Welt«, ist Bashar al-Assad aber »nicht mehr die Quelle aller Autorität im Staat. Syrien ist kein Ein-Mann-Regime mehr.«[3] Es habe sich vielmehr eine kollektive Führung etabliert, »zu der an der Spitze neben dem neuen Präsidenten auch Vizepräsident Khaddam, Außenminister Sharaa, der Verteidigungsminister und der Generalstabschef gehören«.

Bashar al-Assad muss nicht nur auf diese Allianz Rücksicht nehmen, durch deren Unterstützung er ins Amt gekommen ist und die ihm – dem Neuling – den nötigen Rückhalt gibt. Er erbt mit der Macht auch die Stützen und die Mechanismen des Systems, das sein Vater in fast 30 Jahren Herrschaft geschmiedet hat. Die Frage dabei ist nicht nur, ob sich ein solches System in einem Land ohne demokratische Traditionen überhaupt reformieren lässt (ob also ein Übergang ähnlich den Umwälzungen in den osteuropäischen Ländern möglich ist), sondern vor allem, ob solche Veränderungen von einem Vertreter – und in diesem Fall sogar von dem Hauptprotagonisten des alten Systems – eingeleitet werden können. Er würde, so man ihn im Amt lässt, mit der Liberalisierung den Untergang des Systems und mit hoher Wahrscheinlichkeit auch seine eigene Entmachtung einleiten; egal, wie populär dieser Regimevertreter bei der Bevölkerung ist. Gewaltsame Konflikte sind wahrscheinlich: Denn wo die Partizipation der Bürger über Jahrzehnte unerwünscht und blockiert worden ist, wo politische Gegner ausgegrenzt, unterdrückt und vertrieben werden, können sich keine Mechanismen für eine friedliche Kompromisssuche etablieren, sind die Wege zur Konsensfindung verschüttet.

Doch selbst wenn der junge Assad bei seiner Amtsübernahme den Willen und die Kraft zu einer umfassenden politischen Umwälzung gehabt hätte, dieser Wille wäre von den außenpolitischen Herausforderungen, die sich bald nach seiner Machtübernahme einstellten, erdrückt worden. Im März 2003 marschieren die USA in den Irak ein. Syriens ärgster Feind Saddam Hussein wird zwar von den Amerikanern gestürzt, doch als die Vereinigten Staaten mit ihrer Nachkriegsstrategie scheitern, machen sie die Damaszener Führung für die wachsende Aufstandsbewegung und ihre schwierige Lage im Land verantwortlich. Syrien aber nimmt in dieser Zeit über eine Million irakischer Flüchtlinge auf. Sie sind nicht nur eine Belastung für die Wirtschaft, sie bringen auch ihre ethnischen und religiösen Spannungen mit. Außerdem entfallen die Transitgebühren für die offiziell stillgelegte Ölpipeline vom Irak zu Häfen an Syriens Mittelmeerküste sowie die lukrativen Einkünfte, die Syrien mit dem Schmuggel von Öl aus dem boykottierten Irak erzielt hat. Syrien hilft zwar den USA, einen Halbbruder des gestürzten irakischen Staatschefs Saddam Hussein festzunehmen, und verschärft die Grenzkontrollen, doch die Hunderte Kilometer lange Grenze lässt sich schwer schützen. Die syrischen Geheimdienste kooperieren mit den USA, was von den amerikanischen Partnern dankend angenommen wird, sich politisch aber nicht positiv auswirkt. Syrien bleibt auf der US-Liste der Schurkenstaaten, das Embargo bleibt in Kraft, und die Beziehungen bleiben gespannt. Und nicht nur das. Syrien muss fürchten, als nächstes Land angegriffen und zwangsweise demokratisiert zu werden. Das jedenfalls fordern in jener Zeit Mitglieder aus dem Kreis der Neokonservativen, mit denen sich US-Präsident George W. Bush umgibt und auf deren Rat hin er die Invasion im Irak befohlen hat.

Zur größten außenpolitischen Katastrophe und innenpolitischen Belastungsprobe wird 2005 der Rauswurf der syrischen Besatzer aus dem Libanon. Als der Irak im Chaos versinkt, wollen die USA den Libanon zum Modell ihrer Demokratisierungsmission werden lassen. Doch am 14. Februar 2005 wird der prowestlich eingestellte Premier Rafik Hariri durch eine Autobombe ermordet – und Damaskus als Drahtzieher bezichtigt. Bis heute ist das nicht eindeutig belegt, aber unter dem wachsenden Druck der libanesischen Opposition, der Vereinigten Staaten und auch Frankreichs muss Syrien schließlich seine Soldaten nach Hause holen. Noch heute versteinern die Gesichtszüge von Bashar al-Assad, wenn er auf das Thema Libanon angesprochen wird. Der Abzug wird zu seiner größten politischen Niederlage. Er ist zugleich ein wirtschaftliches Desaster, denn die De-facto-Besatzung des Nachbarlandes war für Damaskus überaus profitabel. Tausende syrische Tagelöhner arbeiteten im Libanon, vom Schmuggel profitierten Militärs, hohe Beamte und selbst einfache Syrer. Bankgeschäfte wurden über libanesische Institute abgewickelt, die Wirtschaft beider Länder war eng verknüpft. Mit dem Abzug wird diese Kooperation reduziert oder abgebrochen – mit immensen Auswirkungen für Syriens ohnehin belastete Wirtschaft.

Die Wirtschaftsreformen, die Assad in dieser Zeit vorantreibt, sollen den Schaden begrenzen und vor allem den Ansehensverlust bei den Bürgern kompensieren. Das syrische Wirtschaftswachstum lag in den ersten Jahren unter Bashar al-Assad stets bei sechs bis sieben Prozent – und das trotz bürokratischer Hürden und anhaltender Korruption, trotz Flüchtlingsflut und amerikanischem Embargo. Doch der Wandel von der zentralstaatlichen Plan- zur offenen Marktwirtschaft geht nur langsam voran und wirkt sich negativ auf den Arbeitsmarkt und die Preise aus. Ein Drittel der 22 Millionen Syrer lebt inzwischen unterhalb der Armutsgrenze. Seit 2003/04 plagen zudem Dürren das Land, die Landwirtschaft darbt, und Hunderttausende fliehen aus den Dörfern auf der Suche nach Arbeit in die großen Städte. 1,3 Millionen Menschen sind nach Angaben des Welternährungsprogramms von der Trockenheit betroffen, rund 800 000 haben mit der Dürre ihre Lebensgrundlage verloren. In der Folge sinken die Agrarexporte, die Ausfuhr von Oliven, Baumwolle, Getreide, Tabak und Schafen. Seit 2008 baut Syrien auch noch die Subventionen für Grundnahrungsmittel weiter ab, was dazu beiträgt, dass die Preise für Getreide und Brot steigen.

Außenpolitisch wendet sich nach 2005 das Blatt wieder. »Ob bei der Stabilisierung des Irak, bei der Lösung des palästinensisch-israelischen Konflikts oder der Entspannung der Krise mit dem Iran, bei all diesen Themen ist Syrien ein wichtiger Ansprechpartner«, teilt Assad den Teilnehmern einer deutschen Wirtschaftsdelegation bei einem Gespräch im Frühjahr 2008 selbstbewusst mit. Das sieht Frankreichs Staatspräsident Nicolas Sarkozy genauso und lädt Assad im Juli 2008 nach Paris zum französischen Nationalfeiertag und zur Gründung der Union für das Mittelmeer ein. Deutsche, britische und andere europäische Spitzenpolitiker fahren nach Damaskus. Syrien ist wieder im Libanon präsent, wo seine libanesischen Freunde an Boden gewinnen. Saudi-Arabien und die Türkei umwerben Syrien. Bashar al-Assad baut die Beziehungen zu Russland und China aus, gewinnt neue Partner in Lateinamerika, darunter Venezuela, Brasilien und Argentinien.

Auch das Verhältnis zu den USA verbessert sich. Das Land mit Grenzen zu Israel, zum Irak, zum Libanon, zu Jordanien und zur Türkei spielt eine wichtige Rolle für die Nahostpolitik der USA, aber auch für ihren Kurs gegenüber dem Iran. Bashar al-Assad schafft diese Wende, ohne seine Forderung nach Rückgabe der

Golanhöhen aufzugeben, sich von der Hisbollah und der Hamas zu distanzieren oder dem Iran die Partnerschaft aufzukündigen. In der arabischen Welt spiele der Begriff Würde eine große Rolle, wie Syrienkenner Michael Provence betont, was sich nicht nur auf den Einzelnen, sondern auch auf die Nation beziehe. Diese Würde habe der alte Assad seinem Volk durch seine unabhängige und kompromisslose Außenpolitik zurückgegeben, und sein Sohn verteidige dies erfolgreich.

Vor allem deshalb genießt Bashar al-Assad lange Zeit große Sympathien bei einer Mehrheit der Syrer, was er in einem seiner raren Interviews gegenüber der US-Zeitung *Wall Street Journal* vom 31. Januar 2011 auch selbstsicher zum Ausdruck bringt. Er weiß, dass die Mehrheit der Syrer zutiefst entpolitisiert ist. Es gibt zudem keine starke, politisch aktive Facebook-Generation wie in anderen arabischen Ländern. Die Sperre, mit der Facebook in Syrien belegt ist, lässt sich zwar mit einem speziellen Computerprogramm umgehen, die Zahl der Mitglieder beläuft sich 2010 aber nur auf 30 000. Überhaupt ist der Anteil der Internetnutzer in Syrien vergleichsweise gering, er beträgt nur 20 Prozent.

Und dennoch beginnen im März 2011 zur Überraschung Assads starke Proteste. Es sind nicht die üblichen, vom Staat mit Misstrauen beobachteten Verdächtigen, also die Intellektuellen und Anwälte, Studenten und Künstler, Radikalreformer und Menschenrechtsaktivisten, die mit dem Aufruhr beginnen. Es ist auch nicht die Jugend von Damaskus, Aleppo oder Latakija, die die Demonstrationen organisiert: Es sind ein paar Teenager in Daraa, einer Stadt im Südwesten an der Grenze zu Jordanien, die nachts Freiheitsparolen an die Wände sprühen. Nach deren Verhaftung wenige Tage später gehen Angehörige und Freunde auf die Straße, um für ihre Freilassung zu demonstrieren.

Die Gegend um Daraa ist die Kornkammer Syriens. Hafiz al-Assad hatte die ländlichen Gegenden Syriens gefördert, weil er selbst aus einer Bauernfamilie stammte, aber auch, um die Landflucht zu stoppen. Die Provinz Daraa zählte daher zu den wohlhabenden Regionen im Land. Aber der junge Assad führte eine kapitalistisch orientierte Ökonomie ein und stoppte die Investitionen in die Landwirtschaft, was zur Folge hatte, dass die Leute verarmten. Staatliche Hilfen, die die Menschen vor allem nach Einsetzen der Dürren bitter nötig hatten, blieben aus. Während die ländliche Bevölkerung zu den ersten Opfern der syrischen Wirtschaftsliberalisierung gehörte, bereicherten sich die Mitglieder des Assad-Clans, hohe Militärs und Geheimdienstler sowie einige Unternehmerfamilien.

Einer der Gewinner und ein Prototyp dieser Kaste ist Rami Makhlouf, der der Privatisierung sogar seinen Namen gab, denn Syrer bezeichnen sie als »Ramifizierung«. Makhloufs Mutter war eine Schwester von Hafiz al-Assads Frau, die Makhloufs spielten daher schon immer eine wichtige Rolle im Assad-Staat. Der heute 40-Jährige machte bereits Ende der 1990er Jahre mit einer Lizenz für Duty-Free-Läden seine ersten Geschäfte. Inzwischen hat er seine Finger in so gut wie allen lukrativen Unternehmungen im Land. Vor allem ist Makhlouf Mehrheitseigentümer bei Syriatel, einem der beiden Mobilfunk- und Internetanbieter Syriens, und bei den Protesten in Daraa gehörten die Filialen von Syriatel zu den ersten Gebäuden, die in Brand gesetzt wurden und an denen sich der Zorn der Bürger mit Rufen wie »Makhlouf, du Dieb« entlud.

Syriens Präsident hätte trotz der Proteste und der ersten Toten bei den Demonstrationen in Daraa die sich abzeichnende Krise meistern können, wie die Analysten der in London ansässigen International Crisis Group noch Ende März 2011 meinten.[4] Der Präsident müsse öffentlich auftreten, empfahlen sie zu jenem Zeitpunkt, er müsse Führungsstärke zeigen und durchgreifende Veränderungen einleiten. Er solle die Herausforderungen anerkennen sowie Möglichkeiten für die Bürger eröffnen, ihre Klagen und Beschwerden über das System vorzubringen – aber vor allem müsse er glaubwürdig einen neuen Kurs einschlagen.

Nun lässt der Präsident nach Ausbruch der Unruhen zwar Reformen und die Aufhebung des Ausnahmezustandes ankündigen, er selbst tritt aber erst am 30. März öffentlich auf und hält seine lange erwartete Rede – nicht an die Nation im Fernsehen, sondern vor dem Parlament. Und diese Rede ist enttäuschend. Sie enthält keine Erklärung der geplanten politischen Reformen oder gar ein Eingeständnis von Fehlern. Assad wiederholt vielmehr die gleichen Floskeln wie die arabischen Machthaber in Tunesien und Ägypten vor ihrem Sturz: Eine ausländische Verschwörung stecke hinter dem Aufstand, wichtig seien jetzt Einheit und Stabilität. Der Staatschef verschenkt damit seine letzte Chance, die Krise friedlich beizulegen. Diese Weltferne und Verkennung der

Lage mag befremden. Überraschend ist beides nicht. Die Assads haben sich nie rechtfertigen, etwas erklären oder ihre Landsleute um etwas bitten müssen. Isoliert an der Spitze sind Autokraten wie Assad von loyalen, aber ähnlich Isolierten umgeben. Sie leisten sich zwar teure Geheimdienste, aber deren Berichte sind vielfach gefiltert, wenn nicht geschönt. Niemand will dem Herrscher die Nachricht überbringen, dass sich Unmut regt oder gar sein System vor dem Zusammenbruch steht. Die Autokraten selbst leben von der Realität entfernt, und das Bild, das ihnen von ihren Berufsspitzeln geliefert wird, ist verzerrt.

Assad versucht im April 2011 zwar, den drohenden Sturm mit Reformversprechen zu verhindern, er will die Sozialleistungen erhöhen, den Subventionsabbau stoppen, die Wehrpflichtzeit reduzieren, die Steuern für Kaffee und Tee senken. Doch die Maßnahmen erscheinen willkürlich und unsystematisch, die Syrer bleiben misstrauisch, und die Proteste weiten sich aus. Der Ausnahmezustand wird dann zwar tatsächlich aufgehoben, doch jene Bestimmung im Gesetz bleibt in Kraft, die besagt, dass die Sicherheitskräfte und Geheimdienste weiter Immunität für alles genießen, was sie im Dienst tun. Schließlich bietet das Regime Scharfschützen auf, Panzer rücken in Daraa und anderen Protesthochburgen ein, Massenverhaftungen finden statt. Die Internetleitungen und Mobilfunknetze werden blockiert.

Unklar ist, ob Assad selbst den Einsatz von Gewalt befohlen hat oder ob nicht die Chefs der Armee und der Geheimdienste die Leitung der Aufstandsbekämpfung übernommen und sich quasi verselbständigt haben. Die Unruhen stellten die Grundlagen des Sicherheitsapparates in Frage, das habe zu wütenden Kontroversen im Apparat und zu heftigen Zusammenstößen zwischen Möchtegernreformern und Hardlinern geführt, schreibt der Syrienexperte Patrick Seale am 28. März 2011.[5] Der Brite hat 1988 mit seinem Buch »Assad of Syria« eine Biografie von Hafiz al-Assad und zugleich ein Monumentalwerk über den Nahen Osten vorgelegt und gilt seitdem als einer der weltweit besten Kenner des Landes. Seale konstatiert, dass es Anzeichen für wachsende Spannungen zwischen Assad und den Sicherheitskräften, vor allem der Armee, schon Monate vor Ausbruch der Unruhen gegeben habe: Im Sommer 2007 hatten israelische Kampfjets bei Al-Kibar am Euphrat ein Areal bombardiert, auf dem sich angeblich eine Nuklearanlage befand. Assad legte Beschwerde bei der UNO ein, reagierte aber ansonsten besonnen auf diesen Aggressionsakt. Doch das syrische Militär empfand den Überraschungsangriff als tiefe Demütigung. Im Frühjahr 2008 wurde der Militärchef der libanesischen Hisbollah, Imad Mughnijeh, in Damaskus durch eine Autobombe getötet. Im August desselben Jahres erschossen unbekannte Scharfschützen in einem Restaurant am Strand der Mittelmeerstadt Tartous Mohammed Suleiman. Der General war Assads Berater für Rüstungskäufe und strategische Waffen gewesen.

In Syrien wurde über keinen der Mordanschläge berichtet, aber laut Berichten der US-Botschaft nach Washington, die Wikileaks veröffentlichte, vermutete die syrische Führung, dass die Israelis hinter den Attentätern steckten. Hardliner unter den Sicherheitskräften hätten daher vehement gefordert, alle indirekten Kontakte und Gespräche mit Israel abzubrechen, heißt es in den Diplomatendepeschen. Unterschwellig sei auch tiefe Frustration darüber zu spüren, dass Assad nicht energischer auf die Attentate reagiere – die hochrangigen Militärs hatten Angst vor weiteren Attentaten, sie fürchteten unter solchen Umständen um ihre Positionen und ihr Leben. Diese Furcht hat sich offenbar nach Ausbruch der Unruhen sowie den ersten, konfusen Reaktionen der politischen Führung verstärkt und ist nach Aufhebung des Kriegsrechts in blanke Wut umgeschlagen. Die Generäle haben bei einem Kurswechsel sehr viel, bei einem Regimewechsel alles zu verlieren.

Anfang Mai 2011 wollen Assad oder das Militär oder auch beide offenbar keine weiteren Reformen versprechen oder Kompromisse suchen. Die Unruhen, Aufstände und Demonstrationen sollen mit Gewalt beendet werden. Die staatlichen Akteure handeln nach einer Devise, die der amerikanische Publizist und Nahostkenner der *New York Times* Thomas Friedman als »Hama-Logik« bezeichnet. Dem Massaker von Hama, das Hafiz al-Assad 1982 anordnete, habe Stammesdenken zugrunde gelegen, meinte er.[6] Lebensressourcen wie Wasser, Gras oder Nahrung seien in dem von Wüsten dominierten Lebensraum der Beduinen begrenzt. Der Verlust einer Quelle an konkurrierende Stämme zum Beispiel bedeute nicht nur, dass der eigene Stamm dem Verdursten preisgegeben werde. Ein solcher Verlust werde auch als Zeichen der Schwäche ausgelegt, was die Auslöschung des Stammes provoziere. Friedman will das mit einer Beduinenlegende verdeutlichen:

Ein Stammesführer mästet einen Truthahn, der gestohlen wird. Seine Söhne sollen ihn zurückholen, aber für einen Vogel wollen sie nicht in den Kampf ziehen. Ein paar Tage später verschwindet ein Kamel, auch das wollen die Söhne tolerieren. Kurz danach wird die Tochter des Scheichs vergewaltigt. Da geht der Vater wieder zu den Söhnen und sagt: »All dies geschah nur wegen des Truthahns. Als die Diebe sahen, dass sie ungestraft meinen Truthahn stehlen konnten, war schon alles verloren.«

Die Stadt Hama war Hafiz al-Assads Truthahn, schreibt Friedman. Daraa, so lässt sich jetzt fortsetzen, scheint Bashar al-Assads Truthahn zu sein.

Anmerkungen

1 Interview mit Michael Provence, Berliner Zeitung, 8.4.2011.

2 Ebenda.

3 Volker Perthes: Geheime Gärten. Die neue arabische Welt, Berlin 2002.

4 International Crisis Group: Conflict Risk Alert – Syria, http://www.crisisgroup.org/en/publication-type/media-releases/2011/conflict-risk-alert-syria.aspx (25.3.2011).

5 Patrick Seale: The Regional Implications of Syria's Crisis, Middle East online, http://www.middle-east-online.com/english/?id=45204 (29.3.2011).

6 Thomas Friedman: Von Beirut nach Jerusalem. Erfahrungen im Nahen Osten, Rastatt 1990.

Markus Bickel

Libanon: Aufstieg und Fall der Zedern-Revolution

Auf dem Foto lacht Rafiq Hariri noch. Das Bild steht auf einem kleinen Ecktisch im Wohnzimmer von Marwan Hamade. Aus der breiten Fensterfront hat man einen herrlichen Blick über das Mittelmeer, die Wedel der Palmen an der Uferpromenade Corniche wiegen sich im Wind. »An diesem Tag ging Rafiq an all den Abgeordneten mit einem breiten Grinsen vorbei, er schien richtig glücklich«, erzählt Hamade. Ein Beschluss über das neue Wahlgesetz stand auf dem Programm. »Lachend sagte er zu mir: Wie auch immer die Abstimmung heute ausgeht, Marwan, am Wahltag werden wir gewinnen.« Als Hariri aufbrach, habe er noch versucht, ihn zum Bleiben zu überreden. Vergebens. »25 Minuten später war Hariri tot«, sagt der libanesische Parlamentsabgeordnete, während er sich über das Foto beugt, das ihn zum letzten Mal gemeinsam mit dem langjährigen Ministerpräsidenten zeigt. Tot, ermordet am 14. Februar 2005, aus dem Leben gerissen von mehr als einer Tonne Sprengstoff, nur noch identifizierbar durch den Ehering an seinem rechten Ringfinger.

Das Bild wurde am Valentinstag 2005 im Parlament aufgenommen. Gerade eben hatten Hamade und Hariri noch darüber beraten, wie sie eine gemeinsame Liste für die kommenden Wahlen aufstellen würden. Ihr Ziel: die Vorherrschaft der syrischen Protektoratsmacht im Libanon ein für allemal zu beenden. Ein gefährliches Unterfangen, schließlich waren sie gewarnt. Nur vier Monate vor dem Attentat auf Hariri explodierte am 1. Oktober 2004 eine Autobombe neben dem Wagen von Hamade. Direkt vor seinem Haus an der abschüssigen Straße im Westen Beiruts hinunter zum Mittelmeer. Es war ein sonniger Morgen, der säkulare Druse von der Sozialistischen Fortschrittspartei (PSP) befand sich gerade auf dem Weg zur Arbeit. Sein Fahrer starb noch am Tatort, er selbst überlebte schwer verletzt. Zu weit hatte sich Hamade in den Wochen zuvor aus dem Fenster gelehnt und dabei jene rote Linie überschritten, die seit Ende des Bürgerkrieges galt: keine Kritik an Syrien, der Protektoratsmacht, die nach dem Ende der Kämpfe 1990 im Libanon alle wichtigen Entscheidungen traf.

Der Anschlag auf Hamade markierte den Beginn einer Terrorserie, die das Land über Jahre erschüttern sollte. Auch die sogenannte Zedern-Revolution, die in den Tagen nach dem Mord an Hariri begann, wurde davon überschattet. Der mit seinen Bauprojekten in Saudi-Arabien reich gewordene Sunnit aus Saida und vielleicht wichtigste Reformer der arabischen Welt war das prominenteste Opfer. Milliarden hatte Hariri in den 1990er Jahren in den Wiederaufbau der vom Bürgerkrieg zerstörten Zedern-Republik gepumpt, als Ministerpräsident fünf Regierungen angeführt. »Mr. Lebanon« wurde er deswegen genannt. Aber auch sein politischer Einfluss in Syrien war stetig gewachsen. Etlichen Politikern in Damaskus ließ er Geld zukommen, der Führungsclique um den jungen Präsidenten Baschar al-Assad wuchs so ein unliebsamer Rivale heran. Nach dem Abzug der israelischen Armee aus dem Südlibanon im Mai 2000 setzte sich der ehrgeizige Unternehmer ein neues ambitioniertes Ziel, das syrische Interessen unmittelbar bedrohte: Der Libanon sollte mehr als ein Jahrzehnt nach Ende des Bürgerkrieges endlich wirklich souverän und unabhängig werden.

Hamade und dessen Parteifreund, Drusenführer Walid Dschumblat, schlossen sich Hariri an und wurden bald zu den wichtigsten Verbündeten des Sunniten. Christliche Politiker verstärkten das antisyrische Bündnis, während die Führer der größten konfessionellen Gemeinschaft des Landes außen vor blieben: Hisbollah-Generalsekretär Hassan Nasrallah und Amal-Chef Nabih Berri sorgten dafür, dass die Mehrheit der Schiiten weiter Assad unterstützte. Hamade, Dschumblat und Hariri hingegen nutzten ihre Kontakte in Europa und den Vereinigten Staaten, um die Forderung nach Abzug der syrischen Armee auf höchste internationale Ebene zu hieven: Am 2. September 2004 verlangte der Sicherheitsrat der Vereinten Nationen in Resolution 1559 den Rückzug aller ausländischen Truppen aus dem Libanon; sämtliche Milizen sollten entwaffnet und aufgelöst werden. Der Beschluss bildete die Blaupause für den im Februar 2005 begonnenen Aufstand gegen die syrische Herrschaft, der – anders als die Revolten in Tunesien und Ägypten sechs Jahre später – von Beginn an durch ausländischen Einfluss geprägt war. Die Resolution sicherte der libanesischen Regierung Unterstützung bei der Erweiterung ihrer Kontrolle auf das gesamte Staatsgebiet zu – eine Kampfansage an Damaskus, hinter der die Vetomächte Frankreich und USA standen.

Ohne den historischen Schulterschluss zwischen Christen und Sunniten wäre der Bruch mit der seit Ende des Bürgerkrieges 1990 herrschenden Pax Syriana nicht möglich gewesen. 1976 hatte Hafiz al-Assad seine Truppen in den Libanon geschickt – damals noch, um einen Sieg der von der PLO militärisch angeführten Sunniten gegen die christlichen Milizen zu verhindern. Auch Dschumblats Vater, Drusenführer Kamal Dschumblat, gehörte der linken Kampffront an, die das noch in der französischen Mandatszeit eingeführte konfessionelle Proporzsystem des Libanon sprengen wollte. Die im Nationalen Pakt von 1943 verankerte Ordnung sichert den katholischen Maroniten bis heute das Präsidentenamt, den Schiiten den Posten des Parlamentspräsidenten und den Sunniten den des Ministerpräsidenten zu. Das Parlament setzt sich zusammen aus 64 christlichen und 64 muslimischen Abgeordneten, zu denen auch die Drusen gehören, eine heterodoxe schiitische Strömung. Weil seit 1932 keine Volkszählung mehr durchgeführt worden ist, liegen keine verlässlichen Größen für die 18 Glaubensgemeinschaften vor. Allerdings dürften die Schiiten inzwischen zur größten Gruppe geworden sein – und die Hisbollah zu ihrer wichtigsten politischen Vertretung.

Syriens Präsident Assad reagierte deshalb prompt auf die UN-Resolution 1559, die er als Angriff auf die alte Herrschaftsordnung verstand: Gegen den Willen Hariris und seiner Koalitionspartner setzte er schon einen Tag nach der Verabschiedung der UN-Resolution eine Amtszeitverlängerung für Präsident Emile Lahoud durch. Seit 1998 hatte der frühere Armeechef das höchste Staatsamt inne. Aus Protest gegen die verfassungswidrige Entscheidung trat Hamade im September gemeinsam mit drei anderen Ministern als Wirtschaftsminister zurück. Hariri legte sein Amt als Ministerpräsident einen Monat später nieder. Hamade zahlte als Erster den Preis für den Ungehorsam gegenüber Damaskus: Der Bombenanschlag vor dem Haus des 1939 geborenen Drusen am 1. Oktober 2004 kostete ihn fast das Leben. Aufklärung? Fehlanzeige. Gerade einmal zehn Minuten lang habe ihn ein Offizier des Militärgeheimdienstes nach dem Attentat befragt, erzählt Hamade.

Hariri überlebte nicht, als die mehr als 1000 Kilogramm schwere Autobombe am Valentinstag 2005 an Beiruts Uferpromenade Corniche – nur zwei Kilometer von Hamades Apartment entfernt – zündete. 22 Menschen riss sie mit ihm in den Tod, durch die Wucht der Explosion zerbarsten Fensterscheiben in ganz Westbeirut, einen zehn Meter tiefen Krater hinterließ der Sprengstoff. Noch am Nachmittag sagte Dschumblat vor laufenden Kameras, an die Führung in Syrien gewandt: »Wir wollen nichts von euch, es ist genug Blut geflossen.« Tags darauf zogen die Vereinigten Staaten ihre Botschafterin Margaret Scobey aus Damaskus ab, ein Schritt, der einer Schuldzuweisung an das Assad-Regime gleichkam.

Der »Beiruter Frühling«

Keine 48 Stunden nach dem Mordanschlag begleitete ein riesiger Menschenzug Hariris Sarg zum Märtyrerplatz: Der »Beiruter Frühling« hatte begonnen, es kam zu Massendemonstrationen gegen das »syrische Terrorregime«, wie es auf vielen Transparenten hieß. Aus der syrischen Führung war nur Vizepräsident Abdul Halim Khaddam, ein Freund der Hariris, bei der Trauerfeier anwesend, andere Repräsentanten des Regimes waren nicht eingeladen. Auf dem Märtyrerplatz, der während des Bürgerkriegs zum Niemandsland zwischen christlichen und muslimischen Milizen geworden war, schlugen junge Demonstranten ihre Zelte auf. Das Lager direkt neben Hariris Grab wurde zum demokratischen Experimentierfeld. Seite an Seite teilten hier die Mitglieder christlicher, sunnitischer und drusischer Jugendorganisationen ihren Alltag. Junge Leute, deren Väter sich noch vor wenigen Jahren bekämpft hatten, lernten sich kennen und diskutierten miteinander – der vielleicht revolutionärste Aspekt für eine seit dem 19. Jahrhundert entlang konfessioneller Linien gespaltene Gesellschaft. Montag für Montag – Hariris Todestag – marschierten die Aktivisten von hier zum Ort des Anschlags an der Corniche, die rot-weißen Fahnen mit der grünen Zeder über ihren Köpfen.

Nur wenige Tage nach seinem Tod hatten sich Hunderttausende Hariris Forderungen zu eigen gemacht. »Démissions« schrieben die Macher der antisyrischen Revolte auf ein Transparent neben Hariris Grab, »Rücktritte«. Gemeint waren damit nicht nur die nach Hariris Abgang im Herbst 2004 von Syrien eingesetzte Regierung Omar Karames und Präsident Lahoud, sondern auch die vier Generäle, die an der Spitze von Armeegeheimdienst, Polizei, Sûreté Générale und Präsidentengarde standen – den wichtigsten lokalen Stützen des syrischen Unterdrückungs- und Überwachungssystems. Das alles schien in jenen Frühlingstagen in Reichweite – auch der Sturz Lahouds, des verhassten Statthalters der Syrer im Präsidentenpalast in Baabda, schien nur noch eine Frage der Zeit zu sein.

Ende Februar 2005 trat Ministerpräsident Karame zurück, fassungslos reagierte Parlamentspräsident Berri auf den Entschluss. Eine Entscheidung von solcher Reichweite ohne vorherige Rücksprache mit ihm, dem treuen Vasallen Assads – undenkbar. »Freiheit, Souveränität, Unabhängigkeit!« skandierten die Demonstranten und zwangen Assad im April 2005 so zum Rückzug seiner Truppen: Knapp 30 Jahre nach dem Einmarsch von 1976 verließ der letzte syrische Soldat das Land, die syrischen Stützpunkte in der Bekaa-Ebene wurden geschlossen. Im Sommer dann gewann das antisyrische Bündnis die Parlamentswahl: Fuad Siniora, der Hariri lange als Finanzminister und Generaldirektor von dessen Groupe Méditerranée gedient hatte, trat die Nachfolge seines Ziehvaters an; Hariris zweiter Sohn Saad wurde Mehrheitsführer im Parlament. Der Traum seines Vaters von einem selbstbestimmten demokratischen Libanon war plötzlich mit Händen greifbar.

Doch was folgte, waren weitere politische Attentate, der Zweite Libanonkrieg zwischen der Hisbollah und Israel im Sommer 2006, der schleichende Wiederaufstieg der prosyrischen Kräfte sowie der sunnitisch-schiitische Kleinkrieg um Beirut im Mai 2008. Die Trauerfeiern nahmen einfach kein Ende; an wie vielen er teilnahm, weiß Hamade schon gar nicht mehr. Allein auf dem Foto, das in seinem Apartment steht, sind neben Hariri zwei weitere Anschlagsopfer zu sehen: In den hinteren Parlamentsreihen sitzen die Abgeordneten Antoine Ghanem und Pierre Gemayel, der Sohn des Bürgerkriegspräsidenten. 2006 und 2007 wurden sie auf offener Straße ermordet, beide waren entschiedene Gegner der syrischen Geheimdienste und Militärs im Libanon. Und noch ein Bild steht in Hamades Wohnzimmer. Es zeigt seinen Neffen Gibran Tueni, umgebracht im Dezember 2005 bei einem Autobombenanschlag. »Ich bin der Einzige, der überlebt hat«, sagt Hamade ungerührt.

Vielleicht war es der Anschlag auf Tueni, der der Freiheitsbewegung von 2005 – die Libanesen sprechen vom Unabhängigkeitsaufstand (Intifada al Istiqlal) – endgültig den Todesstoß versetzte. Zwar brachten die Organisatoren am ersten Jahrestag des Hariri-Mordes im Februar 2006 noch einmal eine Million Menschen auf dem Märtyrerplatz zusammen. Lautstark forderten Demonstranten und Redner den Rücktritt Lahouds. Doch mit der Ermordung Tuenis zwei Monate zuvor hatte die Aufstandsbewegung eine Leitfigur verloren, die sie nicht ersetzten konnte. Über Jahre hatte der Chefredakteur von *Al-Nahar* (Der Tag), der großen liberalen Tageszeitung, gegen die syrische Protektoratsherrschaft angeschrieben. Gemeinsam mit seinem Freund Samir Kassir, dem wichtigsten Kolumnisten des Blattes. Im Frühjahr 2005 standen sie an der Spitze der Bewegung, die auf die Macht des Wortes, nicht die der Clans und Waffen setzte.

Bevor Tueni die Führung des von seinem Großvater 1933 gegründeten Blattes übernahm, hatte er die Jugendbeilage *Al-Nahar Al-Shabab* (Tag der Jugend) aus dem Boden gestampft – Sprachrohr und Plattform vieler junger Leute, die in den Tagen des »Beiruter Frühlings« die Straße eroberten. Im Unterschied zu Dschumblat, Hamade und anderen politischen Führern setzten Tueni und Kassir sich nicht nur für ein Ende der syrischen Geheimdienstherrschaft ein. Ihnen ging es um mehr: Das echte Demokratie erstickende konfessionelle Proporzsystem, eingeführt in der französischen Mandatszeit, wollten sie abschaffen, Schluss machen mit den quasifeudalen Verhältnissen im Land. Dazu, das war ihnen klar, reichte der syrische Abzug nicht aus, dazu würde es Geduld und Beharrlichkeit brauchen. Das bläuten sie den Kampierenden vom Märtyrerplatz immer wieder ein, wenn sie von dem kleinen Podest in der Mitte des Platzes zur Menge sprachen. Auch deshalb hatte Tueni bei den Parlamentswahlen kandidiert. Doch die Freude über den Erfolg währte nicht lange: Drei Tage nach seinem Sieg, am 2. Juni, riss eine Autobombe Samir Kassir, den treuen publizistischen Gefährten und fernen Cousin, in den Tod. Die Zedern-Revolution geriet ins Straucheln, der demokratische Aufbruch stockte.

Schon in den ersten Wochen der Proteste war es zu Anschlägen gekommen. In Wohn- und Einkaufsgegenden Beiruts und Dschunies explodierten Bomben. Schrecken sollte so verbreitet, die hier lebende, vornehmlich christliche Bevölkerung eingeschüchtert – und wohl auch vor einem Schulterschluss mit den Sunniten des Landes abgehalten werden. Als es Kassir traf, war klar, dass der Aufstand außerdem seiner ideologischen Führungsfiguren entledigt werden sollte. Drei Wochen später fiel auch der frühere Chef der Kommunistischen Partei, George Hawi, einem Anschlag zum Opfer; nur schwer verletzt überlebte Verteidigungsminister Elias Murr ein Attentat. Die Bombenserie verfehlte ihre Wirkung nicht: Todeslisten kursierten nun, wichtige Protagonisten der Bewegung verließen das Land. Beim Anschlag auf May Chidiac im September verlor die beliebte Fernsehmoderation einen Arm und ein Bein. Tueni hatte sich da aus Sicherheitsgründen bereits nach Paris abgesetzt. Erst am Abend vor dem Anschlag kehrte er in seine Heimat zurück – die Landung auf dem Flughafen der libanesischen Hauptstadt am 11. Dezember 2005 blieb nicht unbeobachtet: Fünf Stockwerke hoch schleuderte die Wucht von mehr als 100 Kilogramm Sprengstoff seinen Wagen, die Explosion riss einen zwei Meter tiefen Krater in die kurvige Straße nördlich von Beirut.

An der Fassade des Redaktionsgebäudes von *Al-Nahar* am Märtyrerplatz hängten Mitarbeiter danach ein meterhohes Transparent mit dem Gesicht Tuenis auf, darunter stand einer seiner vielen einprägsamen Sätze: »Der Unterschied zwischen Dunkelheit und Licht: das Wort.« Auch Tuenis Schwur vom 14. März 2005, als mehr als eine Million Libanesen auf dem Märtyrerplatz zusammenkamen, wird auf Jahrestagen für die Ermordeten des »Beiruter Frühlings« stets aufs Neue gesprochen: »Wir schwören bei Gott dem Allmächtigen, dass Muslime und Christen in alle Ewigkeit vereint bleiben, um unseren großen Libanon zu verteidigen.« Keine Selbstverständlichkeit in einem Land, das über die freieste Presse der arabischen Welt verfügen mag, in dem jedoch jeder Posten nach konfessionellem Proporz vergeben wird.

Dies ist ein wichtiger Unterschied auch, wenn man nach Gründen sucht, weshalb im Libanon lange vor den arabischen Aufständen 2011 protestiert wurde. Michael Young, der in »The Ghosts of Martyrs Square – An Eyewitness Account of Lebanon's Life Struggle« (2010) die Geschichte der Zedern-Revolution festgehalten hat, beschreibt es so: »Was den Libanon relativ frei macht in einem unfreien Nahen Osten, ist die Tatsache, dass sein konfessionelles System trotz aller Defizite dafür gesorgt hat, dass Teile der Gesellschaft stärker sind als der Staat.« Und wo der Staat schwach sei, so Young, »sind Individuen in der Regel freier in ihrem Handeln«. Das aber galt auch während des »Beiruter Frühlings« nur für kurze Zeit. Schon rasch wurde der basisdemokratische Geist, der im Zeltlager des Märtyrerplatzes herrschte, erstickt von den alten konfessionellen Mustern. Dass nicht Tueni und Kassir überlebten, sondern die seit Bürgerkriegstagen in wechselnden Allianzen mal verbündeten, mal verfeindeten Warlords, die Dschumblats, Berris und Karames, ist kein Zufall.

Die Unterschiede der Revolutionen von 2005 und 2011

Und noch etwas unterscheidet die libanesische Freiheitsbewegung 2005 von den arabischen Revolten 2011. Die Erfahrung, seit Jahrzehnten Schauplatz fremder Konflikte und Spielball nicht nur kolonialer, sondern auch regionaler Akteure gewesen zu sein, sorgte von Anfang an für viel Flexibilität. »Die amerikanische Invasion des Irak hatte im Libanon 2003 zwar kein freiheitliches Donnern ausgelöst, bei Arabern, denen die Botschaft selbst wichtiger war als der amerikanische Botschafter, eröffnete der Sturz Saddams aber Aussicht auf Wandel«, beschreibt Young diese Haltung und zitiert Dschumblat, der noch in den 1990er Jahren eine panarabische, dem palästinensischen Befreiungskampf verpflichtete traditionell linke Haltung eingenommen hatte, mit einer Bemerkung von 2005: »Was den Irak anbelangt, war ich zynisch. Aber als ich das irakische Volk vor drei Wochen wählen sah, acht Millionen von ihnen, war das der Beginn einer neuen arabischen Welt.«

Auch das Label »Zedern-Revolution« war ein amerikanischer Export. Die Außenamtsmitarbeiterin Paula Dobriansky schuf den Begriff zu einem Zeitpunkt, als die demokratischen Umbrüche in Georgien (2003) und der Ukraine (2004), als »Rosen-« und »Orangene Revolution« noch nicht lange zurücklagen. Ohne Berührungsängste nahm die Bewegung die Etikettierung an, die sich allzu gut einpasste in die »Freedom Agenda« von US-Präsident

George W. Bush; auf Transparenten stellten sich die Demonstranten zudem ausdrücklich in eine Reihe mit den osteuropäischen Freiheitsbewegungen. Mit dem nicht in guter Absicht verwendeten Begriff der »Gucci-Revolution« gingen sie spielerisch um: Das beliebte Ausgehviertel Gemayzeh lag nur einen Steinwurf vom Zentrum der Revolte auf dem Märtyrerplatz entfernt – hier oder im mit Hariri-Geldern aufgebauten Downtown-Viertel Solidere kräftigte sich die Jeunesse Dorée zwischen Seminar und Demo mit Latte Macchiato und Tramezzini. Warum sollte ihre Revolte anders sein als ihr Land, das sich immer schon zwischen Ost und West definiert hatte? Eine prosperierende und hedonistische »Schweiz des Nahen Ostens« für die einen, hochgerüsteter Frontstaat Irans zu Israel für die anderen.

Der bald erhobene Vorwurf der Hisbollah, als Handlanger des Westens zu agieren, war nicht aus der Luft gegriffen. Doch das störte die Demonstranten nicht. Wie die politischen Führer fand auch das Fußvolk der Zedern-Revolution, das auf Beiruts Märtyrerplatz seine Zelte aufschlug – so wie seine Gesinnungsgenossen auf dem Kasbah-Platz in Tunis, dem Tahrir-Platz in Kairo und dem Perlenplatz in Manama sechs Jahre später –, rasch zu einem recht pragmatischen Umgang mit Bushs Nahostpolitik: Die Irak-Invasion brachte mit sich, dass amerikanische Soldaten nun unmittelbar an der Ostgrenze Syriens stationiert waren – zur angestrebten Schwächung syrischen Einflusses durchaus nützlich. Zudem brachte das Stocken der irakischen Demokratisierungsbemühungen dem kleinen Libanon einen höheren Stellenwert auf Amerikas regionaler Agenda ein – auch dazu sagte man nicht Nein.

Dass Frankreichs Präsident Jacques Chirac seine Beziehungen zu Assad nach dem Mord an Hariri kappte, kam dessen Anhängern ebenfalls gelegen. Der amerikanisch-französische Schulterschluss sorgte außerdem dafür, dass der UN-Sicherheitsrat im April 2005 die Einrichtung einer internationalen Untersuchungskommission beschloss: Deren erster Chef, der Berliner Oberstaatsanwalt Detlev Mehlis, bezichtigte im Oktober 2005 hochrangige syrische und libanesische Sicherheitskräfte des Attentats. Bereits im August hatte er die Chefs der vier libanesischen Sicherheitsdienste verhaften lassen. Mehr als sechs Jahre später freilich sind die von ihm vermuteten Täter noch immer auf freiem Fuß. Daniel Bellemare, Chefankläger des 2007 vom Sicherheitsrat beschlossenen, 2009 eingerichteten UN-Sondertribunals in Den Haag, hat im Februar 2011 erste Anklagen eingereicht. Die Prüfung Tausender Seiten Beweismaterials durch das Gericht hielt im Frühjahr jedoch noch an; dass die Regierung in Beirut die mutmaßlichen Täter ausliefert, wozu auch Mitstreiter aus der Hisbollah vermutet werden, gilt als ausgeschlossen.

So ist die Geschichte vom Aufstieg und Fall der Zedern-Revolution weitaus stärker von internationalen Einflüssen und regionalen Rivalitäten geprägt als der Verlauf der Revolten in Tunesien, Ägypten oder im Jemen. Außerdem gelang es im Libanon den politischen Führern relativ rasch, der jugendlichen Basis die Initiative zu entreißen. Bereits im Vorfeld der Parlamentswahl im Sommer 2005 gingen Dschumblat und Hamade in Beirut taktische Bündnisse mit der Hisbollah ein, die wiederum im Schuf-Gebirge, dem Kerngebiet der Drusen, auf die Unterstützung gegnerischer Kandidaten verzichtete. Ansätze, den Abzug der Syrer zu nutzen, um das konfessionelle Proporzsystem als Ganzes in Angriff zu nehmen, wie Tueni und Kassir sie verfolgt hatten, wurden auf diese Weise im Keim erstickt.

Zwar hielt der sunnitisch-christliche Schulterschluss, der die Jugendorganisationen der einstigen Bürgerkriegsmilizen auf dem Märtyrerplatz zusammenbrachte, doch auch der inzwischen alles überlagernde sunnitisch-schiitische Konflikt begann in diesen Tagen. Am 8. März 2005 strömten Hunderttausende Gefolgsleute Nasrallahs ins Zentrum Beiruts, um Assad ihres Rückhalts zu versichern. Eine Woche später, am 14. März, folgte eine Million dem Aufruf der antisyrischen Kräfte zur Demonstration auf dem Märtyrerplatz – ein Viertel der libanesischen Bevölkerung. Sechs Jahre danach, während der Wind des Wandels durch die arabische Welt weht, stehen sich beide Blöcke unversöhnlicher denn je gegenüber. Und die einstige Hoffnung der 14.-März-Bewegung, mit ihrem Verlangen, Libanons »Konfessionalismus zu transzendieren«, wie Young schreibt, ist erloschen.

Stattdessen haben sich die 2005 letztlich für einen kurzen historischen Moment überwunden geglaubten Strukturen wieder gefestigt: Nicht die Demonstranten vom Märtyrerplatz, die in den Wochen nach dem Mord im Zentrum Beiruts ihre Zelte errichteten, bestimmen heute das politische Geschehen der Zedernrepublik. Das Sagen haben jene Politiker, die das Land schon während des Bürgerkrieges von 1975 bis 1990 fest im Griff hatten – und von syrischer Bevormundung profitierten oder sie zumindest stillschweigend akzeptierten. Der kurze »Beiruter Frühling« der Demokratie liest sich 2011 so allenfalls wie ein Vorspiel der arabischen Umwälzungen. Ein gescheitertes Vorspiel, das mit dem Sieg der prosyrischen, konterrevolutionären Kräfte endete: Assad ist es längst gelungen, alten Einfluss zurückzuerlangen. Auch ohne eigene Truppen kontrolliert er das Land. Wie vor dem Attentat auf Hariri gehört die demütigende Fahrt in den Präsidentenpalast nach Damaskus wieder zum Ritual libanesischer Politik. Auch Dschumblat, der Assad noch 2007 als Affen und Nasrallah als Handlanger Irans beschimpfte, hat sich wieder Syrien und der Hisbollah zugewandt.

Dschumblats Lavieren zwischen panarabischer Solidarität und Bushs neoimperialistischer »Freedom Agenda« erklärt vielleicht am besten, weshalb die Zedernrevolution gescheitert ist – im Januar 2011 trug der Drusenführer maßgeblich zum Sturz Saad Hariris als Ministerpräsident bei. Nach der Parlamentswahl 2009 hatte Rafiq Hariris Sohn ein Kabinett »nationaler Einheit« gebildet, dem auch Minister der Hisbollah und anderer prosyrischer Parteien angehörten. Wie Dschumblat machte Hariri danach seinen Frieden mit den mutmaßlichen Mördern seines Vaters und besuchte im Dezember 2009 Assad in Damaskus. Das Treffen symbolisierte den Niedergang der Zedern-Revolution wie kaum ein anderes Ereignis: Als ich Hariri im Juli 2007 in Beirut interviewte, sprach er noch vom »syrischen Killerregime«, das »Terroristen in den Irak und in den Libanon« schicke, um dort »Unfrieden zu stiften«. Knapp drei Jahre später, im März 2010 in Berlin, verlor er mir gegenüber kein böses Wort mehr über Syrien, sonderte äußerte sich wohlwollend über Assad, der ihn »auf sehr gute Weise empfangen« habe: »Uns beiden ist klar, dass auch zwischen den Institutionen unserer Länder ein Neuanfang gemacht werden muss.«

Ein Kniefall vor dem einstigen Gegner der Zedern-Revolution? Dschumblat ging die Annäherung trotzdem nicht weit genug. Im Januar 2011 beugte er sich anders als Hariri dem Druck aus Damaskus und der Hisbollah, den sunnitischen Milliardär Najib Miqati als neuen Ministerpräsidenten zu unterstützen. Assad und Nasrallah waren nicht länger bereit, eine Regierung zu stützen, die mit dem Haager Sondergericht für den Libanon zusammenarbeitete: Die Befürchtung, das Tribunal könnte hochrangige Hisbollah-Mitglieder und Angehörige des syrischen Sicherheitsapparats anklagen, war in den Monaten zuvor durch Presseberichte befeuert worden. Nasrallah beschimpfte die Einrichtung als zionistisch-amerikanisches Projekt und drohte, jedem die Hand abzuhacken, der mit Den Haag zusammenarbeite.

Nicht nur Hariri, auch Hamade machte Dschumblats Seitenwechsel nicht mit. Im Februar verließ er den Parlamentsblock seines Parteichefs, der die Fraktion von Demokratische Versammlung in Nationale Kampffront umbenannt hatte. Ein Vierteljahr zuvor hatte die syrische Justiz einen Haftbefehl gegen ihn ausgestellt, weil seine angeblich falschen Aussagen gegenüber der Mehlis-Kommission dazu geführt hätten, dass nun Damaskus des Mordes an Hariri verdächtigt werde. Auch Dschumblat bezeichnete seinen Parteifreund als »falschen Zeugen«. Hamades vermeintliches Vergehen: Schon kurz nach Ende des Libanon-Krieges 2006 hatte er die Hisbollah beschuldigt, im Auftrag Syriens das Attentat gegen ihn geplant zu haben. Damaskus machte er für den Mord an Hariri verantwortlich.

Zum sechsten Jahrestag des Hariri-Mordes fanden sich die beiden in gegnerischen politischen Lagern wieder. Während Dschumblat gemeinsam mit Nasrallah an einer neuen Regierung schmiedete, kam Hamade am 14. Februar dieses Jahres in einer Halle des Beiruter Messegeländes mit alten Gesinnungsgenossen zusammen. Vehement sprach er sich bei der Veranstaltung für eine Stärkung des Staates und die Entwaffnung der Hisbollah aus – Ziele, für die er 2005 noch gemeinsam mit Dschumblat demonstriert hatte. Dass er seine Rede 2011 nicht im Freien halten konnte, spricht Bände: Auf den Märtyrerplatz trauten sich die Macher des »Beiruter Frühlings« anders als in den Vorjahren nicht – zu aufgeheizt war die Stimmung angesichts der drohenden Anklage gegen die Hisbollah, zu niedergeschlagen das einstige Regierungsbündnis, das erst wenige Wochen zuvor von Dschumblat und Nasrallah gestürzt worden war. Damit war das Ende der Zedern-Revolution auch institutionell besiegelt.

Heiko Flottau

Jordanien: Aufbrechende historische Konflikte

Es mag überraschend sein, ist aber keineswegs abwegig, ein Porträt des Haschemitischen Königreiches Jordanien mit der politischen Geschichte eines Palästinensers zu beginnen, genauer gesagt mit der friedlichen Kampagne, die Dschamal Dschuma seit Jahren gegen die von Israel gebaute Sperrmauer führt. Immerhin stammen 50 Prozent, manchen sagen 60 Prozent der Einwohner Jordaniens aus Palästina. Sie sind in den Nahostkriegen von 1948 und 1967 aus dem Land westlich des Jordan nach Transjordanien, in das Land östlich des Flusses Jordan geflohen.

Im Januar 2010 also saß Dschamal Dschuma mehrere Wochen in israelischer Haft. Ihre Kampagne »Stop the Wall« beschränkten Dschamal Dschuma und seine Mitstreiter nicht auf Internetappelle und öffentliche Kundgebungen. Vielmehr versuchten sie, Israel wirtschaftlich zu treffen. So erreichten sie, dass einige europäische Institutionen, etwa der Staatliche Pensionsfonds Norwegens, ihre Investitionen aus der israelischen Rüstungsfirma Elbit zurückzogen. Elbit nämlich liefert elektronische Überwachungsanlagen für die von Israel gebaute Trennmauer. Die europäischen Firmen, die Elbit aus ihrem Portfolio strichen, begründeten diesen Schritt damit, dass der Mauerbau mit den ethischen Standards ihrer Unternehmen nicht zu vereinbaren sei. Natürlich traf der Rückzug der Skandinavier die Israelis wirtschaftlich hart. Deshalb wurde Dschamal Dschuma, einer der Hauptinitiatoren der Kampagne, wochenlang verhört. Erst eine internationale Protestaktion zwang die Israelis, ihren unbequemen Gefangenen freizulassen.

Was hat aber der Zwist zwischen Israel und Dschamal Dschuma mit Jordanien zu tun? Ein gutes Jahr nach seinem Gefängnisaufenthalt in Israel wollte Dschamal Dschuma in die jordanische Hauptstadt Amman reisen, um dort den ihm als Bewohner des Westjordanlandes (das bis 1967 zu Jordanien gehört hatte) zustehenden jordanischen Pass zu erneuern. Doch Dschamal Dschuma kam nicht bis Amman. Auf der jordanischen Seite der Grenze zwischen dem israelisch besetzten Jordanland und Jordanien wurde er mehrere Stunden vom jordanischen Geheimdienst verhört, über seinen Aufenthalt im israelischen Gefängnis befragt, schließlich zurückgeschickt – ohne verlängerten Pass. Er sei, wurde Dschamal Dschuma von den jordanischen Geheimdienstleuten belehrt, im Königreich ein Sicherheitsrisiko. Mit derselben Begründung war Dschamal Dschuma im Januar 2010 auch von den Israelis verhört worden.

Die traurige Geschichte des von Israel wie Jordanien verfolgten Palästinensers Dschamal Dschuma leuchtet schlaglichtartig den tiefen Graben aus, der die jordanische Gesellschaft und damit auch das Königreich der Haschemiten durchschneidet. Die Geschichte ist auch ein Beweis dafür, dass die Sicherheitsbehörden Israels und Jordaniens eng kooperieren. Diente diese Zusammenarbeit lediglich der Abwehr terroristischer Angriffe, wäre dagegen kaum etwas einzuwenden. Doch eine gemeinsame Unterdrückung friedlicher Bürgerproteste? Um diesen Zusammenhang zu verstehen, muss man einen kurzen Blick auf die Gründungsgeschichte Jordaniens und Israels werfen. Die beiden Nachbarn sind nämlich schon aus der Zeit, bevor ihre Staaten offiziell etabliert wurden, eng miteinander verknüpft gewesen. Die Pflicht zu gegenseitigem Beistand ist sozusagen in ihren Gründungsurkunden verankert.

Geschichtliche Besonderheiten

Kairo 1921. Winston Churchill, damals britischer Kolonialminister, bittet zu einem Treffen nach Kairo. Ägypten steht damals unter britischer Kuratel. Ein Ziel der Konferenz ist die Neuordnung der arabischen Gebiete, welche bis zum Zusammenbruch des Osmanischen Reiches 1918 unter türkischer Oberherrschaft gestanden hatten. Die politische Landkarte sieht damals, kurz skizziert, so aus: Auf der Arabischen Halbinsel kämpft der Beduinenfürst Abdel Asis Ibn Saud (der 1932 das Königreich Saudi-Arabien gründet) um die stetige Erweiterung seines Herrschaftsbereiches. Um Damaskus bildet sich unter französischer Oberherrschaft allmählich der Staat Syrien heraus. Und in jenem Gebiet, das westlich des Jordan liegt und seit alters her Palästina genannt wird, soll gemäß der Erklärung des britischen Außenministers Lord Arthur Balfour von 1917 eine »jüdische Heimstatt« errichtet werden. Im Osten sind die Briten dabei, das Königreich Irak zu gründen.

Was aber geschieht mit dem Gebiet Transjordanien – dem Wüstengebiet, das sich östlich des Jordans bis zur irakischen Grenze erstreckt? Mit einem Federstrich schafft Winston Churchill das Emirat Transjordanien. Als Herrscher setzt er Emir Abdullah ein, einen Sohn des Sherifen von Mekka. Das Geschlecht der Sherifen von Mekka führt seinen Stammbaum bis auf den Propheten des Islam, auf Mohammed, zurück. Die Familie fungiert als Wächter der heiligsten Stätten des Islam, als Wächter über Mekka und Medina. 1924 werden die Haschemiten aber von Abdel Asis Ibn Saud aus Mekka vertrieben. Damit haben die Saudis auch das Ziel der Haschemiten, in ganz Arabien ein einheitliches Königreich zu gründen, zunichtegemacht.

Voraussetzung für den Herrschaftsantritt der Haschemiten in den rohstoffarmen Wüstengebieten östlich des Jordan ist ein wesentliches Zugeständnis. Die Haschemiten dürfen sich, so fordern es die Briten, der jüdischen Einwanderung nach Palästina nicht widersetzen. Auf der Pariser Friedenskonferenz von 1918/19 unterzeichnen Emir Faisal, ein Bruder Abdullahs und späterer König des Irak, und Chaim Weizmann, Leiter der zionistischen Delegation, ein Abkommen, in welchem Faisal der Balfour-Erklärung zustimmt und in welchem er zudem erklärt, alle notwendigen Maßnahmen zu ergreifen, eine jüdischen Einwanderung großen Stils zu ermutigen und zu stimulieren. An die zionistischen Delegierten der Pariser Friedenskonferenz schreibt Faisal einen Brief, in welchem er die heute politisch fast surrealistisch klingenden Worte findet, die Araber wünschten den Juden ein »herzliches Willkommen zu Hause«; beide, Juden wie Araber, müssten für einen »reformierten und wiederbelebten Nahen Osten arbeiten«.[1]

Das Emirat Transjordanien, seit Ende des Zweiten Weltkrieges das »Haschemitische Königreich Jordanien« ist ursprünglich in gar keiner Weise ein zusammenhängendes, historisch fixiertes Gebiet. Es soll, zunächst, eine Art Korridor zwischen dem britisch beherrschten Irak und dem britisch dominierten Suezkanal sein – jener Wasserstraße, die den Seeweg nach Britisch-Indien sichert. So jedenfalls drückt es Adnan Abu Odeh aus.[2] Abu Odeh, palästinensischer Herkunft, war einst enger Berater König Husseins. Zudem soll das von Churchill aus dem Wüstensand erhobene Königreich ein Pufferstaat sein zwischen Saudi-Arabien, dem Irak, Syrien und der zu schaffenden jüdischen Heimstatt in Palästina. Diese Funktion des Pufferstaates bedeutet auch, dass Jordanien stets um Frieden mit dem (dann 1948 gegründeten) Staat Israel bemüht sein muss – andernfalls würde es die erheblichen, zu seinem wirtschaftlichen Überleben notwendigen Subsidien der Briten (und später der USA) verlieren. Dieser Aufgabe sind die Haschemiten, soweit es das politische Umfeld Arabiens zuließ, getreulich gefolgt. Im Nahostkrieg von 1948 kämpfte die jordanische Armee nur um jene arabischen Gebiete, die im UN-Teilungsplan von 1947 dem arabisch-palästinensischen Staat zugeschrieben worden waren. Diese Gebiete annektierte Emir Abdullah, inzwischen König Abdullah I., im Jahre 1950. Im Sechstagekrieg vom Juni 1967 konnte sich Jordanien unter König Hussein der panarabischen Ideologie des ägyptischen Präsidenten Gamal Abdel Nasser nicht entziehen, zog in den Krieg gegen Israel – und verlor das gesamte Gebiet westlich des Jordan, das es 17 Jahre zuvor in sein Reich inkorporiert hatte. Nachdem Jassir Arafat und Israel in den Verträgen von Oslo 1993 (vorübergehend, wie sich herausstellte) Frieden geschlossen hatten, konnte es König Hussein wagen, den historischen Gründungsauftrag seines Königreiches – Frieden mit Israel – auch formal zu erfüllen. Beide Staaten unterzeichneten 1994 ein Friedensabkommen. Doch eine belastende historische Erbschaft konnte Jordanien nicht abschütteln. In den Kriegen von 1948 und 1967 waren zusammen mehr als eine Million Palästinenser nach Jordanien geflüchtet. Ein Graben tat sich auf in der jordanischen Gesellschaft. Das Gebiet östlich des Jordan, das alte Transjordanien, war und ist geprägt durch Stammesverbände und Großfamilien. Diese fordern – und haben – bis heute überwiegend das Sagen im Königreich. Sie sind die Stütze der Monarchie. Die Palästinenser dagegen – städtisch geprägt, wirtschaftlich sehr erfolgreich, die Mehrheit im Land und tendenziell rebellisch – sind für die Alteinwohner Transjordaniens, obwohl arabische Brüder und von Israel unterdrückt, immer noch ein Fremdkörper. Im Jahr 1970 kam es zu einem wahren Krieg zwischen den alteingesessenen Bewohnern Transjordaniens und den Palästinensern. Jassir Arafats Guerillakämpfer hatten sich im Königreich festgesetzt und standen kurz vor der Machtübernahme. König Hussein und seine aus den Stammesverbänden und Großfamilien bestehenden Truppen verjagten Arafats palästinensische Guerilla nach blutigen Kämpfen im sogenannten Schwarzen September. Die Dynastie der Haschemiten blieb unangefochten. Bis jetzt ist sie eine zuverlässige Klammer zwischen beiden Volksgruppen. Die Frage ist: Wird diese Klammer – auch angesichts der Revolutionen in anderen arabischen Staaten – halten?

Auswirkungen der arabischen Revolutionen

Offenbar wird das Bindeglied der Haschemiten benötigt. In Jordanien hat es in den ersten fünf Monaten der arabischen Revolution 2011 keine vergleichbare Protestwelle wie in Tunesien, Ägypten, Jemen, Bahrain, Libyen oder Syrien gegeben. Kundgebungen gab es zwar – die richteten sich gegen die wachsende Korruption, welche sich bis in hohe Regierungskreise ausgebreitet hat. Ein »Regimewechsel« wurde indessen nicht gefordert. Eine Facebook-Gruppe »Jugendbewegung 24. März«, die schnell 6600 Mitglieder zählte, organisierte am 24. März 2011 in der Hauptstadt Amman einen Sitzstreik. Zum Forderungskatalog der Jugendlichen gehörten eine Verfassungsreform, Kampf gegen die Korruption und Mitbeteiligung der Jugend an den politischen Entscheidungsprozessen. Bis Ende April 2011 zählte man landesweit etwa 150 Protestveranstaltungen, an denen einige tausend Demonstranten teilnahmen; sie blieben weitgehend friedlich, die Protestierenden nahmen sogar ihren Müll wieder mit. Auch auf diesen Versammlungen wurde – anders als in den arabischen »Bruderstaaten« – nicht nach dem Fall des Regimes gerufen, sondern das Motto lautete, etwas pointiert ausgedrückt: »Nieder mit der Regierung, der König kann bleiben!« Der Grund dafür ist der bekannte: Das Königshaus der Haschemiten, so umstritten einzelne seiner Mitglieder auch sein mögen, bleibt die Klammer zwischen alteingesessenen Jordaniern und zugewanderten Palästinensern. Zerbräche diese Klammer, bräche auch das Land auseinander. Dass der Stamm der Haschemiten aus dem heutigen

Saudi-Arabien kommt, hat für Jordanien einen weiteren Vorteil: Die Haschemiten können, sozusagen als neutrale Instanz, Stammeszwistigkeiten der einheimischen Clans einigermaßen regeln und damit die im Westen so hoch gepriesene Stabilität sichern – bis jetzt.

Die Revolution in den anderen arabischen Staaten lässt das jordanische Regime jedoch nicht unberührt. Das Königshaus begegnet den aufkommenden Protesten auf seine eigene, schon oft ausgeübte, aber keineswegs erprobte Weise. Nach den lauten Rufen für Reformen entließ König Abdullah II., Urenkel Abdullahs I., das Kabinett und setzte am 1. Februar 2011 ein neues ein. Ein solches Revirement hatte er schon mehrfach vollzogen, aber noch nie auf Druck des Volkes. Er erfüllte damit eine Hauptforderung der Protestler. Ministerpräsident wurde Marouf Suleiman al-Bakhit, ein ehemaliger General und Geheimdienstmann und Mitglied des Al-Abbadi-Stammes. Im Amt des Premiers löst er einen Politiker palästinensischer Herkunft ab, Samir Zaid al-Rifai, der nicht nur wegen seines kleptokratischen Verwandten- und Freundeskreises, sondern auch wegen seiner Privatisierungspolitik unbeliebt war. Der neue Mann Al-Bakhit war schon einmal, von 2005 bis 2007, Regierungschef. Damals hatte er die Aufgabe, nach Bombenattentaten auf Hotels in der Hauptstadt Amman für Ruhe und Ordnung zu sorgen. Angesichts der arabischen Revolutionen wurde er bei seiner zweiten Berufung vom König mit derselben Aufgabe betraut. Ruhe soll im Königreich vornehmste Bürgerpflicht sein. Erste Maßnahmen, so charakterisierte ein Kenner Jordaniens den neuen Premier, ließen eher auf eine Konterrevolution von oben als auf eine Liberalisierung schließen.[3] Hacker aus dem Sicherheitsapparat drangen in Webseiten von Bloggern ein, andere Webseiten wurden gesperrt, angeheuerte Schläger störten friedliche Demonstrationen, Layth Shubaylat, ein führendes Mitglied der Muslimbruderschaft, wurde unter Hausarrest gestellt. Bei anderen Demonstrationen dagegen hielt sich die Polizei zurück und verteilte Wasserflaschen an die Protestierenden. Die Mehrheit der Menge kam aus alten transjordanischen Familien. Ihr Zorn richtete sich insbesondere gegen die Ehefrau des Königs, Königin Rania, eine in Kuwait geborene Palästinenserin. Ihr warfen die Alteingesessenen einen verschwenderischen Lebensstil vor und verglichen sie mit Leila Trabelsi, der Ehefrau des gestürzten tunesischen Diktators Ben Ali. Man beschuldigte die Königin, Staatsland zum Bau einer Privatschule benutzt und aus dem Staatsbudget Gelder für Geburtstagsfeiern im Wadi Rum abgezweigt zu haben. Der Vergleich mit der durch und durch korrupten Ehefrau des ehemaligen Diktators Ben Ali war sicher übertrieben. Doch die Vorwürfe gegen die Königin haben durchaus einen wahren Kern. Vor allem aber drückt sich in ihnen das politische Ressentiment aus, welches die alteingesessenen Transjordanier noch immer gegen die Palästinenser in ihrem Land hegen. Bei Fußballspielen kommt es schon einmal vor, dass Transjordanier in Sprechchören den König auffordern, sich von Rania scheiden zu lassen. Sollte König Abdullah II. mit seiner Heirat einer Palästinenserin auch beabsichtigt haben, die beiden Bevölkerungsteile seines Königreiches zu einigen, so ist dieser Plan wohl nicht aufgegangen.

Im Gegenteil. Durch subtile Maßnahmen versucht das transjordanische Establishment, den Einfluss des palästinensischen Bevölkerungsanteils zu minimieren. Zwar wurde im Jahre 2010 die Quote für Frauen im jordanischen Parlament von sechs auf zwölf verdoppelt. Doch für die Palästinenser hat das neue Wahlrecht manche Nachteile. Im eher durch Stammesstrukturen geprägten Süden des Landes dürfen etwa 3000 bis 5000 Einwohner einen Abgeordneten wählen. In der Hauptstadt Amman aber mit ihrem hohen Anteil an Palästinensern kommt auf etwa 20 000 Einwohner ein Parlamentssitz. Dieses Ungleichgewicht ist sicher kein Zufall. Die ungleiche Quote soll den palästinensischen Einfluss im Parlament zugunsten des transjordanischen schwächen und das Gewicht wirklich politisch ausgerichteter Parteien reduzieren, das in Amman stärker ist als auf dem Lande.[4]

Genau so ein Ergebnis hatten auch die Parlamentswahlen, wenn man diese denn Wahlen nennen will, vom November 2010. Von der Islamischen Aktionsfront (IAF), dem politischen Arm der jordanischen Muslimbruderschaft, wurden diese Wahlen boykottiert. Sie kritisierte das Wahlgesetz. Dieses nämlich war, wieder einmal, auf die Bedürfnisse der alteingesessenen Transjordanier zugeschnitten. Die politische Opposition konnte nur 17 Abgeordnete in die 120 Mitglieder umfassende Kammer senden. Die überwältigende Mehrheit der Parlamentarier rekrutiert sich aus den Stammesgebieten Transjordaniens, der traditionellen Machtbasis des Königshauses. Palästinenser, die mindestens die Hälfte der sechs Millionen Einwohner stellen, errangen gerade einmal zwölf Prozent der Parlamentssitze. Jordanier klagen, dass keine neuen Leute ins Parlament gekommen seien, stattdessen seien Bewerber gewählt worden, von denen das Königshaus gewollt habe, dass sie gewönnen. Nur ein Abgeordneter der IAF, der den Boykott seiner Partei nicht hinnahm, kam ins Parlament. Im vorhergehenden Parlament hatte die IAF noch sechs Deputierte. 1989 hatte sie sogar die Mehrheit in der Kammer erobert. Jetzt klagte die IAF, dass die meisten der neuen Abgeordneten ihre Sitze durch Clanverbindungen oder durch Stimmenkauf gewonnen hätten. Zwar räumte das amerikanische, als Wahlbeobachter fungierende International Republican Institute Fortschritte im jordanischen Wahlprozess ein; gleichzeitig monierte es aber, in Zukunft müsse die »Repräsentation aller Jordanier« gewährleistet sein – ein deutlicher Hinweis auf die Benachteiligung der Palästinenser.[5]

Das politische System krankt auch noch an anderer Stelle. Manche Stämme tendieren nach wie vor dazu, ihre Fehden auf traditionelle Art, unter Ausschaltung des staatlichen Rechtssystems, zu lösen. Im Jahre 2009 wurden 220 Konfliktfälle bekannt, in denen Mitglieder verschiedener Stämme ihre Differenzen teils auf gewaltsame Weise lösen wollten. Die Gründe dafür sehen manche nicht in einem starken Wiederaufleben der Stammeskultur, sondern in einem Zusammenbruch der Stammesdisziplin.[6] Zu diesem Ansteigen der Disziplinlosigkeit mögen auch wirtschaftliche Gründe beitragen. Die Privatisierungspolitik der verschiedenen Regierungen hat dazu geführt, dass viele Stellen in vormaligen Staatsbetrieben verlorengegangen sind. Diese Positionen waren mehrheitlich von Mitgliedern der traditionellen Stammeselite besetzt.

Der Konflikt zwischen Transjordaniern und Palästinensern

Überlagert werden diese Probleme allerdings von dem Grundgegensatz im Königreich – vom tiefen Graben, der die Transjordanier von den Palästinensern trennt. Manche der Alteingesessenen argumentieren, Jordanien habe den Palästinensern viel gegeben, aber diese hätten keine Gegenleistung erbracht. Deshalb müssten Palästinenser, als Kompensation für das durch Jordanien gewährte Heimatrecht, einen Teil ihres Vermögens an den jordanischen Staat abführen. Im Jahre 1995 gab der Transjordanier Dr. al-Abbadi ein Interview, aus dem es sich lohnt, etwas ausführlicher zu zitieren:

»Ich glaube, dass Regierungsposten auf [Trans-]Jordanier begrenzt werden sollten, und die Priorität in allem sollte ihnen gegeben werden – wie etwa ein Direktor- oder Ministerposten oder ein Stipendium. Die Krümel dagegen sollten den Palästinensern überlassen werden. Nebenbei haben die [Trans-]Jordanier ein Recht auf einen Teil des palästinensischen Wohlstandes, den die Palästinenser ohne einen jordanischen Pass nicht erreicht hätten. Ihr Anteil sollte 51 Prozent betragen. Palästinenser sollten keinerlei politische Rechte haben – weder in der Exekutive, noch in der Legislative. (...) Deshalb glaube ich, dass man den Palästinensern ihre jordanischen Pässe entziehen und ihnen dafür palästinensische Reisedokumente geben sollte.«[7]

Ein anderer Transjordanier drückte seine Distanz zu den Jordaniern palästinensischer Herkunft so aus: »In unserer Gemeinschaft leisten wir alle einen nationalen Dienst. Wir dienen in der Armee, in der Polizei und in den Geheimdiensten. Wir waren immer gewillt, unser Leben zu opfern – und wir haben das getan – für den Staat und für das Regime. Und jetzt? Kämpfen für wen? Kämpfen sie für uns?«[8]

Eine Gruppe, welche sich Jordanische Nationale Initiative nennt, fordert die Entwicklung einer genuin jordanischen Identität; diese müsse sich deutlich von der palästinensischen Nationalbewegung unterscheiden.[9]

Selbst von reformorientierten Alteinwohnern ist die Überzeugung zu hören, dass Jordanien ihnen allein gehöre. Der Staat der Palästinenser, so fügen sie hinzu, liege in Palästina. Doch diesen Staat gibt es nicht. Und es sieht nicht so aus, als ob es ihn in naher Zukunft geben würde. Das eingangs erwähnte Schicksal des Palästinensers Dschamal Dschuma, dem vom jordanischen Geheimdienst, in dem die Transjordanier das Sagen haben, der ihm zustehende Pass verweigert worden ist, bleibt kein Einzelfall. Immer mehr Palästinenser werden hin und her geschoben zwischen dem Land östlich und westlich ihres Schicksalsflusses Jordan. Insgeheim nämlich geht die israelische Politik noch immer von der einst durch Ariel Scharon geäußerten These aus, die Palästinenser hätten schon ihren Staat – und zwar in Jordanien. Die alteingesessenen Jordanier aber sagen, der palästinensische Staat liege westlich des Jordans, in jenem Landstrich, der seit 1967 von Israel besetzt ist.

Jene, die so argumentieren, beziehen sich oft ausdrücklich auf eine wegweisende Entscheidung, die König Hussein 1988 getroffen hat. 21 Jahre zuvor, im Sechstagekrieg von 1967, hatte er das Westjordanland an Israel verloren. In den zwei Jahrzehnten danach hatten Jassir Arafat und seine Palästinensische Befreiungsorganisation (PLO) vehement für einen eigenen Staat gekämpft. Am 15. November 1988 befürwortete der Palästinensische Nationalrat in Algier indirekt eine Anerkennung Israels – unter der Voraussetzung, dass Israel der Gründung eines palästinensischen Staates zustimmen würde. Doch wo sollte dieser liegen? Die Antwort war eindeutig. Kurz zuvor hatte König Hussein auf das 1967 an Israel verlorene Westjordanland verzichtet. Er hatte es de facto Jassir Arafat überlassen, der dort seinen Staat gründen sollte – sofern Israel bereit war, auf diesen von ihm eroberten Landstrich zu verzichten. Auf diese Entscheidung stützen sich heute transjordanische Nationalisten. Am 1. April 2010 etwa meldete sich das Nationale Komitee militärischer Veteranen zu Wort. In einem Manifest forderten die auf dem Boden des transjordanischen Nationalismus stehenden Veteranen, Husseins Entscheidung von 1988 zu »konstitutionalisieren« – das heißt, den Verzicht auf das Westjordanland verfassungsmäßig zu verankern. Die Offiziere verlangten, dass alle Palästinenser ihre volle jordanische Staatsbürgerschaft verlieren sollten. Jene, so heißt es in dem Manifest weiter, die derzeit nicht in der Lage seien, nach Palästina zurückzukehren, seien jordanische Staatsbürger, bis die UN-Resolution 194 erfüllt sei. Diese Resolution vom 11. Dezember 1948 sieht u.a. die Rückkehr der palästinensischen Flüchtlinge vor. Solche Palästinenser, die trotz aller Schwierigkeiten zurückkehren könnten, sollten gleich die jordanische Staatsbürgerschaft verlieren und Reisedokumente der palästinensischen Autonomiebehörde bekommen. Der harsche Vorstoß blieb, immerhin, nicht ohne Gegenreaktion. Unter Führung des früheren Premiers (und Geheimdienstchefs) Ahmed Ubaydat – eines Transjordaniers – forderten Palästinenser gemeinsam mit Transjordaniern eine härtere Gangart gegen Israel und eine Abkühlung der von den Veteranen angeheizten jordanischen Identitätsdebatte.[10]

Das Problem bleibt ungelöst – und es wird vom König geflissentlich ignoriert. Im März 2011 legte der Herrscher ein Buch vor, das gleichzeitig in 13 Ländern erschien. Der Titel: »Die letzte Chance. Mein Kampf um den Frieden im Nahen Osten«.[11] Die globale PR-Aktion des Königs, wohl unter Mithilfe seines ausgedehnten Beraterstabes entstanden, ist ganz auf die Person des Autors zugeschnitten. Zwar kritisiert er zu Recht die Unnachgiebigkeit der Israelis, zwar schildert er eindringlich seine persönlichen Einsätze für den Frieden, doch die Verzahnung, die ein solcher Friedensprozess, wenn er denn vorhanden wäre, besonders mit den Palästinensern seines Reiches hat, erwähnt er nicht. Mit keinem Wort beschreibt er den Graben, der die Gesellschaft seines Reiches teilt. Dabei ist dieser König, wie seine Vorgänger, natürlich tief – politisch wie auch persönlich – in diesen Konflikt verwickelt. Denn sein Urgroßvater Abdullah, von 1921 bis 1946 Emir von Transjordanien, ab 1946 als Abdullah I. König des Haschemitischen Königreiches Jordanien, wurde 1951 vor der Al-Aqsa-Moschee in Jerusalem von einem Palästinenser ermordet. Vorausgegangen war ein langjähriger Machtkampf zwischen Hadj Amin al-Husseini, dem Mufti von Jerusalem, und Abdullah. Beide beanspruchten für sich die Führung über die Palästinenser. Vorausgegangen war auch die UN-Resolution 184 vom November 1947, die Palästina in einen jüdischen und einen arabischen Staat teilte. Vorausgegangen war schließlich der Krieg zwischen dem am 14. Mai 1948 ausgerufenen Staat Israel und einer arabischen Armee. Dieser Krieg war 1949 mit Geländegewinnen zugunsten Israels zu Ende gegangen. Im April 1950 kam erstmals das neu gewählte jordanische Parlament zusammen, in welchem auch Palästinenser vertreten waren, welche ursprünglich im Westjordanland wohnten. Einer von ihnen beantragte die Vereinigung des Landes westlich des Jordans mit dem Territorium Transjordaniens. Der neue Staat hatte eineinhalb Millionen Einwohner. Nur etwa 500 000 von ihnen waren Transjordanier. Von den eine Million Palästinensern im Land waren etwa die Hälfte Flüchtlinge, die aus – heute israelischen – Städten wie Jaffa, Haifa, Ashkalon geflohen waren. Alle Flüchtlinge bekamen die jordanische Staatsbürgerschaft. Das war pragmatisch und machtpolitisch gedacht. Kein anderer arabischer Staat gab palästinensischen Flüchtlingen volles Bürgerrecht. Denn gegen eine solche Maßnahme hatte sich die Arabische Liga ausgesprochen. Sie war der Meinung, die Flüchtlinge würden – besser müssten – bald in ihre Heimat zurückkehren. Trotz der damals relativ guten Position der Palästinenser in Jordanien waren viele von ihnen der Meinung, König Abdullah habe sie verraten, indem er sich gegen den Mufti von Jerusalem und damit gegen die Gründung eines palästinensischen Staates gestellt habe. Das tödliche Attentat auf Abdullah war eine Folge dieser Stimmung.[12]

Die Vereinigung der Territorien beiderseits des jordanisch-palästinensischen Schicksalsflusses Jordan, der Verlust aller Gebiete im Westjordanland im Sechstagekrieg mit Israel 1967, der offizielle Verzicht auf das Gebiet 1988 sowie die Ermordung seines Urgroßvaters Abdullah I. hätten Urenkel Abdullah II. eigentlich genügend Grund gegeben, auf die Geschichte seines Reiches und auf den durch diese Geschichte geschaffenen Riss in seinem Land einzugehen. Eigenartigerweise widmet der König das Buch dem »jordanischen Volk«, aber er sagt nicht, wer dieses Volk ist. Mit diesem politisch bedingten Gedächtnisschwund will er offenbar bewusst die Klippen der angesichts der arabischen Revolutionen in den Nachbarländern auch in Jordanien ungemütlich werdenden Situation umschiffen. Im März 2005 fragte Peter Jennings vom amerikanischen Fernsehsender ABC den König, ob er an die Einführung einer konstitutionellen Monarchie denke. »Absolut«, lautete die prompte Antwort. Sechs Jahre sind seitdem vergangen. In seinem Buch berichtet Abdullah von durchschlagenden wirtschaftlichen Reformen, welche dem einzelnen Jordanier am ehesten zugute kämen. Unausgesprochen begründet er damit die Tatsache, dass an eine Stärkung des Parlamentes, gar an einen Verfassungsartikel, wonach der Premierminister vom Parlament gewählt und nicht vom König ernannt wird, auch weiterhin nicht gedacht ist. Zudem bleibt nach wie vor im Dunkeln, wie hoch die Apanagen der Prinzen und Prinzessinnen sind, wie hoch das Budget des Hofes ist und wer dafür aufkommt. Demokratisierung? Vielleicht muss erst der arabische Aufstand dem König eine wirkliche Initiative abringen.

Derzeit sieht es nicht danach aus. Im Gegenteil, mit der Berufung des alten Geheimdienstmannes Marouf Suleiman al-Bakhit zum Premier am 1. Februar 2011 strickt die Monarchie lediglich ein altes politisches Muster fort.

Vorsichtige Reformversuche des Königshauses

Seit dem 15. Oktober 1944 bis zum Februar 2011, in 67 Jahren also, zählte Jordanien 61 Regierungschefs – statistisch gesehen regierte jeder Premier genau 1,09 Jahre. Alle diese Ministerpräsidenten wurden – jeweils der politischen Opportunität entsprechend – vom König berufen bzw. abberufen. Der Auftrag lautete, entweder einen politischen Reformprozess in Gang zu bringen oder, wie jetzt, eine möglicherweise gefährliche Lage zu stabilisieren. Am Ende siegte stets der politische und gesellschaftliche Status quo. Die Vorrechte des Königshauses und die Dominanz der Transjordanier blieben unangetastet. Als Beispiel für solche der jordanischen sowie der westlichen Öffentlichkeit gebotene politische Kosmetik mag die Berufung jener Königlichen Kommission dienen, welche Abdullah II. 2006 einsetzte. Den Vorsitz führte Marwan al-Muasher, einst Botschafter in Israel und in den USA, Außenminister und stellvertretender Premier. Unter seiner Leitung arbeiteten 700 vom König ausgesuchte Delegierte ein »Alles für Jordanien« genanntes Dokument aus, welches alle Interessengruppen des Landes bedienen sollte: die Bürokratie, die unzufriedene Reformelite, die Transjordanier und die Palästinenser. Schließlich blieb trotz des großen intellektuellen Aufwandes alles weitgehend beim Alten. Doch Jordanien, so schrieb damals die bekannte jordanische Journalistin Rana Sabbagh-Gargour, könne »nicht für immer das Thema der politischen Rechte für die Palästinenser der zweiten und dritten Generation« aufschieben. Für die Gegenwart aber, so argumentierte sie weiter, habe das »politische Überleben« [des Regimes und Jordaniens] Priorität.[13]

Seit diesem Dokument des politischen Überlebens sind fünf Jahre vergangen. Jordanien und das Regime haben zwar überlebt, aber einen wesentlichen Schritt, der vom Abgrund weg auf gesichertes politisches Territorium führt, haben das Land und das Regime nicht gemacht. Politisch stagniert das Königreich der Haschemiten. In einem Bericht aus dem Jahre 2010 hat die amerikanische Menschenrechtsorganisation Freedom House das Land von »teilweise frei« auf »nicht frei« herabgestuft.

Teilweise frei – nicht frei, Palästinenser – Transjordanier: Ein Berg von Problemen türmt sich auf im Königreich. Bemerkenswert, dass es trotzdem bis jetzt »stabil« geblieben ist, wie sich das Regime selbst gern nennt. Von dieser inneren Stabilität – und den diese umgebenden Krisen – hat Jordanien ganz gut gelebt. Als es im Irak unter Saddam Hussein und angesichts der Kriege gegen ihn für Ausländer zu gefährlich wurde, haben sich viele internationale Organisationen in Amman niedergelassen, Häuser und Büros gemietet, Kaufkraft ins Land gebracht und zumindest die Mittelschicht wirtschaftlich stabilisiert. Nach der amerikanischen Irak-Invasion von 2003 bekam das Land von den USA eine millionenschwere Extrazuwendung für sein politisches und militärisches Wohlverhalten. Jordanien ein Krisenprofiteur? Soweit sollte man vielleicht nicht gehen. Tatsache aber ist, dass auch Jordanien politisch in den Mittelpunkt rückte, wenn um das Königreich herum, sei es in Israel/Palästina oder im Irak oder am Golf, gekämpft wurde. Das Königreich wurde dann von den üblichen westlichen Politauguren als »politisch gemäßigt« eingestuft – und dieses Charakteristikum brachte Prestige und auch finanzielle Subsidien. Von 1993 bis 2003 belief sich die Finanzhilfe der USA auf drei Milliarden Dollar (von denen ein Teil ins Militär floss). In diesem Betrag sind 700 Millionen Dollar enthalten, mit denen Jordanien für seine Kooperation während der amerikanischen Irak-Invasion 2003 belohnt wurde.

Oft brachten Krisen auch neue Zuwanderer – etwa jene 750 000 Iraker, die vor dem Terror Saddam Husseins und vor den Kämpfen 2003 ins Reich der Haschemiten flüchteten. Im Gegensatz zu Jordanien mit seinen 6,5 Millionen Einwohnern wehrt sich die Europäische Union mit ihren etwa 500 Millionen Menschen vehement, ein paar zehntausend arabische Flüchtlinge zu beherbergen. Viele von ihnen hatten gerade so viel Geld, um einige Zeit überleben zu können. Andere brachten richtig viel Geld mit – und riefen mit diesem Wohlstand umgehend den Neid der Einheimischen hervor. Sie kauften oder mieteten sich Häuser, und sofort stiegen, zum Leidwesen der Jordanier, die Grundstückspreise – und die Lebensmittelpreise ebenso. Seit 2002, ein Jahr vor dem letzten Krieg, stiegen die Preise in den Supermärkten und kleinen Läden um 21 Prozent.[14] Grundstückspreise erhöhten sich, stiegen in Amman allein im Jahr 2005 um 100 Prozent. »Erst haben die Leute Saddam Husseins den Irak ausgeplündert, nun sind sie in Jordanien«, klagt ein Einheimischer über die neuen Zuwanderer. Zwar mieten die meisten Flüchtlinge aus dem Irak ihre Unterkunft, sie sind also von der Inflation ebenso betroffen wie die Jordanier selbst – seien diese nun Palästinenser oder

Transjordanier. Doch die Ressentiments gegen die arabischen Brüder aus dem Nachbarland bleiben. Jordanier gäben, so argumentieren sie, den Irakern ein vergleichsweise angenehmeres Leben als jenes, das sie in ihrer Heimat geführt hätten. Für Jordanien – ein Land fast ohne Bodenschätze, ohne Öl und mit nur mäßigen Wasserreserven – sei dies ein großes Opfer, das von den Irakern nicht richtig geschätzt werde.

Viele Iraker werden vermutlich einst in ihre Heimat zurückkehren können, andere werden in Jordanien verweilen. Derzeit bleibt das Hauptproblem für das kleine Land – oder doch für dessen Herrscher –, eine Antwort auf die Frage zu finden, ob und inwieweit das politische Erdbeben, welches die arabische Welt von Tunesien, Libyen und Ägypten bis nach Bahrain, in den Jemen und das totalitär regierte Syrien erschüttert, auch das durchaus fragile Jordanien erbeben lässt. Der König setzt auf seine traditionelle Machtbasis. Die Palästinenser in seinem Reich sind weiter geduldet, sehen sich aber wachsender Rivalität der traditionellen Stammes- und Clangesellschaft ausgesetzt. Die Gründung eines palästinensischen Staates ist nicht in Sicht. Vielmehr haben die extensive israelische Siedlungspolitik und die Strangulierung der Palästinenser in den besetzten Gebieten auch das Ziel, möglichst viele Palästinenser zur Auswanderung zu drängen. Diese verdeckte Politik der Vertreibung erhöht den Druck auf das Königreich. Die Palästinenser selbst kämpfen einen Vielfrontenkrieg: gegen die israelische Besatzungsmacht, in Gaza gegen die puritanisch-diktatorische Hamas, in ihren Autonomiegebieten gegen die politisch erfolglose, korrupte Selbstverwaltungsbehörde. Zudem kämpfen sie für die Wiederherstellung der politischen Einheit zwischen Gaza und dem Westjordanland. In Jordanien müssen sie sich des stärker werdenden Drucks der traditionellen Clangesellschaft erwehren. Ob und wann der Kessel explodiert, ob und wann sich auch die Palästinenser der arabischen Revolution anschließen, ist nicht vorhersehbar.

Anmerkungen

1 Barbara W. Tuchman: Bible and Sword. How the British Came to Palestine, New York 1956, S. 329.
2 Adnan Abu Odeh: Jordanians, Palestinians and the Hashemite Kingdom in the Middle East Peace Process, Washington 1999, S. 17.
3 Vgl. hierzu auch Nicolas Pelham: Jordan's Balancing Act, in: Middle East Report Online (MERIP), 22.2.2011.
4 Jillian Schwedler: Jordan's Risky Business as Usual, in: Middle East Report Online (MERIP), 30.6.2010.
5 www.english.aljazeera.net/news, 10.11.2010.
6 Schwedler: Jordan's Risky Business (wie Anm. 4).
7 Zitat aus Abu Odeh: Jordanians (wie Anm. 2), S. 245.
8 Curtis Ryan: We Are All Jordan – But Who Is We? In: Middle East Report Online (MERIP), 13.7.2010.
9 Hisham Bustani: Jordaniens Regime hat dazugelernt – die Opposition nicht, in: INAMO (Informationsprojekt für den Nahen und Mittleren Osten), Frühjahr 2011, S. 88.
10 Ryan: We Are All Jordan (wie Anm. 8).
11 Deutsche Verlags-Anstalt, München 2011.
12 Vgl. auch Kamal Salibi: The Modern History of Jordan, London/New York 1993, S. 165.
13 Rana Sabbagh-Gargour: A Balancing Act that Keeps Political Change at Bay in Jordan. Carnegie Endowment for Peace, 18.9.2006.
14 Vgl. auch Stefanie Nanes: Jordan's Unwelcome »Guests«, in: Middle East Report Nr. 244, Herbst 2007.

Jens Heibach

Jemen: Ein zaudernder Despot[1]

Im Jemen neigt sich im Frühling 2011 eine Ära ihrem Ende entgegen. Es ist wohl nur noch eine Frage der Zeit, bis Präsident Ali Abdallah Salih, der seit 1978 zunächst das höchste Staatsamt der Jemenitischen Arabischen Republik bekleidete und seit der Wiedervereinigung von Nord- und Südjemen am 22. Mai 1990 die Republik Jemen anführt, von seinem Amt zurücktritt. Dieser letzte Schritt erscheint zumindest für Außenstehende alternativlos. Denn nicht nur haben die Proteste gegen ihn ein landesweit erdrückendes Ausmaß angenommen; auch haben sich mit Generalmajor Ali Muhsin al-Ahmar, dem Oberkommandierenden der Truppen im Nordwesten, sowie den Vereinigten Staaten die letzten wichtigen Bündnispartner von ihm abgewendet. Aufgrund der zunehmend zügelloseren Gewaltanwendung der Sicherheitskräfte gegen Demonstranten wird es für die parteipolitische Opposition im Lande sowie für externe Vermittler immer schwieriger, Salih einen »ehrenvollen« Abgang[2] und dem Jemen einen friedlichen Übergang zu ermöglichen.

Zwar weisen die Proteste im Jemen in ihrer Entstehung und in ihrem Verlauf eine Dynamik auf, die sie etwa von der Jasmin-Revolution in Tunesien unterscheiden. Im Kern richten sich die friedlichen Demonstrationen dort wie auch in anderen Staaten der arabischen Welt jedoch gegen eine herrschende Elite, die den Staat als eine Art Selbstbedienungsladen betrachtet. Der arabische Begriff hierfür lautet »dawla ghana'imiyya« und beschreibt die Ohnmacht der Bevölkerung gegenüber einer Staatsklasse, die den Staat (dawla) über Jahrzehnte hinweg als eine Kriegsbeute (ghanima) und somit als Quelle der persönlichen Bereicherung verstanden hat.[3]

Ein beredtes Zeugnis dieser Mitnahmementalität sowie der Skrupellosigkeit der Staatsklasse legte der ehemalige Minister für Wasser und Umwelt in einer vielbeachteten Rücktrittserklärung im März 2011 ab: »Es nimmt groteske Züge an, dass sich nun jedes Mitglied des Regimes der Revolution anschließt. Stattdessen müssten sie sich der Revolution ausliefern und von ihr gerichtet werden für die Verbrechen, die sie an der Bevölkerung begangen haben, oder dafür, dass sie hierbei einfach weggesehen haben. (...) Daher erkläre ich, Abd al-Rahman Fadhl Ali Al-Iryani, wohnhaft in Bait Baws nahe der Al-Khair-Moschee, seit 2006 im Amt des Ministers für Wasser und Umwelt, meine Person der Revolutionären Jugend zu überstellen, damit sie über jedes Unrecht, welches ich dem jemenitischen Volk angetan habe, richten möge. Ich gelobe, in Zukunft nie wieder ein öffentliches Amt anzutreten.«[4]

Dieses öffentliche Schuldbekenntnis und die hiermit verbundene Fähigkeit zur Selbstkritik ist jedoch auch im südlichsten Zipfel der arabischen Halbinsel eher die Ausnahme. Was den Jemen in der Phase nach Salih daher zweifelsohne vor eine Belastungsprobe stellen wird, ist die Frage, ob auch diejenigen die politische Zukunft des Landes mitgestalten werden (dürfen), die dieser Staatsklasse in der Vergangenheit peripher angehört haben. Trotz der großen Herausforderungen, denen das Land in ökonomischer und sicherheitspolitischer Hinsicht gegenübersteht, ist es nicht ausgemacht, dass sich die »Angst vor einem zweiten Somalia«[5] tatsächlich bewahrheitet. Denn neben den Gefahren erwachsen vor allem Chancen aus dem Abgang Salihs und einer hiermit verbundenen politischen Umstrukturierung.

Sozioökonomische Ursachen der Proteste und zentrale Konflikte

Wie lange es bis zum Rücktritt Salihs noch dauert, ist derzeit schwer abzusehen. Zu oft hat sich der seit über 30 Jahren amtierende Präsident in der Vergangenheit als Meister im Schmieden strategischer Allianzen bewiesen. Salih baute hierbei vor allem auf die Stämme, die er einerseits gegeneinander ausspielte und zum anderen in sein Patronagenetzwerk einspannte.[6] Auch im Laufe der aktuellen Proteste versuchte Salih immer wieder, sich die Loyalität wichtiger Stammesführer durch geldwerte Zuwendungen zu erkaufen.[7] Die Grundlagen für den Erhalt dieser Klientelstrukturen sind allerdings im Schwinden. Das jemenitische Staatsbudget finanziert sich bis zu 70 Prozent aus den rückläufigen Einnahmen des Verkaufs von Erdöl- und Erdgasressourcen. Im Haushaltsjahr 2010 klaffte eine Lücke von mindestens 1,6 Milliarden US-Dollar im Etat, wie der jüngste Bericht der jemenitischen Staatsbank belegt.[8] Angesichts dieser Zahlen wird nachvollziehbar, dass sich immer mehr Verbündete abwenden.

Noch hat Salih allerdings nicht all seine Anhänger verloren, die vor allem in den ländlichen Gebieten zu finden sind. Im Gegensatz zu anderen arabischen Staatsoberhäuptern kann er nach wie vor Zehntausende Unterstützer mobilisieren, die, offensichtlich gegen entsprechendes Entgelt, zu Demonstrationen mit Bussen in die Hauptstadt Sanaa transportiert werden.[9] Dass sich viele Jemeniten auf diesen Handel einlassen, ist auch auf die bittere Armut zurückzuführen, die sich im Zuge der Krise weiter verschärft. Denn mindestens so groß wie die Lücke im Staatshaushalt ist die Kluft in den Lebensbedingungen zwischen der begüterten politischen Elite und dem Rest der Bevölkerung: Der Jemen ist der ärmste Staat der arabischen Welt. Fast jeder zweite Jemenit muss mit weniger als zwei US-Dollar am Tag auskommen, jeder dritte leidet an Unterernährung. Selbst die offiziellen Arbeitslosenzahlen sind horrend und liegen bei den Jugendlichen, die in etwa die Hälfte der rund 24 Millionen Einwohner ausmachen, bei über 40 Prozent.[10]

Diese sozioökonomischen Eckdaten machen nicht nur die prominente Rolle der Jugend in den jetzigen Protesten sowie die breite Basis der Aufstände begreiflich. Sie bilden auch die ökonomische Grundlage der latenten und manifesten Konflikte im Jemen. Neben dem nun aufbrechenden Konflikt zwischen einer in politischer und wirtschaftlicher Hinsicht marginalisierten Bevölkerung und einer als korrupt geltenden Staatsklasse sind es vor allem drei Konflikte, die über die Landesgrenzen hinaus bekannt geworden sind: Seit 2004 kommt es in der Provinz Sa'ada immer wieder zu schweren militärischen Auseinandersetzungen zwischen den Huthi-Rebellen und der Armee. Die Ursachen für die sogenannten Sa'ada-Kriege liegen vor allem in der politischen Marginalisierung der Zaidiyya, einer im Jemen ansässigen schiitischen Rechtsschule, und der infrastrukturellen Vernachlässigung der nördlichsten Provinz an der Grenze zu Saudi-Arabien.

Im Mai 2007 bildete sich zudem auf dem Gebiet der ehemaligen Volksdemokratischen Republik Jemen eine starke politische Bewegung, die aufgrund der langjährigen politischen und wirtschaftlichen Vernachlässigung des Südens mehrheitlich eine Loslösung vom verhassten Norden fordert. Diese Bewegung erhält durch gewaltsame Unterdrückung seitens des Sicherheitsapparats täglich Zulauf und gewann zuletzt durch das Vorbild des erfolgreichen südsudanesischen Unabhängigkeitsreferendums neuen Auftrieb. Die größte Aufmerksamkeit wird hingegen auch in Deutschland der Auseinandersetzung zwischen dem Militär und dem regionalen Netzwerk der 2009 gegründeten Organisation al-Qaida auf der Arabischen Halbinsel (AQAH) zuteil. Wenngleich die Zahl führender Al-Qaida-Mitglieder im Jemen von US-Terrorexperten lediglich auf 100 bis 200 geschätzt wird, dürfte es sich bei AQAH dennoch um den wohl »aktivsten und momentan vielleicht aggressivsten Ableger von al-Qaida« handeln, wie US-Verteidigungsminister Robert Gates am 27. März 2011 bekanntgab.[11]

Zwar nährt sich die Anti-Salih-Bewegung in erster Linie aus dem Protest gegen ein korruptes Herrschaftssystem und der Hoffnung auf eine Verbesserung der eigenen Lebensbedingungen. Die Forderungen nach dem Sturz des Regimes sind jedoch eng verknüpft mit dem Ruf nach politischen Reformen und eröffnen den demokratischen Kräften im Land die Möglichkeit, die Demokratisierung der politischen Institutionen voranzutreiben. Die im Jemen schwelenden Konflikte bilden hierbei den Hintergrund der Proteste und beeinflussen gleichzeitig deren Dynamiken. Sie können, vor allem in Bezug auf al-Qaida, den Transformationsprozess belasten, könnten jedoch, wie im Falle der Huthi-Rebellion und der Sezessionsbewegung, in einer Ära nach Salih durchaus auch friedlich geregelt werden.

Etappen der Proteste im Jemen

Angesichts der nur rudimentär ausgebildeten staatlichen Strukturen sowie der Vielzahl nichtstaatlicher Gewaltakteure und gewaltsamer Konflikte wird der Jemen oft als schwacher, in der Presse häufiger gar als scheiternder Staat bezeichnet. Vor dem Hintergrund dieser fragilen Staatlichkeit[12] sind sowohl die Entstehung als auch der Charakter der ersten Phase der Proteste zu verstehen, die in etwa zeitgleich mit, aber zunächst unabhängig von den Protesten in Tunesien entstanden. Diese Anfangsphase wurde in erster Linie von der Oppositionskoalition der Parteien des Gemeinsamen Treffens (PGT) organisiert. Die PGT ist ein Bündnis aus den beiden größten Oppositionsparteien des Landes, der islamistischen Islah und der Jemenitischen Sozialistischen Partei (JSP), sowie vier weiteren zaiditischen (schiitischen) und nationalistischen Parteien. Dies ist insofern eine bemerkenswerte Konstellation, als das Bündnis den gesellschaftspolitischen Konfliktlinien zuwiderzulaufen scheint. Ebenso bemerkenswert ist, dass die PGT bereits seit zehn Jahren erfolgreich zusammenarbeitet und sich im Gegensatz zu anderen Oppositionsbündnissen in der arabischen Welt als ein tatsächliches Gegengewicht zum Regime etablieren konnte. Seit ihrer Gründung weist die PGT darauf hin, dass eine Regelung der Konflikte im Land nur durch umfassende politische Reformen, Good Governance und Dezentralisierung zu erreichen ist.[13] Vor den ursprünglich für 2008 angesetzten Parlamentswahlen drohte die PGT mit einem Wahlboykott, weil das Wahlgesetz nicht novelliert wurde. Im sogenannten Februar-Übereinkommen einigten sich Regime und Opposition deshalb darauf, die Wahlen auf April 2011 zu verschieben und demokratische Reformen im Rahmen eines Nationalen Dialogs einzuleiten. Die Durchführung eines Nationalen Dialogs (al-hiwar al-watani), an dem sämtliche politischen und sozialen Kräfte beteiligt werden sollen, ist seitdem eine der Kernforderungen der Opposition.

Phase 1: Die rosafarbene Revolution

Weder die langjährige Existenz des Bündnisses noch die von ihm geforderten demokratischen Reformen sollten allerdings darüber hinwegtäuschen, dass es sich im Falle der PGT vornehmlich um ein Projekt oppositioneller Eliten handelt, welches großen inneren Spannungen ausgesetzt ist.[14] Diese ergeben sich aus der Unterschiedlichkeit der Bündnispartner und treten demzufolge vor allem zwischen der JSP und der Islah auf. Die Islah ist eine heterogene Massenpartei, in der man sowohl moderate Islamisten findet als auch ultrakonservative Salafisten wie den Präsidenten der al-Iman-Universität in Sanaa, Abd al-Majid al-Zindani. Die Kooperation mit der sozialistischen JSP im Rahmen der PGT wird daher von den radikalen Kräften in der Partei abgelehnt und hintertrieben. Die Islah war zudem bis Ende der 1990er Jahre mit an der Regierung beteiligt. Zahlreiche führende Islahis profitieren nach wie vor von der Nähe zu Salih und sahen in der Vergangenheit davon ab, sich an einer ernsthaften Oppositionsarbeit zu beteiligen. Auch bei Ausbruch der Proteste Ende 2010 hielten viele Islahis noch an diesem Standpunkt fest.

Diese erste Phase der Proteste begann im Dezember 2010, als die Regierungspartei Allgemeiner Volkskongress (AVK) den Nationalen Dialog, der de facto niemals begonnen hatte, für beendet erklärte und eine Änderung der Verfassung in die Wege leitete. Die angestrebte Verfassungsänderung hätte es Salih erlaubt, seine 2013 auslaufende Amtszeit auf unbestimmte Zeit zu verlängern. Daraufhin mobilisierte die PGT ihre Anhängerschaft, und Anfang Februar 2011 versammelten sich landesweit Hunderttausende zur »rosafarbenen Revolution«.[15] Die von der PGT orchestrierten Demonstrationen unterschieden sich insofern von der aktuellen Protestwelle, als sie vor allem auf die Rücknahme der Verfassungsänderungen sowie die Rückkehr zum Nationalen Dialog abzielten. In Anspielung auf die Vorgänge in Tunesien und Ägypten differenzierte Muhammad Abd al-Malik al-Mutawakkil, der zu dieser Zeit den rotierenden Vorsitz der PGT innehatte, zwischen den Protesten, die dem »aktuellen, epochalen Muster« folgten, und denjenigen, die »zum Dialog führen«.[16] Den Äußerungen führender PGT-Politiker war zu entnehmen, dass sie die Furcht vor einer Destabilisierung umtrieb[17] und noch umtreibt. Zu dieser Zeit forderte die PGT daher noch nicht den sofortigen Rücktritt Salihs. Sie sieht die Rückkehr zum Dialog als einziges Mittel zur Befriedung des Landes und war noch im Februar davon überzeugt, hierfür mittelfristig an Salih festhalten zu müssen, den sie als Garanten für stabile Rahmenbedingungen des Dialogs erachtetet.

Phase 2: Die Revolution der Jugend

Als die PGT am 13. Februar auf ein erneutes Dialogangebot des Präsidenten einging,[18] begann sich der Charakter der Demonstrationen im Jemen dem der Aufstände in den anderen arabischen Staaten anzunähern. Die jemenitische Straße, allen voran die Jugendlichen, wendete sich von der PGT ab und organisierte von nun an eigenständige Proteste. Initiiert von Studenten und

Menschenrechtsaktivisten, nahm die sogenannte Friedliche Revolution der Jugend (al-thawra al-shababiyya al-silmiyya) in Sanaa und Taizz ihren Anfang, diesmal allerdings verbunden mit der Forderung nach dem Sturz des Regimes Ali Abdallah Salihs samt der korrupten herrschenden Elite (al-fasidin). Die Proteste entwickelten sich innerhalb kürzester Zeit zu einer Massenbewegung, die an Freitagen mehr als eine Million Protestierende mobilisiert und ab Februar 2011 das ganze Land erfasst hat. In nahezu allen Städten des Landes haben sich an zentralen Plätzen, die, wie die Straßenkreuzung vor der Neuen Universität Sanaa, in den Platz des Wandels umbenannt wurden, Zeltlager gebildet, die zugleich die organisatorischen Schaltstellen der Proteste bilden.[19] Unter dem Eindruck der erfolgreichen Umstürze in Tunesien und Ägypten entwickelten die Proteste eine Eigendynamik, der sich bald auch andere politische Kräfte im Land nicht mehr entziehen konnten, gerade weil sie von der Jugend und somit von einer bislang neutralen Bewegung im politischen Betrieb organisiert wurden.

Der im Jemen hierfür angewendete Begriff Jugend (al-shabab) ist irreführend. Zwar sind die Jugendlichen sicher als Hauptträger der Proteste auszumachen. Die zweite Protestwelle zeichnet sich jedoch gerade dadurch aus, dass sie nahezu alle sozialen Schichten und Altersgruppen umfasst. Das wichtigste Unterscheidungsmerkmal der »Jugend« ist vielmehr, dass sie sich, von wenigen Ausnahmen abgesehen, nicht parteipolitisch gebunden fühlt und unabhängig von der PGT-Koalition agiert. Das Verhältnis zu der PGT ist dabei äußerst angespannt, wenngleich die Position innerhalb der Jugend nicht einheitlich ist. Während sich schon vor dem 13. Februar 2011 kleinere Gruppierungen mit Namen wie Parteilose Jugend (al-shabab bi-la ahzab) gebildet hatten, um sich deutlich vom parteipolitischen Establishment abzugrenzen, versuchten andere wiederum, die PGT zu einer Revidierung ihrer Position zu bewegen.[20] Innerhalb der PGT war man sich von Beginn an darüber im Klaren, dass die Einwilligung in einen Dialog mit dem Regime zu einem Vertrauensverlust bei der Jugend führen würde. Während eines gemeinsamen Treffens mit deren Vertretern am 20. Februar 2011 versuchten ranghohe PGT-Mitglieder daher, den geplanten Dialog mit dem Regime zu begründen. Die hierbei vorgetragenen Argumente zeugen davon, dass die PGT in erster Linie eine weitere Eskalation der Lage mit schwerwiegenden sicherheitspolitischen Konsequenzen befürchtete. So wendete ein führender Oppositioneller während des Treffens ein, dass sich das Land im Zustand einer »politischen Leere (befände), die von der baltajiyya (also den vom Regime angeheuerten Schlägertruppen) ausgefüllt zu werden« drohe.[21] Bereits kurz zuvor hatte der Generalsekretär der Sozialisten (JSP), Yasin Sa'id Nu'man, auf die Gefahr hingewiesen, dass die Proteste eine nicht mehr zu kontrollierende Eigendynamik entwickeln könnten. Und am 13. März 2011 warnte Nu'man, der seit März turnusmäßig den Vorsitz der PGT innehat, dass »die Straße nicht wie eine Fernbedienung in der Hand (der PGT)« liege.[22]

Ein Faktor, der bei vielen zur Solidarisierung und letztendlich zum Anschluss an die Jugend führte, ist die exzessive Gewalt gegen die Demonstranten seitens des Sicherheitsapparates, die bis Ende April 2011 mehr als 130 Tote gefordert hat. Aus Protest gegen diese Gewalt traten zahlreiche Parlamentsabgeordnete der Regierungspartei, Botschafter und Minister von ihrem Amt zurück und gaben ihren Austritt aus der Regierungspartei AVK bekannt.[23] Auch die Stämme haben sich mehrheitlich den jungen Leuten angeschlossen. Solidarisierten sich zu Beginn der Proteste nur einzelne von ihnen mit den Protestierenden, gaben Ende Februar die beiden größten Stammeskonföderationen im Jemen, Hashid und Bakil, bekannt, die Aufstände zu unterstützen.[24] Der Verband der jemenitischen Rechtsgelehrten um Abd al-Majid al-Zindani, bislang stets eine Stütze des Regimes, verurteilte am 1. März 2011 in einer Fatwa die Niederschlagung der Proteste und erhob die friedlichen Demonstrationen gar zum »Kampf für die Sache Gottes«.[25] Wie auch Teile der Sezessionsbewegung im Süden solidarisierten sich die Huthi-Rebellen bereits Mitte Februar mit den Aufständischen,[26] in enger Abstimmung mit der PGT, die sich kurz zuvor wieder den Protesten angeschlossen hatte.

Diese Kehrtwende der PGT erfolgte am 19. Februar 2011, als offensichtlich wurde, dass Salih keineswegs bereit war, seinem Angebot zu politischen Reformen Taten folgen zu lassen. Auch konnten Verhandlungen mit einem Regime, das einen »Dialog mit Blei«[27] führte, nicht mehr gerechtfertigt werden. Zwar hält man bis heute an dem Grundsatz fest, dass ein Ausweg aus der Krise nur über den Nationalen Dialog zu erreichen ist. Jedoch haben sich die Vorzeichen für einen Dialog grundlegend verändert.

Zum einen stellte die PGT in allen folgenden Verhandlungsinitiativen klar, dass Salih selbst in der Zeit nach dem Dialog, in einer wie auch immer gearteten Transitionsperiode also, keine politische Rolle im Lande mehr spielen dürfe. Damit ist die Forderung nach seinem Rücktritt nun also auch seitens der PGT nicht mehr verhandelbar. Zum anderen macht die PGT in ihren Initiativen deutlich, dass sie nicht im Namen der Jugend verhandele und jedwede Übereinkunft mit dem Regime der Zustimmung der Jugend bedürfe. Muhammad al-Sabri, Sprecher des mit der PGT verbundenen Vorbereitungskomitees für den Nationalen Dialog, betonte zudem, dass die Jugend für die PGT »die erste Instanz (darstellt), wenn es darum geht, die Modalitäten des Regimewechsels zu verhandeln«.[28] Damit wird die führende Rolle der Jugend in der Protestbewegung auch von der PGT anerkannt.

Phase 3: Der sukzessive Verfall des Machtapparates

Salihs Verhandlungsposition in nationalen und internationalen Initiativen hat sich hingegen seit dem 18. März 2011 drastisch verschlechtert. An jenem Freitag erreichte die staatliche Repression eine neue Eskalationsstufe, als in der Hauptstadt mindestens 53 Demonstranten durch Scharfschützen getötet und Hunderte verletzt wurden. Die gezielte Tötung friedlicher Demonstranten sorgte nicht nur für internationale Empörung und für weitere Rücktritte von Ministern und Gouverneuren, sondern führte am 21. März auch dazu, dass Generalmajor Ali Muhsin al-Ahmar zur Protestbewegung überlief. Ali Muhsin, dessen Entscheidung sich weitere führende Generäle und Truppenteile anschlossen, gilt im Jemen als »graue Eminenz« und als zweitmächtigster Mann hinter Salih. Zwar bleiben Salih ein Rest der regulären Truppen unter Führung des Verteidigungsministers, General Muhammad Ali Nasir, die Republikanischen Garden, angeführt von seinem Sohn Ahmad Ali Abdallah Salih, sowie die zentralen Sicherheitskräfte, geführt von Salihs Neffen. Allerdings sieht er sich nun auch einer starken militärischen Opposition gegenüber. Allein am 26. März fielen innerhalb eines Tages die Provinzen Sa'ada, al-Jawf und Abyan in die Hände der Protestbewegung.[29]

Folgenschwerer noch als der Abfall der Provinzen ist der Wandel der US-amerikanischen Position, der sich Anfang April vollzog.[30] Die USA sehen den Jemen als den derzeit wichtigsten Schauplatz im Kampf gegen al-Qaida,[31] eine Einschätzung, die

Salih gezielt förderte und geschickt zu nutzen wusste. Trotz der massiven Menschenrechtsverletzungen an Demonstranten hielten die Vereinigten Staaten bis dahin an Salih fest, der als alternativlose Stütze des Anti-Terror-Kampfes im Jemen galt. Noch am 27. März äußerte US-Verteidigungsminister Robert Gates, dass der Sturz des Präsidenten ein »echtes Problem« für die Obama-Administration darstellen würde.[32] Im April begannen aber auch die Vereinigten Staaten, sich auf eine Zeit nach Salih vorzubereiten, und arbeiteten in Abstimmung mit Saudi-Arabien, das neben den USA als der wichtigste externe Verbündete des Präsidenten galt, an Salihs Abgang.

Saudi-Arabien, welches über großen Einfluss auf wichtige jemenitische Akteure und einzelne Stämme verfügt, ist noch vor den Vereinigten Staaten der wichtigste bilaterale Geldgeber und trägt mit jährlichen Überweisungen von ca. zwei Milliarden US-Dollar wesentlich dazu bei, die Zahlungsunfähigkeit des jemenitischen Staates abzuwenden.[33] Die saudische Position gegenüber den Vorgängen im Jemen und vor allem gegenüber der Person des Präsidenten blieb dessen ungeachtet lange Zeit diffus. Einerseits fürchtete das saudische Herrscherhaus negative Rückwirkungen auf die eigene Innenpolitik, andererseits galt sein Hauptinteresse der Sicherheit der eigenen Grenzen sowie der Gewährleistung stabiler Rahmenbedingungen für den Kampf gegen AQAH. Nachdem die saudische Führung in der Vergangenheit hierbei stets auf Ali Abdallah Salih gesetzt hatte, scheint sich in Riad langsam die Wahrnehmung durchgesetzt zu haben, dass ein Festhalten an Salih nun eher die Destabilisierung des Landes fördern wird.[34] Gefragt nach einer möglichen Demokratisierung des Nachbarlandes, antwortete ein führender außenpolitischer Berater der saudischen Regierung am 23. März 2011 entsprechend: »Uns ist egal, was sie tun, solange es stabil bleibt.«[35]

Gefahren des Transitionsprozesses

Ob und wann der Rücktritt Ali Abdallah Salihs erfolgen und, vor allem, wie die anschließende Übergangsphase gestaltet werden wird, ist derzeit noch offen. Dass ein politischer Umbruch Gefahren mit sich bringt, ist in der Fachwelt unbestritten. Jedoch ist eine Debatte darüber entbrannt, welche sicherheitspolitischen

Konsequenzen der Rücktritt Salihs für die Region hätte und ob Salih in Bezug auf die staatliche Stabilität und den Konflikt mit AQAH nicht eher als Teil des Problems denn als Teil der Lösung anzusehen ist.

AQAH ist einer der aktivsten Al-Qaida-Ableger, der auch über die Grenzen des Jemen hinaus agiert. Ein weiteres Erstarken von AQAH würde, so die Befürchtung nicht nur westlicher Regierungen, zu einer Destabilisierung der gesamten Region führen. Ende April verwies der äthiopische Präsident Menes Zelawi in einem Interview auf die verheerenden Folgen, die ein Zerfall des jemenitischen Staates für die Piraterie und den transnationalen Terrorismus in der Region bedeuten würde.[36] Angesichts von täglich vier Millionen Barrel Erdöl und zehn Prozent des weltweiten maritimen Containerverkehrs, die das Bab al-Mandab, das Nadelöhr am Eingang zum Roten Meer, passieren, ist dies sicher ein beunruhigendes Szenario. Als nach dem Abfall der südlichen Provinz Abyan am 28. März in der Stadt Ja'ar eine Munitionsfabrik, die am Vortag von AQAH-Kämpfern geplündert worden war, explodierte und dabei mindestens 150 Menschen zu Tode kamen, sahen sich Anti-Terror-Experten in ihrer Meinung bestätigt, dass dem Jemen ohne Salih eine Übernahme durch AQAH bevorstehe.[37] Viele jemenitische Akteure hingegen verweisen darauf, dass sich die Tragödie überhaupt erst ereignen konnte, nachdem Salih das Militär abgezogen und die Umgebung um Ja'ar bewusst AQAH überlassen hatte: genau einen Tag, nachdem er vor einem Bürgerkrieg und der drohenden Herrschaft al-Qaidas gewarnt hatte.

Die Anti-Salih-Bewegung machte Salih daher umgehend direkt verantwortlich für die Katastrophe in Ja'ar. Der aus der Provinz Abyan stammende Parlamentsabgeordnete Ali Aschal behauptete gar, Beweise für eine Koordination zwischen AQAH und dem Regime vorlegen zu können.[38] Die Zusammenarbeit des Regimes mit den sogenannten »arabischen Afghanen«, den jemenitischen Veteranen des afghanischen Widerstands gegen die Sowjetunion, und Figuren älterer Al-Qaida-Generationen in der Vergangenheit ist hinlänglich bekannt. Der Staatssicherheit und Teilen der Armee, insbesondere Ali Muhsin, dem Oberkommandierenden der Truppen im Nordwesten, werden enge Kontakte zu alten Al-Qaida-Kadern nachgesagt, die etwa im Bürgerkrieg 1994 gegen den Süden und zuletzt gegen die Huthi-Rebellen in

Sa'ada eingesetzt wurden. Äußerungen übergelaufener Funktionäre legen zudem nahe, dass Salih über die tatsächliche Stärke Al-Qaidas hinwegzutäuschen versuchte und auch in der gegenwärtigen Krise AQAH für seine Zwecke instrumentalisiert, um sich die Unterstützung der USA zu sichern. So erklärte der ehemalige Minister für islamische Stiftungen, Hamud al-Hitar, der vor seiner Amtsniederlegung das staatliche Dialogprogramm mit inhaftierten AQAH-Mitgliedern leitete, Anfang April öffentlich, dass die tatsächliche Stärke von AQAH lediglich einen Bruchteil der offiziellen Angaben betrage.[39] Verlässlichen Quellen zufolge veranlasste Salih am 8. März 2011 überdies die Freilassung von 80 AQAH-Gefängnisinsassen, um den US-amerikanischen Bündnispartnern die Bedeutung seiner Person im Anti-Terror-Kampf in Erinnerung zu rufen.[40] Zweifel an der Alternativlosigkeit Salihs im Kampf gegen Al-Qaida sind also durchaus angebracht.

Dass AQAH von einem *ungeordneten* Machttransfer im Jemen profitieren könnte, ist sicherlich ein reales Problem, auch wenn man sich über dessen Ausmaß uneins ist. Mehrere Organisationen der Protestbewegung sowie die PGT haben daher versucht, auf die Bedenken der Vereinigten Staaten einzugehen, und versichert, dass sich die Gefährdung durch AQAH nach dem Sturz Salihs wesentlich reduziere und der Kampf gegen AQAH auch in Zukunft aufrechterhalten werde.[41] Neben der desolaten wirtschaftlichen Situation, die nicht nur den stetigen Mitgliederzulauf für AQAH befördert, sondern allgemein die größte Belastung eines möglichen demokratischen Übergangs darstellt, ist jedoch die aktuelle Position der Vereinigten Staaten selbst die wesentliche Herausforderung für künftige bilaterale Anti-Terror-Bemühungen. Dass sich die USA trotz massiver Gewalt gegen die Demonstranten bis Anfang Mai nicht öffentlich von Salih distanzierten und die Waffen, die gegen die Demonstranten eingesetzt wurden, größtenteils aus den USA stammten, hat das ohnehin angeschlagene Ansehen der Vereinigten Staaten weiter verschlechtert und dürfte die Beziehungen zu einer neuen jemenitischen Regierung deutlich belasten. Der sich gegenwärtig abzeichnende Kurs der Obama-Administration, auch nach einer Umbildung des Regimes an den alten Verbündeten im Anti-Terror-Kampf festhalten zu wollen, wird diese zerrütteten Beziehungen zusätzlich beeinträchtigen, handelt es sich bei jenen Personen doch fast ausschließlich um Mitglieder der Präsidentenfamilie.

Eine weitere Gefahr für eine kommende Übergangsphase ergibt sich nicht zuletzt aus dem politischen Kampf um die Nachfolge Salihs. Das Überlaufen Ali Muhsins in das Lager der Anti-Salih-Bewegung versinnbildlicht dabei das Dilemma, vor dem die Bewegung derzeit steht: Einerseits ist sie aus Gründen der eigenen Konfliktfähigkeit auf ehemalige Regimeangehörige angewiesen, läuft andererseits aber Gefahr, von diesen für deren Zwecke eingespannt zu werden und sich über die Frage der Kooperation mit ihnen zu entzweien. Ali Muhsin, der, wie Salih, dem kleinen Stamm der Sanhan angehört, galt neben dem Präsidenten und dem 2007 verstorbenen Abdallah al-Ahmar, dem obersten Scheich der Stammeskonföderation der Hashid, lange Zeit als fester Bestandteil des »heiligen Zirkels« (al-markaz al-muqaddas), der die jemenitische Politik bestimmte. Sein Lagerwechsel ist daher weniger Ausdruck eines demokratischen Gesinnungswandels als vielmehr der Tatsache geschuldet, dass er, ebenso wie andere Mitglieder der politischen Elite, zunehmend aus dem engeren Macht- und Patronagekreis ausgeschlossen wurde, welcher in jüngster Zeit dem Umfeld der Familie Salihs vorbehalten blieb. Ali Muhsin hatte sich mit Salih zudem über die Frage der Präsidentschaftsnachfolge zerworfen, nachdem Salih entgegen vorhergehender Absprachen nicht ihn, sondern seinen Sohn Ahmad zum Nachfolger aufgebaut hatte.[42] Obwohl die Verbundenheit Ali Muhsins mit dem alten Regime auch den Protestierenden bekannt ist, begrüßten sowohl Jugendliche als auch die Huthi-Rebellen und die PGT seine Entscheidung, stellten jedoch gleichzeitig klar, dass sie weder eine »Monopolisierung der Revolution« noch eine Militärdiktatur akzeptieren würden. Für die Mehrheit der Südbewegung hingegen ist die Person Ali Muhsin nicht akzeptabel.[43]

Ein weiterer Faktor, der für Spannungen in der Anti-Salih-Bewegung sorgt, ist die einflussreiche Al-Ahmar-Familie aus der Hashid-Konföderation. Obwohl keiner der Söhne von Abdallah al-Ahmar die Autorität des Vaters innehat, bekleiden insbesondere Hamid, Husain, Sadiq und Himyar zentrale Positionen in Politik und Wirtschaft. Zwar bestreiten Husain und Sadiq ihre Ambitionen auf das Präsidentenamt.[44] Hamid, der wohl Ambitionierteste unter ihnen, hält sich bislang jedoch bedeckt. Gerade er, der eine führende Position in der Islah-Partei innehat und, wie seine Familie, lange Zeit fester Bestandteil des Patronagenetzwerks Salihs war, gilt in den Augen vieler als Teil des korrupten Establishments und belastet das Ansehen der PGT in der Protestbewegung.[45] Auch innerhalb der PGT selbst ist die dominante Position Hamids umstritten. Vor allem unter Aktivisten der Südbewegung wird die PGT jedoch ohnehin als künstliches Gebilde der Al-Ahmar-Familie und entsprechend als »zweites Gesicht des Regimes« angesehen.[46]

Chancen des Transitionsprozesses

Eine Option, die bereits Gegenstand der Verhandlungen zwischen Regime und PGT war, würde daher in der Anti-Salih-Bewegung auf große Akzeptanz stoßen und tatsächliche Perspektiven auf einen friedlichen Übergang eröffnen. Dieser Vorschlag beinhaltet einen »Vier-für-vier-Rücktritt« und sieht vor, dass neben Salih auch sein Sohn Ahmad und drei der mächtigsten Neffen sowie die vier Al-Ahmar-Brüder zurücktreten und sich während einer Übergangsperiode und anschließenden Neuwahlen außerhalb des Landes aufhalten.[47] Diese Option war jedoch in den im April geführten Gesprächen zwischen Regime und Opposition zumindest kein öffentlicher Verhandlungsgegenstand mehr. Diese jüngsten Verhandlungen werden nunmehr von Initiativen des Golfkooperationsrates (GKR) in enger Abstimmung mit den Vereinigten Staaten getragen.

Im Kern sehen alle bisherigen GKR-Initiativen die gleichen grundlegenden Schritte vor: den Rücktritt Ali Abdallah Salihs, der die Amtsgeschäfte an den Vizepräsidenten überträgt; die Bildung einer Übergangsregierung unter Leitung der Opposition und die Abhaltung von Präsidentschafts- und Parlamentswahlen innerhalb eines bestimmten Zeitraums. Bis in den Mai hinein scheiterten die Verhandlungen nicht nur an Salih, der bereits mehrmals in die ausgehandelten Übereinkünfte einwilligte, um sie anschließend als »nicht verfassungskonform« zu widerrufen. Auch für die PGT, den offiziellen Verhandlungspartner auf Seiten der Opposition, tragen mehrere Verhandlungspunkte Sprengstoff in sich, sowohl hinsichtlich der Stabilität der Koalition selbst als auch in Bezug auf ihre Stellung innerhalb der Protestbewegung. Dies betrifft zum einen den Verhandlungsführer Saudi-Arabien, der die Initiativen des GKR federführend leitet und vor allem für die JSP schwer zu akzeptieren ist aufgrund der schwierigen historischen Beziehungen zwischen dem Südjemen und Saudi-Arabien. Innerhalb der Verhandlungsmasse gibt es einige Punkte, die für die PGT und die Akzeptanz der Verhandlungen in der Protestbewegung entscheidend sind. Unerlässliche Forderungen der Anti-Salih-Bewegung insgesamt sind ein klarer Termin für den Rücktritt Salihs und dass die Proteste bis zu diesem Zeitpunkt erlaubt bleiben. In diesen Punkten besteht Einigkeit zwischen der PGT und dem Rest der Bewegung. Zwei weitere entscheidende Verhandlungspunkte bedeuten für die PGT jedoch eine Gratwanderung. Auch durch externen Druck seitens der USA zu einem Verhandlungserfolg gedrängt, muss die PGT Kompromissbereitschaft zeigen bei der Frage, ob Salih und seiner Familie Immunität vor strafrechtlicher Verfolgung gewährt wird. Ungeklärt ist zudem, welche Position Salih nach seinem Rücktritt im politischen Gefüge weiter wahrnehmen darf. Nach der dritten GKR-Initiative scheint es möglich, dass Salih nach seinem Rückzug Vorsitzender der Regierungspartei bleiben kann und somit quasi zum Oppositionsführer avanciert.[48] Dies ist für die Jugend ebenso inakzeptabel wie die Gewährung von Straffreiheit.[49]

Wenngleich immer wieder eine schnelle Übereinkunft zwischen Regime und Opposition angekündigt wird,[50] bleiben viele skeptisch. Zu Recht, denn auch das dritte Abkommen im Rahmen der GKR-Initiative hat Salih umgehend abgelehnt.[51] Zwar vergrößert sich mit jedem Tag der Proteste die Gefahr einer weiteren Destabilisierung des Landes. Demgegenüber nähert sich die PGT jedoch in jeder neuen Verhandlungsrunde den Forderungen der Protestbewegung an. Auch die jeweiligen Übergangspläne, die PGT und Jugend bislang vorgelegt haben, stimmen zumindest auf dem Papier in den wesentlichen Punkten überein:[52] im sofortigen Rücktritt Salihs sowie in der Bildung einer paritätisch besetzten nationalen Übergangsregierung, unter deren Obhut eine Verfassungsänderung sowie neue Gesetze für Präsidentschafts- und Parlamentswahlen ausgearbeitet werden sollen. Von herausragender Bedeutung ist zusätzlich, dass sowohl die PGT als auch die Jugend die Südbewegung und die Huthi-Rebellen in der Übergangsperiode einbinden wollen. Und auch in der wichtigen Frage der Straffreiheit für Salih könnte es zu einer Einigung kommen.

Sollten beide Punkte, also die strafrechtliche Verfolgung führender Persönlichkeiten des Regimes einschließlich der Präsidentenfamilie sowie die Beteiligung aller sozialen und politischen Kräfte an der politischen Neugestaltung, im Nationalen Dialog berücksichtigt werden, könnte dieser an die Tradition der Runden Tische der osteuropäischen Transitionsprozesse in den 1990er Jahren anknüpfen, in denen eine Demokratisierung des politischen Systems und eine gerichtliche und intellektuelle Aufarbeitung der Altlasten des alten Systems Hand in Hand gingen. Dies wiederum könnte zu einer Regelung der Konflikte in Sa'ada und im Süden führen, welche den politischen und wirtschaftlichen Fortschritt des Landes deutlich mehr belastet haben als al-Qaida.

Die Ausgangsbedingungen für eine solche Entwicklung sind besser, als man bei der Lektüre mancher Medienberichte glauben könnte. Zum einen zeichnet sich die Protestbewegung bislang durch eine Hartnäckigkeit aus, die erwarten lässt, dass sich vor allem die Jugend mit weniger als den oben geschilderten Forderungen nicht zufriedengeben wird. Die Mehrzahl der Stämme hat für die Zeit der Proteste ihre Waffen niedergelegt und beteiligt sich produktiv an den Aufständen gegen Salih; auch sie soll in den Transitionsprozess mit einbezogen werden.[53] Die Huthi-Bewegung hatte bereits 2010 unter Vermittlung der PGT ihre Beteiligung an einem ernsthaften Nationalen Dialog zugesagt. Und auch führende Persönlichkeiten der Südbewegung wie der frühere Premierminister Haidar al-Attas haben erklärt, dass sich mit dem Sturz des alten Regimes und der Einführung eines föderalen demokratischen Systems die Gründung eines eigenen Staates erübrige.[54] Die Südbewegung ist jedoch eine heterogene Graswurzel-Bewegung mit mehreren Anführern.[55] Andere wichtige Persönlichkeiten wie Hasan Ba'um, Vorsitzender des Obersten Rats der friedlichen Bewegung zur Befreiung des Südens, der nominellen Dachorganisation der Bewegung, sowie der ehemalige Armeegeneral Nasir Ali al-Nuba halten weiterhin an den Sezessionsplänen fest. Die Einbindung der Südbewegung in die politische Gestaltung der Post-Salih-Phase wird daher die größte Herausforderung bleiben, der sich die Opposition gegenübersehen wird.

Drei weitere Faktoren können sich positiv auf die Übergangsphase im Jemen auswirken. Zum einen findet man im Jemen eine Diskussions- und Dialogkultur vor,[56] in welcher dem politischen Interessenausgleich und dem Prinzip der Mediation ein hoher Stellenwert eingeräumt wird.[57] Ein Nationaler Dialog, der unter diesen Rahmenbedingungen der politischen Kultur und unter externer Vermittlung stattfindet, muss zudem nicht bei null anfangen, sondern könnte auf bereits bestehende Strukturen zurückgreifen. In Vorbereitung auf den Dialog mit dem Regime bildete die PGT bereits 2009 das bis heute agierende Vorbereitungskomitee für den Nationalen Dialog, in welchem neben Vertretern der PGT Akteure fast aller sozialen und politischen Gruppierungen eine »Vision zur nationalen Rettung« erarbeitet haben.[58] Lokale Ablegerkomitees existieren mittlerweile auch in den Provinzen des Landes.

Nicht zuletzt wird die Phase des politischen Umbruchs mit der PGT-Koalition von erfahrenen und handlungsfähigen Akteuren begleitet, die mit dazu beitragen können, dass dieser nicht von Elementen des alten Regimes sabotiert wird. Voraussetzung hierfür ist jedoch, dass die PGT die im Transitionsprozess verstärkt auftretenden internen Fliehkräfte bis zur Abhaltung von freien Wahlen überbrückt und das Vertrauen der Südbewegung und der Jugend erwerben kann. Dies wiederum wird eine stärkere Einbindung der Jugend und eine kritische Beschäftigung mit der eigenen Verstrickung in das Regime in der Vergangenheit erfordern.

Anmerkungen

1 Dieser Aufsatz basiert in großen Teilen auf einem Beitrag für das Working Paper Politischer Wandel in Nordafrika und dem Nahen Osten der Arbeitsstelle Politik des Vorderen Orients der Freien Universität Berlin. Redaktionsschluss war der 30. April 2011.

2 Newsyemen.net, 2.4.2011 (ar.): Al-Mutawakkil zu News Yemen: Wir wollen einen ehrenhaften Rückzug für den Präsidenten.

3 Allein das Privatvermögen des Präsidenten wird auf 40 bis 50 Milliarden US-Dollar geschätzt. Aljazeera.net, 15.3.2011 (ar.): Salih überweist Vermögen an seinen Enkel.

4 Die Rücktrittserklärung ist im Netz zu finden auf Projectyemen.org, 21.3.2011. Alle Übersetzungen aus dem Arabischen und Englischen stammen vom Autor.

5 Diese Überschrift aus der Süddeutschen Zeitung vom 29./30.1.2011 wird hier stellvertretend für eine ganze Reihe von Einschätzungen zitiert, die den Jemen als Topkandidaten für den nächsten gescheiterten Staat sehen.

6 Vgl. hierzu April Longley Alley: The Rules of the Game. Unpack-

ing Patronage Politics in Yemen, in: The Middle East Journal, 64(2010)3, S. 385–409.

7 Durchaus nicht unglaubwürdig erscheint beispielsweise die Aussage eines Scheichs, demzufolge Salih jüngst fabrikneue Geländewagen verteilen ließ, um sich angesichts der eskalierenden Proteste den Rückhalt wichtiger Stammesoberhäupter zu sichern. Aldaronline.com, 16.2.2011 (ar.): Stammesscheich zu al-Dar: Der Präsident verteilt Autos, um sich Loyalität der Scheichs zu erkaufen.

8 Newsyemen.net, 8.3.2011 (ar.): Zahlungsunfähigkeit im Jemen beträgt 1,6 Milliarden Dollar.

9 Der Preis für die Teilnahme an solchen Pro-Regime-Demonstrationen ist allerdings deutlich in die Höhe geschnellt. Erhielt man hierfür zu Beginn des Jahres noch umgerechnet drei bis fünf US-Dollar, werden nach Angaben von Anwohnern in Sanaa mittlerweile bis zu 250 US-Dollar geboten. Newsyemen.net, 1.4.2011: Anti-President Protesters Increased in Friday of Salvation.

10 Eine Zusammenstellung der entsprechenden Zahlen jemenitischer Behörden und internationaler Organisationen findet sich etwa in der Frankfurter Allgemeinen Zeitung, 4.2.2011.

11 AFP, 27.3.2011: US Says post-Saleh Yemen Would Pose »Real Problem«. Auch im deutschen Sprachraum wird gern das englische Akronym AQAP benutzt.

12 Vgl. Iris Glosemeyer: Jemen. Staatsbildung mit Hindernissen, in: Ulrich Schneckener (Hg.): Fragile Staatlichkeit. »States at Risk« zwischen Stabilität und Scheitern, Baden-Baden 2006, S. 276–301.

13 Vgl. das Programm: Projekt der PGT zur nationalen politischen Reform, o.O. o.J.

14 Im April erst kursierten Meldungen über einen angeblichen Rücktritt des derzeitigen PGT-Vorsitzenden, Yasin Sa'id Nu'man. Diese bewahrheiteten sich jedoch nicht. Newsyemen.net, 11.4.2011 (ar.): Rücktritt Yasin Sa'id Nu'mans vom PGT-Vorsitz nach heutiger Sitzung erwartet.

15 Vgl. Stacey Philbrick Yadav: No Pink Slip for Salih: What Yemen's Protests Do (and Do Not) Mean, Middle East Report Online, 9.2.2011.

16 News Yemen, 7.2.2011 (ar.): Al-Mutawakkil zu News Yemen: Wir forderten, Artikel 112 unangetastet zu lassen.

17 Elaph.com, 7.2.2011 (ar.): Jemen: Opposition erwartet den Verlust ihrer Gewinne, wenn sie (die Kontrolle über) den Eifer der Straße verliert.

18 Die offizielle PGT-Erklärung ist zu finden auf Newsyemen.net, 13.2.2011 (ar.): Text der PGT-Erklärung zur Akzeptierung der Initiative des Präsidenten der Republik.

19 Al-Sharq al-Awsat, 25.3.2011 (ar.): Platz des Wandels: Hier lebt der Jemen.

20 Vgl. etwa Newsyemen.net, 20.2.2011 (ar.): Demonstranten fordern PGT auf, Verbindungen zu Salih zu lösen.

21 Newsyemen.net, 16.2.2011 (ar.): Treffen mit Jugendlichen der sogenannten Volksrevolution.

22 Newsyemen.net, 13.2.2011 (ar.): Nu'man: Die PGT scherzen nicht mit dem Mandat der Straße.

23 Aawsat.com, 6.3.2011 (ar.): Jemen: Rücktrittswelle in der Regierungspartei hält an.

24 Newsyemen.net, 27.2.2011 (ar.): Bakil und Hashid verkünden, Forderungen des jemenitischen Volkes zu unterstützen. (Die Stämme sind jedoch kein monolithischer Block, und so gaben direkt im Anschluss hieran einige Stammesführer der beiden Konföderationen bekannt, sich nicht an diesen Beschluss gebunden zu fühlen.) Al-tagheer.com, 26.2.2011 (ar.): Scheichs der Hashid und Bakil leugnen, sich den PGT angeschlossen zu haben.

25 Newsyemen.net, 1.3.2011 (ar.): Rede Zindanis vor Protestierenden am Platz des Wandels: Was ihr unternehmt, ist ein Kampf für die Sache Gottes.

26 Newsyemen.net, 21.2.2011 (ar.): Huthis demonstrieren für den Sturz des Regimes.

27 Newsyemen.net, 23.2.2011 (ar.): Al-Mutawakkil zur Ablehnung des Dialogs mit Blei seitens der PGT und des Vorbereitungskomitees: In der Politik gibt es keine endgültigen Positionen.

28 Newsyemen.net, 3.3.2011 (ar.): Vorbereitungskomitee für den Nationalen Dialog: Wir haben dem Präsidenten einen Rücktrittsplan vorgeschlagen. (Diese Position wurde bei der jüngsten PGT-Initiative vom 2. April von führenden Oppositionspolitikern wiederholt.)

29 Al-Sharq al-Awsat, 27.3.2011 (ar.): Drei Provinzen in der Hand der Aufständischen, Vermittlung in der Krise.

30 Nytimes.com, 3.4.2011: U.S. Shifts to Seek Removal of Yemen's Leader, an Ally.

31 Eine kritische Bilanz der US-Politik gegenüber dem Jemen bietet der Artikel von Jeremy Scahill: The Dangerous US Game in Yemen, Thenation.com, 30.3.2011.

32 AFP, 27.3.2011: US Says (wie Anm. 11).

33 Vgl. Sarah Phillips/Rodger Shanahan: Al-Qaida, Tribes and Instability in Yemen, Lowy Institute Analysis, November 2009, S. 4.

34 Abeer Allam/Roula Khalaf: Saudis Prepare to Abandon Yemen, Ft.com, 22.3.2011.

35 Zit. nach Ginny Hill: Riyadh Will Decide the Fate of Ali Abdullah Saleh – And of Yemen, Guardian.co.uk, 23.3.2011.

36 Süddeutsche Zeitung, 23./24./25.4.2011.

37 Vgl. z.B. den Artikel von Judith Miller: Al-Qaida Capitalizing on »Arab Spring« to Build Power and Shore Up Weaknesses, Foxnews.com, 8.4.2011.

38 Almasdaronline.com, 28.3.2011 (ar.): Der Abgeordnete Ali Aschal deckt Dokumente auf, die Abstimmung zwischen Regime und AQAP in Abyan belegen.

39 Newsyemen.net, 8.4.2011: Former Negotiator with AQAP Says Saleh Uses al-Qaeda to Blackmail Yemen's Friends.

40 Sarah Phillips: Yemen Terrorists Are Pawns of Power, Theaustralian.com, 5.4.2011.

41 Yemenpost.net, 4.4.2011: Opposition Assures Any »New Regime Will Be Strong Ally in War on Terror«. Da sich für AQAH vor allem bei regimefeindlichen Stämmen Rückzugsgebiete eröffnen, ist diese Einschätzung nicht ganz unbegründet, sollten diese Stämme in den Transitionsprozess eingebunden werden.

42 Barak Barfi: The Struggle over Yemen's Future Has Just Become Personal, The Daily Star, 31.3.2011.

43 Isa Blumi: In Yemen, Hardly a Revolution, Nytimes.com, 8.4.2011.

44 Newsyemen.net, 27.2.2011 (ar.): Husain al-Ahmar verkündet während eines Festivals für Befreiung und Wandel in Amran (...) seinen Widerstand gegen seinen Bruder Hamid, sollte dieser für das Amt des Präsidenten kandidieren; Yemenpost.net, 1.4.2011, Ahmar Vows Not to Take Rule after Saleh.

45 Vgl. Sarah Phillips: Yemen. Developmental Dysfunction and Division in a Crisis State, The Developmental Leadership Program, Research Paper, 14.2.2011, S. 40ff.

46 Vgl. z.B. die Äußerung der bekannten Südaktivistin Zahra Salih auf Soutalgnoub.com, 8.2.2011, (ar.): Zahra Salih beschuldigt den Präsidenten und seine Neffen, Verbrechen gegen die Menschlichkeit in Aden verübt zu haben.

47 April Longley Alley: Will Saleh's Resignation Lead to Democratic Reform? In: Foreign Affairs Snapshots, 4.4.2011.

48 Yobserver.com, 26.4.2011: President Saleh to Stay in Power of Yemen Ruling Party.

49 Marebpress.net, 7.4.2011 (ar.): Koordinationsrat der Revolution lehnt die Vermittlung der Golfstaaten ab und äußert Befremden über Bereitschaft der PGT, Salih Straffreiheit zu garantieren.

50 Zur jüngsten GKR-Initiative vgl. Hakim al-Masmari/Margaret Coker: Yemen's Opposition Approves Deal to Oust Saleh, Wsj.com, 25.4.2011.

51 Almotamar.net, 24.4.2011: I Will Step Down if Majority of People Requests, Says Saleh.

52 Für den jüngsten Transitionsplan der PGT siehe Newsyemen.net, 2.4.2011 (ar.): PGT verkünden ihre Vorstellung von (notwendigen) Schritten und Maßnahmen eines Machtwechsels. (Am 25. März veröffentlichten 13 Jugendorganisationen den ersten Transitionsplan der Jugend; siehe Yemenis4justice.com. Am 11. April wurden zudem sechs Ziele und neun Bedingungen einer Transition durch den Koordinationsrats der Revolution verabschiedet; siehe Nationalyemen.com.)

53 Al-Sharq al-Awsat, 31.3.2011 (ar.): Stammesangehörige im Jemen legen ihre Waffen vorübergehend nieder und beteiligen sich an der »Revolution der Jugend«.

54 Yemenpost.net, 25.2.2011: Yemen's Former Prime Minister Accuses President Saleh on Inciting Tribes against Parties and Society.

55 Vgl. Susanne Dahlgren: The Snake with a Thousand Heads. The Southern Case in Yemen, in: Middle East Report 256, 2010, S. 28–33.

56 Vgl. Lisa Wedeen: Peripheral Visions. Publics, Power, and Performance in Yemen, Chicago 2008, Kap. 3.

57 Vgl. Stephen Caton: Yemen Chronicle. Anthropology of War and Mediation, New York 2005.

58 Das 69 Seiten starke Papier ist zu finden auf Al-tagheer.com, 9.9.2009 (ar.): Vision zur Rettung des Vaterlands.

Henner Fürtig

Saudi-Arabien: Ein Fels in der Brandung?

Das Jahr 2011 hat für das saudische Königshaus nicht gut begonnen. Nahezu die gesamte regionale Nachbarschaft befindet sich in Aufruhr, ein Übergreifen auf Saudi-Arabien ist nicht auszuschließen. Im Westen fiel mit dem ägyptischen Präsidenten Hosni Mubarak der verlässlichste Partner in der arabischen Welt, im Süden versucht der jemenitische Präsident Saleh verzweifelt, dem gleichen Schicksal zu entgehen. Im Südosten muss sich der seit mehr als 30 Jahren von größeren Unmutsbekundungen verschont gebliebene Sultan Qabus von Oman erstmals mit lautstarken Rufen seiner Untertanen nach mehr Mitsprache auseinandersetzen. Im Osten wird der traditionelle Gegenpart Iran scheinbar immer stärker. Im Inselemirat Bahrain treffen regionale Vormachtambitionen Irans und Saudi-Arabiens so vehement aufeinander, dass sich die saudische Führung im März 2011 sogar – im Gegensatz zu ihrer sonst eher defensiven Außenpolitik – dazu entschloss, Truppen in den Nachbarstaat zu entsenden, um das sunnitische Herrscherhaus Bahrains bei der Abwehr und Unterdrückung der wegen ihrer Dauerdiskriminierung aufgebrachten schiitischen Bevölkerungsmehrheit zu unterstützen. Im Norden schließlich wurde zunächst Jordanien und später – dafür umso intensiver – Syrien von der Protestwelle ergriffen. Diese nicht einmal vollständige Umschau zeigt, dass sowohl reiche als auch arme Staaten von den Unruhen erschüttert werden, dass weder Monarchien noch Republiken ausgespart bleiben und dass sich – trotz zahlreicher Unterschiede im Detail – die Völker in der durchweg autokratisch regierten arabischen Welt im Streben nach einem freien, selbstbestimmten Leben und der Chance auf eine existenzsichernde berufliche Laufbahn einig sind.

Daher hätten viele Faktoren eigentlich dafür gesprochen, Saudi-Arabien, wenn schon nicht im Zentrum, dann doch in herausgehobener Position innerhalb des arabischen Krisenkreises vorzufinden. Der König und seine engere Familie regieren autokratisch, ein rigides Regel- und Gesetzeswerk reduziert die individuellen Freiheitsrechte der Bürger auf ein Minimum. Während etwa in Ägypten noch Parteien und Gewerkschaften zugelassen wurden, waren sie in Saudi-Arabien immer verboten. Die Presse wird zensiert, die sogenannte Religionspolizei und andere Sicherheitsdienste sorgen für eine flächendeckende Überwachung der Bevölkerung. Gemessen an diesen Bedingungen, blieb das Ausmaß von Unruhen in Saudi-Arabien bisher erstaunlich begrenzt. Am 11. März 2011 folgten zwar einige tausend Protestierende den Aufrufen zu einem landesweiten »Tag der Wut«, er blieb aber Episode, obwohl Sicherheitskräfte in die Menge schossen und etliche Demonstranten getötet wurden.[1] Dass sich die Unruhen in der Region kaum auf Saudi-Arabien auswirkten, ist umso erstaunlicher, als die Wüstengrenzen des riesigen Landes (2,2 Millionen Quadratkilometer) kaum lückenlos zu überwachen sind. Bei nur 27 Millionen Einwohnern (davon 16 Millionen Staatsbürger) sind weite Teile Saudi-Arabiens überdies extrem dünn besiedelt. Fraglich bleibt auch, ob die vergleichsweise kleine Armee von 115 000 Mann im Ernstfall in der Lage wäre, das Land zu verteidigen. 1990/91 war sie es im Angesicht der Bedrohung durch den irakischen Diktator Saddam Hussein jedenfalls nicht: US-Truppen und deren Verbündete mussten die Aufgabe übernehmen. So drängt sich im Fall Saudi-Arabiens tatsächlich das Bild eines »Felsens in der Brandung« auf. Hält es aber einer genaueren Betrachtung stand?

Ein einzigartiges Staatsexperiment

Als es der Familie Saud unter ihrem Oberhaupt Abd al-Aziz (genannt Ibn Saud) 1932 zum dritten Mal seit der Mitte des 18. Jahrhunderts gelang, auf der Arabischen Halbinsel einen Zentralstaat unter ihrer Führung zu errichten, fußte auch diese Gründung auf einem nahezu symbiotischen Verhältnis mit der Geistlichkeit. Die Allianz geht auf das Jahr 1744 zurück, als der Dynastiegründer Muhammad Ibn Saud dem zur konservativen hanbalitischen

Rechtsschule des Islams zählenden Reformer Muhammad Ibn Abd al-Wahhab zusicherte, dessen radikale, nur dem Text von Koran und Sunna verhaftete Religionsauslegung nicht nur als die allein gültige anzunehmen, sondern sie auch zu schützen und zu verbreiten. Auf diese Weise wurde der nach seinem Begründer benannte Wahhabismus faktisch Staatsreligion in Saudi-Arabien. Im Gegenzug versprach Abd al-Wahhab – auch für seine Nachkommen, die Al Shaikh –, die Herrschaft der Al Saud als einzig rechtmäßige zu proklamieren.

Die Symbiose begünstigte nicht nur eine außergewöhnliche »weltliche«, sondern auch geistliche Machtfülle des Königs; in einem Land, in dem Koran und Sunna offiziell als Verfassung gelten, verkörpert er als »Hüter der beiden Heiligen Stätten« in Mekka und Medina die höchste religiöse Autorität. Da sich aus dem Anspruch, in Übereinstimmung mit der wahhabitischen Rechtsauslegung zu herrschen, jedoch der Kern ihrer Legitimität ableitet, sind alle Könige letztlich darauf angewiesen, dass nicht nur die Geistlichen, sondern alle gläubigen Untertanen die Übereinstimmung bestätigen oder sie zumindest nicht in Abrede stellen. Für den jeweiligen König bedeutet das Fluch und Segen zugleich: Während er in Zeiten von Prosperität und Expansion auf ein starkes legitimatorisches Korsett seiner Herrschaft vertrauen darf, wird die Legitimation umgehend in Frage gestellt, wenn es in der Symbiose kriselt oder wenn die Staatsräson der wahhabitischen Weltsicht zuwiderläuft. So nutzte Ibn Saud das wahhabitische Sendungsbewusstsein in Gestalt der von ihm geschaffenen Milizen von Glaubenskriegern (Ikhwan) besonders erfolgreich aus, um seinem Machtanspruch Durchschlagskraft zu verleihen. In dem Maße, wie die Staatsbildung abgeschlossen war bzw. eine weitere Ausdehnung des Staatsgebiets am Widerstand der Nachbarn scheiterte, bedeutete der an keinen Nationalstaat zu bindende Missionierungseifer der Ikhwan jedoch eine Gefahr für den Erhalt des jungen saudi-arabischen Staates. Ibn Saud sah sich in der klassischen Rolle des Zauberlehrlings, der die von ihm gerufenen Geister nicht mehr beherrscht. 1929 löste er das Problem gewaltsam, indem er die Ikhwan-Milizen, die er erst 1912 formiert hatte, militärisch zerschlug. Trotzdem blieb das Religionsverständnis, das sich an die Existenz der Ikhwan knüpfte, in Saudi-Arabien lebendig. Es behauptet sich bis heute in dem Teil der Gesellschaft, dem jegliche Veränderung der »reinen wahhabitischen Lehre« suspekt erscheint. Osama bin Laden und »al-Qaida auf der Arabischen Halbinsel« geben der Erscheinung in der Gegenwart ein Gesicht bzw. einen Namen.

Auf der anderen Seite entstand mit der Ausformung des Staates und insbesondere mit dem Modernisierungsschub infolge der Entwicklung Saudi-Arabiens zum weltgrößten Erdölexporteur nach dem Ende des Zweiten Weltkriegs eine ganz neue Kraft im politischen und ideologischen Spektrum des Landes. Als sich die Gesellschaft zunehmend differenzierte, wurden Akteure sichtbar, denen die Veränderungen der Gesellschaft viel zu langsam und halbherzig vonstatten gingen: Privatunternehmer, Intellektuelle, Manager und Spezialisten. Sie forderten immer vernehmlicher einen modernen Staat inklusive bürgerlicher Freiheiten.

1979 zeigten sich erste größere Risse in der Staatsstruktur, die der Dauerspagat zwischen Tradition und Moderne mit sich brachte. Etwa 200 Islamisten, die sich ausdrücklich auf die Ikhwan-Traditionen beriefen, besetzten die Große Moschee von Mekka und nahmen Tausende Pilger als Geiseln. Sie forderten während der dreiwöchigen Besetzung zwar nicht den Sturz der Al Saud, aber deren konsequente Absage an jede Abweichung von der reinen wahhabitischen Lehre. Die Herrscherfamilie betrachtete den Angriff auf ihren Legitimitätsanspruch als so gravierend, dass sie die Besetzung unter Einsatz aller zur Verfügung stehenden Gewaltmittel und unter Hinnahme eines hohen Blutzolls beendete. Sie lernte überdies aus dem Ereignis, dass Gefahren für ihre Herrschaft vor allem von jenen Kräften ausgingen, denen das Tempo der Veränderungen zu schnell war. So kamen sie den wahhabitischen Bedenkenträgern von nun an durch eine noch peniblere Einhaltung der Glaubensnormen im Inland entgegen. Im Ausland betätigten sich die Al Saud als Initiator und Finanzier islamischer Wohlfahrts- und Missionierungsleistungen. Deren Gesamtsumme belief sich bis 2002 auf enorme 70 Milliarden US-Dollar.[2] Außerdem ermutigten und finanzierten die Al Saud den Kampf der Mudschahedin gegen die sowjetischen Besatzer in Afghanistan. An der Spitze des saudi-arabischen Kontingents stand dort niemand anderes als Osama bin Laden.

Wenn der Dauerspagat zwischen den gegensätzlichen Ansprüchen von Modernisten und Traditionalisten die eine große Herausforderung für das Königshaus darstellte, so war mit der Erhebung des Wahhabismus zur Staatsreligion eine weitere entstanden: der Wahhabismus richtet sich vehement gegen den Schiismus. Dieser gilt ihm als Rafida, als eine Sekte, die sich außerhalb des anerkannten Rahmens des Islam bewegt.[3] Schiiten werden deshalb seit der Staatsgründung diskriminiert, bisweilen auch verfolgt. Obwohl die Schiiten nur zwischen sechs[4] und 13 Prozent[5] der saudischen Bevölkerung ausmachen, kommt ihnen eine Bedeutung zu, die weit über ihren quantitativen Bevölkerungsanteil hinausgeht. Ihre Mehrzahl ist nämlich in der Ostprovinz, dem alten al-Hasa beheimatet. In dieser Provinz liegen die Hauptlagerstätten und Verarbeitungs- bzw. Transportkapazitäten des saudischen Erdöls. Weil den in beduinischer Tradition lebenden Wahhabiten jegliche körperliche Erwerbsarbeit suspekt ist, wurden die als diskriminierend empfundenen robusten Arbeiten in der Erdölwirtschaft an die Schiiten delegiert; mit erheblichen Folgen. Schiitische Beschäftigte stellen das Rückgrat der Belegschaft in der Erdölproduktion – ihr wichtigster Trumpf im Verhältnis zu Riad.

Schiitischer Widerstand gegen die allwaltende Unterdrückung und Diskriminierung organisierte sich ab 1975 konspirativ unter Führung des Rechtsgelehrten Scheich Hassan al-Saffar. Vier Jahre später ermutigte die erfolgreiche schiitische Revolution im Nachbarland Iran ihn und seine Anhänger. Sie organisierten 1980 und 1981 Massendemonstrationen und Streiks, die jedoch von der Staatsmacht brutal niedergeschlagen wurden. Scheich al-Saffar erkannte, dass ein gewaltsamer Sieg über Al Saud unmöglich war. Er nahm von revolutionärer Rhetorik Abstand und forderte nun unter anderem demokratische Umgestaltungen für das gesamte Land, die Einhaltung der Menschenrechte und die Annahme einer Verfassung.[6] Damit gehören die Schiiten zu den frühesten Impulsgebern der Demokratie- respektive politischen Reformbewegung in Saudi-Arabien.

Der irakische Einmarsch in den Nachbarstaat Kuwait am 2. August 1990 löste eine Krise aus, die weitere Risse im Sicherheitsgefüge des Staates offenbarte. Die Gefahr wurde vom saudischen Königshaus offensichtlich als so existenziell eingeschätzt, dass es der eigenen Verteidigungskraft nicht traute und fremde, westliche, »ungläubige« Truppen zum Schutz rief. Das Hilfeersuchen bewerteten viele fromme Bürger Saudi-Arabiens als Offenbarungseid, zumal die fremden, namentlich die US-Truppen, auch nach dem Ende des zweiten Golfkriegs auf saudischem Boden stationiert blieben. Sie fragten sich: Warum mussten ausgerechnet die USA um militärische Hilfe gebeten werden? Waren die Abermilliarden an Rüstungsimporten umsonst? Ist das saudische Schwert nutzlos ohne den amerikanischen Schild? Jedenfalls waren nun Amerikaner und nicht die Al Saud die wahren Hüter Mekkas und Medinas: eine Wahrnehmung, die deren Legitimitätsanspruch ins Herz traf.

Als sich 105 Geistliche im Juli 1992 mit einem »Memorandum der Ermahnung« an den König wandten, deuteten sie damit einen Bruch im politischen Gefüge des Landes an. Nicht mehr alle Geistlichen, sondern nur noch die höchsten islamischen Würdenträger standen unerschütterlich zum Palast. Niederrangige Rechtsgelehrte, oft im Verbund mit intellektuellen Laien, sahen dagegen die dringende Verpflichtung, die Al Saud erneut zur Einhaltung des »rechten Weges« zu mahnen. Das Memorandum geißelte denn auch die Korruption und forderte die Annullierung aller Militärverträge mit westlichen Staaten, radikale Veränderungen in der politischen, ökonomischen und sozialen Lage des Landes, die vollständige Trennung von Exekutive und Judikative sowie das Ende der staatlichen Kontrolle über die Inhalte theologischer Lehre.[7] Das Memorandum begründete eine neue Protestkultur. Da es im Land keine politischen Parteien und gesellschaftlichen Organisationen gab, bedienten sich fortan sowohl liberale als auch islamistische Kräfte des Werkzeugs der Petition, um auf Missstände aufmerksam zu machen und Veränderungen zu fordern. Anders als zuvor gibt das Protestmittel Petition allein seitdem keinen Aufschluss mehr darüber, um wen es sich bei den jeweiligen Initiatoren handelt. Das ist nur durch die inhaltliche Analyse der Eingaben zu erfahren.

Gleichzeitig griffen ultra-islamistische Kräfte in der Tradition der Ikhwan weiterhin zur Gewalt. Mitte der 1990er Jahre war Osama bin Laden nach erfolgreicher Mission in Afghanistan an der Spitze seiner Mudschahedin nach Saudi-Arabien zurückgekehrt. Mit geschärftem Blick stellten sie nun fest, dass die Verhältnisse in ihrer Heimat so gar nicht den Idealen entsprachen, für die sie in Afghanistan gekämpft hatten. Dort war die fremde Armee vertrieben worden, während die Al Saud gerade eine andere in das Land der Heiligen Stätten gerufen hatten. Bin Laden forderte deshalb König Fahd in einem offenen Brief am 3. August 1995 zunächst auf, zu den ursprünglichen Lehren Abd al-Wahhabs zurückzukehren und die westlichen Soldaten aus dem Land zu weisen. Als er darauf keine Antwort erhielt, erklärte er den Al Saud den Krieg, weil sie »hartnäckig gegen die Gebote Gottes verstießen«.[8] Der Krieg begann am 13. November 1995 mit der Explosion einer Autobombe vor einem Ausbildungslager der Nationalgarde in Riad, bei der sieben Menschen (davon fünf Amerikaner) getötet und 60 verletzt wurden, und erreichte am 25. Juni 1996 einen vorläufigen Höhepunkt, als einer Bombenexplosion in al-Khobar bei Dahran 19 Amerikaner zum Opfer fielen und mehr als 500 Einheimische verletzt wurden. Das deutliche Abflauen der Anschläge danach erleichterte es aber den Al Saud, die Existenz eines einheimischen Terrorproblems hartnäckig zu leugnen. Dabei hatten sie die »Ruhe« nur einem Strategiewechsel Osama bin Ladens zu verdanken. Dieser war zu der Überzeugung gelangt, dass es wenig Sinn ergebe, die Marionette anzugreifen und den Puppenspieler zu verschonen. Wenn die USA besiegt würden, wäre auch das Regime der Al Saud verloren. Die Strategie mündete direkt in den 11. September 2001.

Nach diesem Schock – immerhin waren 15 der 19 Attentäter Saudis gewesen – zeigte sich die saudische Königsfamilie einmal mehr lernfähig. Als unmittelbare Reaktion auf den 11. September hatte US-Präsident Bush bekanntlich die Demokratisierung des Nahen Ostens zum Credo seiner Außenpolitik erklärt. Washington sah in Saudi-Arabien besonderen Nachholbedarf. Regent Abdullah wies nun Forderungen der einheimischen Opposition nach demokratischen Umgestaltungen nicht mehr a priori zurück, sondern legte sie auf seine Weise aus. 2003 lud er erstmals die Verfasser einer Petition zum Gespräch ein. Damit legte er den Grundstein für ein permanentes Forum des »Nationalen Dialogs«, das bis zum Frühjahr 2011 bereits acht Mal tagte. Ab der dritten Sitzung erhielten auch die Medien Zutritt. Form und thematischer Zuschnitt der Foren zeigten, wie die Al Saud im Allgemeinen und Abdullah im Besonderen gedachten, den Reformprozess zu gestalten. Der gelenkte Dialog mit auserlesenen Reformern gestattete es der Herrscherfamilie, den Kurs und die Geschwindigkeit der Umgestaltungen selbst zu bestimmen, und demonstrierte der kritischen Weltöffentlichkeit gleichzeitig, dass sie sich ernsthaft um Reformen bemühten. Wenn auch nur auf Gemeindeebene und die Hälfte der Mandate betreffend, fanden 2005 erstmals Wahlen in Saudi-Arabien statt.

Reformen: Initiatoren und Bremser

Eine reale Bewertung von Tempo und Intensität des Reformkurses und damit der Wahrscheinlichkeit, herrschaftsgefährdenden Umsturzversuchen zu entgehen, erfordert zwingend einen Blick in die inneren Strukturen der Königsfamilie. Zweifellos beeinflusst der König den Kurs und verkörpert ihn am Ende, in der Regel ist er jedoch das Produkt eines Familienkonsenses bzw. -kompromisses. Die Familie Saud, die je nach Zählung zwischen 6000 und 20 000 Personen umfasst, fungiert in Saudi-Arabien faktisch als staatstragende, unabwählbare, herrschende Partei. Nicht nur, dass die Familie Parteien als solche verbot, zudem existiert in dem Land, das – bezeichnend genug – den Namen der herrschenden Familie trägt, keine andere politische Kraft, die allein in der Lage wäre, die Al Saud zu stürzen. Deren Familienmitglieder finden sich in allen wesentlichen Bereichen des gesellschaftlichen Lebens Saudi-Arabiens, vom Staatsapparat über die Privatwirtschaft bis hin zu den Nischen der Kultur. Sie wirken als Transmissionsriemen und Multiplikatoren für die im Familienrat beschlossenen Vorgaben an die Basis und gleichzeitig auch als tausendfacher Seismograph für feinste Stimmungen und Strömungen in der Gesellschaft. Es versteht sich von selbst, dass alle sicherheitsrelevanten Positionen des Staates mit Familienangehörigen besetzt sind. Ein elementarer Nachteil der Familiengröße sei jedoch nicht verschwiegen: Es ist unmöglich, zwischen mehreren tausend Personen immerwährende Harmonie herzustellen. Neben eher banalen persönlichen und privaten Reibereien sind es vor allem zwei Momente, die für Dauerkonflikte sorgen: die Generationenfrage und das Problem, wo politische Schwerpunkte gesetzt werden sollen.

Staatsgründer Ibn Saud hatte zwei wichtige Entscheidungen zur Thronfolge getroffen. Zum einen hatte er dafür gesorgt, dass die wichtigsten Stämme über die verschiedenen Mütter der jeweiligen Könige abwechselnd an der Thronfolge beteiligt werden. Zum anderen verfügte er, dass ihm nur seine Söhne im Amt nachfolgen sollten. Damit schuf er eine »horizontale« Thronfolge mit einschneidenden Auswirkungen auf die Generation der Enkel und Urenkel. Nach Alter und mütterlicher Familienzugehörigkeit gestaffelt, sollte einer seiner Söhne nach dem anderen über das von ihm geschaffene Königreich herrschen und nicht etwa sein ältester Sohn die Königswürde wiederum an dessen ältesten Sohn weitergeben. In der Praxis bedeutete diese Regel, dass erst der jüngste direkte männliche Nachkomme Ibn Sauds das Königsamt innegehabt haben muss, ehe die fähigsten Prinzen der Enkelgeneration überhaupt Ansprüche anmelden könnten. Die Chancen, innerhalb überschaubarer Fristen die Zeichen der Macht angetragen zu bekommen, erwiesen sich deshalb für die Angehörigen der dritten oder gar der vierten Familiengeneration seit der Staatsgründung als minimal. Ibn Saud hatte mit dieser Gleichstellung der Enkel und Urenkel bezweckt, dynastiegefährdende Machtkämpfe unter seinen zahlreichen Nachkommen zu vermeiden. Das Kalkül mag im Grundsatz aufgegangen sein, aber er frustrierte damit letzten Endes eine ganze Generation des Familienclans. Seit dem Tod Ibn Sauds fanden die Enkel deshalb immer wieder Ventile, um ihrer Unzufriedenheit Ausdruck zu verleihen; nicht zuletzt mittels Verschwendung, aufwendigem Lebensstil, hemmungsloser Bereicherung und Parasitentum; offensichtlichen Ersatzbefriedigungen, die über die Jahre viel zum »angeschlagenen« Ruf der Al Saud beitrugen. Nicht zuletzt beschädigten sie durch diesen gänzlich »unwahhabitischen« Lebensstil den Legitimitätsanspruch der Familienherrschaft.

Noch gefährlicher können dem Haus Saud nur konträre Positionen innerhalb der Familie werden, die Fragen der Ideologie und der politischen Strategie betreffen. Bis zum 11. September 2001 gaben die sieben Söhne den Ton in der Familie an, die Ibn Saud mit seiner Lieblingsfrau, Hasa bint Al Sudairi gezeugt hatte, die sogenannten »Sudairi Sieben«. Der damalige König Fahd gehörte ebenso zu ihnen wie Prinz Sultan, der Verteidigungsminister, Prinz Nayif, der Innenminister, Prinz Salman, der Gouverneur der Hauptstadt Riad, Prinz Turki, der damalige Geheimdienstchef, Prinz Ahmad, damals stellvertretender Innenminister und Prinz Abd al-Rahman, der »Rat für Angelegenheiten der königlichen Familie«. Die »Sudairi Sieben« standen für eine forcierte Westorientierung Saudi-Arabiens und waren gleichzeitig für ihren prunkvollen Lebensstil berüchtigt. Innenpolitisch fuhren sie dagegen einen harten Repressionskurs. Westorientierung, Pomp und Unterdrückung waren jedenfalls nicht geeignet, die Anerkennung der Familienherrschaft zu erhöhen.

Deshalb ist es umso bemerkenswerter, dass Abdullah, seit 1995 Regent für seinen kranken Halbbruder Fahd und seit 2005 König, ein politisches und persönliches Kontrastprogramm verfolgt. Er versucht, den Spielraum gegenüber den USA bei gleichzeitig besserer Integration Saudi-Arabiens in die Region zu vergrößern. Darüber hinaus verficht Abdullah alte beduinische Traditionen der bescheidenen Lebensführung und größeren Nähe zu seinen »Schutzbefohlenen«. So lebte gerade unter Abdullah ein seit 1952 geltendes Gesetz wieder auf, das jedem saudischen Bürger das Recht auf freien Zugang zum König einräumt. Jede Woche nehmen Hunderte Menschen dieses Recht wahr. In gleicher Tradition steht die Bereitschaft Abdullahs, die Verfasser von Petitionen nicht – wie seine Vorgänger – durchweg zu drangsalieren, sondern sie in der Regel anzuhören. Seit dem 1975 – übrigens von einem Enkel Ibn Sauds – ermordeten König Faisal ist Abdullah damit der erste König Saudi-Arabiens, dem es gelingt, die meisten Legitimationskriterien wahhabitischer Herrschaft zu erfüllen. Angesichts der unvermindert starken Positionen der Sudairi-Minister Sultan und Nayif bedeutet das aber keinen Freibrief. Richtung und Intensität des Reformprozesses spiegeln recht genau den wachsenden Machtkampf innerhalb der Herrscherfamilie. Das Kräfteverhältnis zwischen Gegnern und Befürwortern (maßvoller) politischer Reformen erscheint faktisch ausgeglichen; jedenfalls ist es König Abdullah bis Mitte 2011 nicht gelungen, unter Einsatz seiner monarchischen Vollmachten einen entscheidenden Durchbruch zu erzielen. Innenminister Nayif scheute nicht davor zurück, sogar Teilnehmer des offiziellen »Nationalen Dialogs« zu verhaften – einer Veranstaltung, die unter der Schirmherrschaft respektive Teilnahme des Königs stattfand. Diesen offenen Affront beantwortete Abdullah lediglich, indem er zunehmend Kritik an Nayifs Amtsführung in den Medien zuließ. Perspektivisch wird der Machtkampf zunehmen, vor allem wenn die Angehörigen der Enkelgeneration ihre sehr heterogenen Vorstellungen und Interessen nicht nur anmelden, sondern auch auf deren Durchsetzung pochen.

Die Opposition

Es ist bereits an anderer Stelle festgehalten worden, dass die schiitische Bevölkerungsminderheit in einem ambivalenten Oppositionsverhältnis zur Herrschaft der Al Saud steht. Ebenso sei der Vollständigkeit halber erwähnt, dass auch im traditionellen, wahhabitischen Lager Kräfte entstanden sind, die Veränderung nicht als ultrakonservative Verschärfung der Doktrin in Tradition der Ikhwan interpretieren, sondern als eine »Erneuerung« (Sahwa) der wahhabitischen Lehre, um sie im 21. Jahrhundert lebensfähig zu erhalten. Im Folgenden sollen allerdings die gesellschaftlichen Kräfte im Mittelpunkt stehen, denen die bisherigen Veränderungen zu langsam und zu halbherzig vonstatten gegangen sind. Diese Journalisten, Schriftsteller, Hochschullehrer, Angehörigen freier Berufe, Unternehmer und Geschäftsleute gelten in Saudi-Arabien zusammengefasst als »Liberale«.

Um deren Argumente und Aktivitäten verstehen und bewerten zu können, muss berücksichtigt werden, dass sie aufgrund des Parteienverbots nicht organisiert auftreten können. Darüber hinaus gilt auch für die Liberalen, dass sie unausweichlich im engen Rahmen der in der Gesellschaft fest verwurzelten wahhabitischen Staatsreligion agieren. Einigen ihrer in den USA oder Westeuropa ausgebildeten Vertreter mag die Vision einer parlamentarischen Demokratie für ihr Land sympathisch erscheinen, sie werden sich in diesem Sinne aber nur hinter verschlossenen Türen äußern. Sie wissen, dass die Demokratie den meisten ihrer Landsleute als ein Konzept des Westens gilt, das der islamischen Kultur Saudi-Arabiens fremd ist. Diese Mehrheit betrachtet »Demokratie«, »Globalisierung«, »Menschenrechte« usw. als Instrumente, die der Westen verwendet, um »den Islam« zu schwächen. Das macht es konservativ-religiösen wie islamistischen Kreisen leicht, die Forderung nach einer Demokratisierung des Landes als Beleg für mangelnden oder Unglauben und ihre Träger als »Säkularisten« (Ilmaniyun) zu diffamieren. Um sich nicht jeder Wirkung zu berauben, verwenden Demokraten und Liberale deshalb den Begriff »Reform«; sie fordern erweiterte Partizipationsmöglichkeiten in repräsentativen Institutionen.

Für Identität und Bindung innerhalb des liberalen Lagers sorgt vor allem der Kampf um die Durchsetzung bzw. Einhaltung der Menschenrechte. Wie im liberalen Kontext insgesamt, zeigt sich auch hier eine erhebliche Selbstbeschränkung. Das Herrscherhaus muss »sanft« gedrängt werden, weil jedes »radikale« Vorgehen die Stabilität gefährden würde. Aus der Sicht der Aktivisten ließe der potenzielle Gewinner der Instabilität, der ultra-wahhabitische Untergrund, Menschenrechten höchstwahrscheinlich noch weniger Raum, als die Al Saud. Trotzdem sind die saudischen Menschenrechtsaktivisten nicht gänzlich »zahnlos«. Sie setzen sich für verbesserte Haftbedingungen, faire Prozesse, Meinungsfreiheit sowie gegen Willkür und Folter ein.

Eine besonders mutige Minderheit der Reformer versucht seit dem 11. September und besonders seit den Umbrüchen in der regionalen Nachbarschaft 2011 allerdings immer hartnäckiger, die engen Grenzen der bisherigen Reformdebatte zu überschreiten. Zwar sei der »Nationale Dialog« ein Schritt in die richtige Richtung, er dürfe aber nun nicht länger auf einen ausgewählten Teilnehmerkreis beschränkt bleiben, sondern müsse sich allen Bürgern öffnen. Benötigt würden Transparenz und ein gesamtnationaler politischer und sozialer Dialog. Außerdem müssten endlich Fristen für die Einführung einer konstitutionellen Monarchie und anderer Reformschritte gesetzt werden.[9]

Ein wichtiges Anzeichen gesellschaftlicher Veränderung besteht in der Tatsache, dass die Reformdebatte den ausschließlichen »Familienkreis« bzw. das Forum des »Nationalen Dialogs« verlassen hat und sich – für Saudi-Arabien ungewöhnlich – zunehmend in der Öffentlichkeit und unter exponentiell wachsender Nutzung moderner Kommunikationsmittel abspielt. Hinzu kommt, dass die diskutierten Themen wie die Wahl repräsentativer Personen und Institutionen, Rechenschaftspflicht, Korruptionsbekämpfung, Transparenz in politischen Entscheidungen, Bildungsreform, Emanzipation der Frau usw. nicht etwa nur eine Reformagenda beschreiben, sondern auch jeder Demokratisierungsdebatte »gut zu Gesicht« stehen. Für Saudi-Arabien ist der Inhalt der Debatte primär, nicht die Form.

Die Sonderbeziehungen zu den USA

Saudi-Arabien unterscheidet sich in einem weiteren wesentlichen Merkmal von der Mehrzahl seiner Nachbarstaaten: Es war nie kolonial abhängig. Das machte es nicht zuletzt für die USA interessant. Nachdem die koloniale Aufteilung der arabischen »Erbmasse« des 1918 untergegangenen Osmanischen Reiches durch Großbritannien und Frankreich zwischen den Weltkriegen fast abgeschlossen war, suchten die USA nach dem berühmten »Weißen Fleck« in der durch Erdölfunde zunehmend interessanter gewordenen Region. Ein Jahr nach der Staatsgründung gewährte der chronisch »klamme« Ibn Saud der Standard Oil of California (SOCAL) eine Bohrkonzession für sein junges Königreich. Die SOCAL gründete umgehend die Tochtergesellschaft California-Arabian Standard Oil Co. (CASOC), der sie die Konzession überschrieb. 1936 erwarb die Texas Oil Company 50 Prozent der CASOC-Anteile. Diese Transaktionen deuten darauf hin, dass der Erfolg der Bohrungen damals keinesfalls sicher schien. Niemand ahnte Mitte der 1930er Jahre, dass Saudi-Arabien einmal der weltgrößte Erdölexporteur werden würde. Erst 1938 wurde mit »Dammam Nr. 7« das erste große Erdölfeld in Saudi-Arabien entdeckt. 1944 benannte sich die CASOC daraufhin in Arabian American Oil Company (ARAMCO) um.

Der Erfolg beförderte zweifellos das beiderseitige Interesse an einem Ausbau der Beziehungen, wobei Ibn Saud argwöhnisch darauf achtete, die Souveränität seines Landes zu wahren. Am 19. Februar 1945 begründete er bei einem Treffen mit US-Präsident Roosevelt ein außerordentlich enges, in vielen Aspekten fast symbiotisches Verhältnis. 30 Jahre später erhob Präsident Carter die Sonderbeziehungen sogar in den Rang einer Doktrin, als er der Golfregion eine »vitale Bedeutung« für die USA zuschrieb. Diese Doktrin wurde einerseits von allen nachfolgenden US-Präsidenten übernommen und bildete andererseits – formalisiert durch bilaterale Militärabkommen – auch die Grundlage für die Stationierung von US-Truppen in Saudi-Arabien nach 1990. Dazwischen und danach lagen Jahre des gemeinsamen Kampfes gegen Kommunismus, Nasserismus, Baathismus und Khomeinismus. Die Interessenübereinstimmung war so stark, dass sie außerordentlich unterschiedliche Wertvorstellungen in beiden Ländern überdeckte. Ein weiterer wesentlicher Grund für die gegenseitige Anziehung liegt in der enormen Summe von etwa 700 Milliarden US-Dollar, die saudische Investoren in den USA anlegten.[10]

Nach dem 11. September schien es bisweilen so, als würde alles in Jahrzehnten Gewachsene in Frage gestellt. Gemeinsame wirtschaftliche Interessen bestanden zwar fort, aber Politiker und Medien in den USA fragten sich jetzt, wie zuverlässig ein verbündetes Land sein kann, aus dem 15 der 19 Attentäter stammten. Im Juli 2002 gelangten Ergebnisse einer Studie der Rand Corporation für das Pentagon an die Öffentlichkeit, in der Saudi-Arabien zum Feind erklärt und die USA zu einem Kurswechsel aufgerufen wurden.[11] Vor diesem Hintergrund fand auch die

Verlegung von 6000 US-Soldaten aus Saudi-Arabien in die »gastfreundlicheren« Emirate Kuwait und Katar statt. Zudem machte die US-Regierung unmissverständlich klar, dass sie von Saudi-Arabien eindeutige und nachhaltige Schritte im Kampf gegen den Terror erwartete. Die Regierung in Washington stand dabei unter erheblichem Druck seitens des Kongresses, dem im November 2003 ein »Saudi Arabia Accountability Act« vorlag. Der Gesetzentwurf drohte Saudi-Arabien Sanktionen an, falls der US-Präsident der saudischen Regierung nicht »maximale Anstrengungen *(maximum efforts)*« im Kampf gegen den Terrorismus bestätigte. Dazu gehörten aus Sicht der Abgeordneten die Bekämpfung, Festsetzung, gegebenenfalls Auslieferung von Terroristen und die Unterbindung jeglicher finanzieller Unterstützung für »dubiose« Empfänger.

König Abdullah versuchte zwar den Eindruck allzu diensteifriger Botmäßigkeit zu vermeiden, letztlich stellte aber auch er die strategische Partnerschaft mit den USA zu keinem Zeitpunkt in Frage. Das erklärt sich aus mindestens zwei Gründen. Zum einen konnte bisher noch keine andere Macht die von den USA abgegebene Garantiefunktion für die militärische Sicherheit Saudi-Arabiens übernehmen (die USA würden das ihrerseits auch nicht zulassen), und zum anderen investierte Saudi-Arabien in keinem anderen Staat der Welt derart viel Geld wie in den USA. Durch diese hohe Kapitalbeteiligung ist Saudi-Arabien unmittelbar am Wohlergehen der US-Wirtschaft interessiert; es entstand quasi ein Kartell von Erzeugern und Verbrauchern. Man braucht einander. ARAMCO-Geschäftsführer Abdullah al-Dschuma brachte es am 17. Mai 2005 in Washington auf den Punkt: »We need you every bit as much as you need us.«[12] Zahlen vermögen dieses Abhängigkeitsverhältnis nur unzureichend darzustellen. Mit einem durchschnittlichen Anteil von 15 bis 18 Prozent an den Erdölgesamteinfuhren der USA rangiert Saudi-Arabien beispielsweise hinter Kanada und Mexiko. Aber in langfristiger, in strategischer Dimension zählt, dass Saudi-Arabien täglich etwa ein Viertel des auf dem Weltmarkt gehandelten Erdöls zur Verfügung stellt, während die USA knapp ein Viertel aller Importe tätigen. Weder Kanada, noch Mexiko oder ein beliebiger anderer Lieferant kann 262 Milliarden Barrel an gesicherten Erdölreserven vorweisen. Das vermag nur Saudi-Arabien.[13]

Mit dem Amtsantritt Präsident Obamas und dessen Abkehr

von der konfrontativen Nah- und Mittelostpolitik seines Vorgängers gewann Abdullahs kooperativer Politikansatz zudem deutlich an Gewicht in Washington. Auch wenn ihm der Durchbruch in zentralen Fragen der regionalen Konfliktlage bisher ebenso wenig gelang wie anderen Bewerbern um die Führerschaft in der Region, so gilt Saudi-Arabien gegenwärtig doch wieder als der wichtigste arabische Verbündete der USA.

Erdöl: Fluch oder Segen?

Im Gegensatz zu landläufigen Annahmen wirkt sich der enorme Erdölreichtum für Saudi-Arabien nicht nur vorteilhaft aus. Wegen seiner überragenden Bedeutung für das Wohlergehen des Landes erfüllt das »schwarze Gold« gleichermaßen auch alle Nachteile einer »Monokultur«. Erdöl sorgt immer noch für 70 Prozent der Staatseinkünfte. Weil aber der globale Erdölmarkt – wie alle Warenmärkte – bestimmten ökonomischen Zyklen unterliegt, geriet Saudi-Arabien durch die fast totale Abhängigkeit vom Export dieses Primärrohstoffs zum Spielball der Zyklen. Auf einen ersten Einnahmerekord von 101,81 Milliarden US-Dollar im Jahr 1981 folgte nur fünf Jahre später ein Einbruch auf lediglich 13,55 Milliarden Dollar. Schon 1983 hatte sich die Regierung gezwungen gesehen, die Auslandsrücklagen anzugreifen, 1988 waren die dort angelegten 170 Milliarden Dollar aufgebraucht. Saudi-Arabien begann, bei in- und ausländischen Banken Geld zu borgen, 15 Prozent der Staatseinnahmen mussten für den Schuldendienst aufgewendet werden.[14] Nach dem Krieg um Kuwait (zweiter Golfkrieg), der den saudischen Staat etwa 60 Milliarden Dollar gekostet hatte, lagen die Jahreseinnahmen zwischen 15 und 35 Milliarden Dollar.

Erst vor diesem Hintergrund kommen die Auswirkungen des 2004 – im Gefolge explosionsartiger Preissteigerungen auf dem Welterdölmarkt – einsetzenden rapiden Wirtschaftsaufschwungs in Saudi-Arabien entsprechend zur Geltung. Mit 106 Milliarden Dollar Einnahmen aus dem Erdölexport wurde 2004 der 23 Jahre alte Rekord aus dem Jahr 1981 erstmals gebrochen.[15] Im Folgejahr wurden sogar Erlöse in Höhe von 157 Milliarden Dollar erzielt. Das daraus erwachsene Pro-Kopf-Einkommen von 13603 Dollar bedeutete fast eine Verdoppelung gegenüber 2001 (8682 Dollar), dem Jahr des 11. September.[16] Trotz des rasanten Anstiegs der Einnahmen aus dem Erdölexport blieb das Manko der strukturellen Abhängigkeit von der »Monokultur« Erdöl aber bestehen; wenngleich auch auf deutlich niedrigerem Niveau. Bis 2008 stiegen die Erdölexporterlöse auf eine Rekordhöhe von 281,4 Milliarden Dollar, nur um im Folgejahr aufgrund der internationalen Finanzkrise auf 134,2 Milliarden Dollar abzusinken. Schon 2010 wurden aber wieder Einnahmen in Höhe von 165 Milliarden Dollar erzielt.[17] Wenn die Fluktuationen auch als »Systemfehler« erhalten bleiben, so scheinen die stark gestiegenen Exporterlöse seit 2004 den politischen, sozialen und wirtschaftlichen Gestaltungsspielraum des saudischen Staates und seiner Herrscherfamilie doch zu erweitern. Der weltweit stetig wachsende Bedarf an Erdöl und die zugleich tendenziell zur Neige gehenden Vorräte sprechen dafür, dass dieser Spielraum möglicherweise sogar noch größer wird: also doch eher Segen als Fluch?

Wenn die Einnahmen aus dem Erdölexport sprudeln, sehen sich die Al Saud in der Lage, ihren Untertanen ein üppiges Sozial- und Bildungsprogramm zu bieten. Für die Mehrheit der Saudis ist die staatliche Wohlfahrt normale Alltagserfahrung. Staatsbürger bleiben »von der Wiege bis zur Bahre« alimentiert: Bildung, Gesundheitsfürsorge, selbst Telefongespräche, Wasser, Strom, Inlandsflüge und andere Dienstleistungen sind umsonst oder für ein eher symbolisches Entgelt zu erhalten.[18] Auch die Privatwirtschaft hat sich an umfangreiche staatliche Vorleistungen und Subventionen gewöhnt. Die aus der Erdölrente finanzierten Leistungen haben gleichsam eine zweite Säule der Herrschaftslegitimität geschaffen, weil die Al Saud seither Wohlfahrt gegen Loyalität handeln. Der Wille zur Mitbestimmung wurde den Bürgern abgekauft. Das setzt allerdings volle Kassen voraus, an denen es bisweilen – wie erwähnt – haperte. Und selbst hohe Erdöleinnahmen mindern nicht die Abhängigkeit an sich, sondern nur deren Folgen.

Weltbankexperten empfehlen der saudischen Regierung deshalb seit Jahren Schritte zur weiteren Diversifizierung der Wirtschaft, zu Reformen im Finanzsektor und im öffentlichen Dienst, Subventionsabbau, Privatisierungen staatlicher Unternehmen, Stärkung der Privatwirtschaft und damit zur Erweiterung der Steuer- und Einnahmequellen.[19] Obwohl die Empfehlungen in der Regel in die Wirtschaftsplanung übernommen wurden, erfolgte die Umsetzung nur schleppend. Das hat die Herrscherfamilie primär selbst zu verantworten, denn die Umsetzung der Ziele würde Kontroll- und damit Machtverlust mit sich bringen. Die Staatsausgaben zu senken hieße zum Beispiel, die legitimationssichernde Alimente zu kürzen, auf Luxus zu verzichten und weniger an den – oft unsinnigen – Rüstungskäufen zu verdienen. Staatliche Firmen zu privatisieren würde bedeuten, die eigene Lenkungsfunktion zu beschneiden. Erst als die Erdöleinnahmen in den 1990er Jahren über einen längeren Zeitraum hinweg zurückgingen bzw. auf niedrigem Niveau verharrten, erklärte Kronprinz Abdullah nach der Übernahme der Regentschaft (1995) Wirtschaftsreformen zu einer langfristigen Strategie. Bekannt wurde seine Äußerung auf dem Gipfel des Golfkooperationsrats in Abu Dhabi im Dezember 1998, als er verkündete: »Die Zeiten des Booms sind vorbei und werden nie zurückkehren [...], die Saudis müssen sich an eine neue Lebensart gewöhnen, die nicht auf einer totalen Abhängigkeit vom Staat beruht.«[20] Dahinter stand die Erkenntnis, dass das Königreich nicht auf Dauer Rentenquelle für alle Staatsbürger sein kann, dass Ressourcen und Strukturen einer gewinnträchtigen Produktion dienen müssen und dass, weil dem Staat die Mittel fehlen, der Privatsektor für den weiteren Aufbau in die Pflicht genommen werden muss. Abdullah erklärte die Privatisierung zu einer »strategischen Wahl«.

Vordergründig gesehen, schienen die späteren Ereignisse zu beweisen, dass Abdullah sich geirrt hatte. Der Boom kehrte zurück und somit auch die Frage, ob die Reformbereitschaft der Al Saud konjunkturellen Charakter besitzt. Verhält sie sich etwa umgekehrt proportional zum Erdölpreis: je niedriger der Preis, desto höher der Wille zum Wandel? Die Frage wäre nur schwer zu beantworten, wenn nicht neben dem beschriebenen Dauerproblem – die Abhängigkeit vom Weltmarktpreis für Erdöl zu verringern – über die Jahre eine weitere, nicht minder dringliche Aufgabe entstanden wäre: Arbeitsplätze für die rasch wachsende Bevölkerung zu schaffen.

Das Fortbestehen des »Gesellschaftsvertrags« zwischen den Al Saud und ihren »Untertanen« hängt vom Vermögen der Herrscher ab, genügend Arbeitsplätze zur Verfügung zu stellen. Zwar liegt die offizielle Arbeitslosenquote Mitte 2011 nur bei verhältnismäßig moderaten 12 Prozent. Diese Zahl wirkt allerdings schon allein deshalb beschönigt, weil sie arbeitssuchende Frauen nicht berücksichtigt. Deshalb erreicht die tatsächliche Arbeitslosenquote mindestens 25 Prozent.[21] Das starke Bevölkerungswachstum erzeugt nicht nur eine außerordentlich junge Gesellschaft (75 Prozent sind jünger als 30 Jahre[22]), sondern auch eine schnell wachsende Erwerbsbevölkerung. Gerade in der »sicherheitsrelevanten« Altersgruppe der 20- bis 29-Jährigen beträgt die Arbeitslosenquote ebenfalls mindestens 25 Prozent.[23] Um sie in Arbeit zu bringen, versprach die Regierung, knapp eine Million Jobs neu zu schaffen.

Der Staat könnte seine Versprechen natürlich mit Einstellungen im staatlichen Sektor und in der öffentlichen Verwaltung einlösen. In diesen beiden Bereichen waren in den 1990er Jahren fast 90 Prozent der saudischen Arbeitnehmer beschäftigt; 60 Prozent des staatlichen Etats flossen dadurch in Lohn- und Gehaltszahlungen.[24] Anhaltende Erdöleinnahmen auf dem Rekordniveau von 2004 bis 2010 könnten die Al Saud nun veranlassen, den Weg des geringsten Widerstandes zu wählen und auf bewährte Weise fortzufahren, wenn das Bevölkerungswachstum nicht auf Dauer das Wachstum der Erdöleinnahmen übersteigen würde.[25] Da genau dies aber der Fall ist, kann das Dilemma nur per Privatisierung bzw. »Saudisierung« gelöst werden.

Die »Saudisierungs«-Strategie wurde schon während der ersten Ölpreiskrise in den 1980er Jahren ersonnen, ohne wirklich umgesetzt worden zu sein. Gegenwärtig sind immer noch 65 Prozent aller Beschäftigten Ausländer,[26] was bedeutet, dass die ursprünglichen Probleme des Programms fortbestehen. Selbst jüngste Umfragen belegen, dass die traditionelle Ablehnung manueller Arbeit fortbesteht und durch die üppige Wohlfahrt sowie den Einsatz »billiger« Gastarbeiter sogar noch verstärkt wurde. Einheimische Berufsanfänger drängen nach wie vor in den staatlichen Sektor, namentlich in den Verwaltungsapparat, und lehnen Arbeit ab, die nicht mit einem Mindestmaß an Entscheidungsgewalt und sozialem Status verbunden ist. 1993 verlegte sich die Regierung auf staatlichen Dirigismus. Seitdem sind alle Unternehmen gehalten, den Anteil einheimischer Beschäftigter jährlich um fünf Prozent zu erhöhen. Das aktuell geltende Arbeitsgesetz vom April 2006 verschärfte die Bedingungen weiter: Demnach soll sich jetzt die Belegschaft aller Unternehmen zu 75 Prozent aus Einheimischen zusammensetzen.[27] Wo irgend möglich, versuchen Privatunternehmer trotzdem, sich den staatlichen Auflagen zu entziehen. Ausländische Arbeitskräfte gelten als billiger, besser motiviert, besser ausgebildet und leichter zu entlassen. Das Arbeitsmarktproblem wird also – zumindest mittelfristig – fortbestehen und seine Brisanz für die Stabilität des Regimes behalten.

Fazit

Zweifellos ist die politische Szenerie Saudi-Arabiens von den dramatischen Umwälzungen in der arabischen Nachbarschaft nicht unbeeinflusst geblieben. So teilt sie mit ihr das Phänomen des »youth bulge«, der strukturbestimmenden Mehrheit außerordentlich junger Staatsbürger. In Saudi-Arabien sind immerhin 60 Prozent der Einwohner sogar jünger als 20 Jahre alt![28] Die jugendliche Bevölkerungsmehrheit bedient sich der gleichen technischen Möglichkeiten der Kommunikation und des schnellen Informationsaustausches wie ihre Altersgenossen in Ägypten oder Tunesien. Die Qualität der elektronischen Hardware, über die sie verfügen, ist aufgrund der deutlich höheren Kaufkraft der saudischen Konsumenten in der Regel sogar merklich besser. Facebook, Chatrooms, YouTube und Twittern gehören zu den Lieblingsmedien bzw. -beschäftigungen der jungen Saudis, auch Frauen finden hier Freiräume. Nicht zuletzt dadurch bekamen die Bestrebungen nach politischen Reformen, die seit dem zweiten Golfkrieg deutlicher bemerkbar sind und durch die Folgen des 11. September, des Irakkriegs und der Umwälzungen in der Region seit Anfang 2011 verstärkt wurden, einen weiteren Schub. Immer mehr Aktivisten nehmen Maßregelung und Inhaftierung, selbst Gefahr für Leib und Leben in Kauf, um ihren Forderungen nach freien Wahlen, der Errichtung einer konstitutionellen Monarchie, der Respektierung der Menschenrechte (für alle, inklusive Frauen und Minderheiten), guter Regierungsführung und Einschränkung der Privilegien für das religiöse Establishment endlich Gehör zu verschaffen. Die Forderungen treffen auf ein Regime, dessen aus »religiöser Verantwortung« und »Massenalimentierung« abgeleiteter Herrschaftsanspruch nicht per se gegeben, sondern stetig erneuert werden muss. Da die Kassen derzeit gut gefüllt sind, fällt es der Regierung relativ leicht, Wohlfahrtsgeschenke zu verteilen. Im April 2011 veranlasste König Abdullah dafür die Bereitstellung der enormen Summe von 35 Milliarden Dollar.[29]

Ungleich schwerer fällt es nachzuweisen, dass man die wahhabitischen Verhaltensnormen respektiert und nach ihnen lebt. In alter Ikhwan-Tradition wird »al-Qaida auf der Arabischen Halbinsel« nicht müde, genau das zu bezweifeln und gegen die angebliche Missachtung gewaltsam vorzugehen. Damit nicht genug. Das Königshaus sieht sich in der unangenehmen Lage, dass sich die Probleme der immer unaufschiebbareren Thronfolgeregelung mit denen der Jugendarbeitslosigkeit mischen und gegenseitig potenzieren.

Trotzdem scheint die Gefahr eines Regimewechsels in Saudi-Arabien zum gegenwärtigen Zeitpunkt geringer als in anderen Nachbarstaaten. Dazu tragen vor allem folgende Faktoren bei:

- König Abdullah ist persönlich glaubwürdig und reformbereiter als die meisten seiner Vorgänger. Die vom ultra-wahhabitischen Untergrund ausgehende Gefahr führt ihm darüber hinaus Verbündete zu, mit denen er vorher nicht rechnen konnte. Der moderne, liberalere Reformflügel sucht gegenwärtig genauso den Schulterschluss mit den Al Saud wie das gemäßigte Schiitenlager. Beide betrachten das Königshaus mittlerweile als »Puffer« zwischen sich und der ultra-wahhabitischen Alternative, deren Herrschaft deutlich negativere Folgen für sie hätte. König Abdullah hat zudem sowohl Liberale als auch Schiiten in exklusiven Veranstaltungen des »Nationalen Dialogs« angesprochen.
- Saudi-Arabiens durchgängige Unabhängigkeit hat dem Land viele Traumata erspart, die die Gesellschaften in ehemals kolonial abhängigen Staaten bis heute plagen. Der zentrale Vorwurf vieler arabischer Revolutionäre, ihre Regierungen würden mit den früheren Unterdrückern paktieren und aus Eigennutz die Interessen des Landes an »den Westen« verraten, ist in Saudi-Arabien faktisch nicht zu hören. Heftige Kritik an permanenter US-Militärpräsenz nach dem zweiten Golfkrieg verband sich eher mit dem Vorwurf an die Al Saud, eine ihrer elementaren Statusaufgaben, den Schutz der heiligen Stätten des Islam, wegen der Präsenz der »Ungläubigen« nicht mehr angemessen wahrnehmen zu können. Es geht der Opposition in Saudi-Arabien jedenfalls nicht darum, gegen die Wiedereinführung oder Bewahrung eines Gesellschaftssystems zu protestieren, das als von außen aufgezwungen gilt.

- Trotz des großen Engagements Einzelner bleibt der Veränderungsdruck aus der Gesellschaft insgesamt schwach. Das liegt nicht nur an der Einschränkung bürgerlicher Freiheiten – etwa durch das Organisationsverbot –, sondern auch an anderen Faktoren: zum einen an der unkomfortablen Mittelstellung demokratisch orientierter, liberaler Reformer zwischen Herrscherhaus und islamistischen Radikalen und zum anderen – wesentlicher – am tiefen Konservatismus der saudischen Gesellschaft, die im Zweifelsfall Bestand dem Wandel vorzieht. Dschemal Khashoggi, mehrfach gemaßregelter Chefredakteur der kritischen Tageszeitung *al-Watan,* befand 2007 hellsichtig: »Die saudische Gesellschaft lässt sich eigentlich nur in zwei Gruppen unterteilen: konservativ und sehr konservativ.«[30] Diese Eigenschaft präsentiert sich generationen- und geschlechterübergreifend. Trotz der enthusiastischen Nutzung moderner Kommunikationsmittel prägen Familien-, Clan- und Stammesbindungen den Wertekanon auch jugendlicher Saudis immer noch entscheidend; und obwohl Frauenrechte im Reformdiskurs der letzten Jahre eine prominente Rolle spielten, blieben die Ergebnisse – gerade auch aufgrund des weiblichen Konservatismus – bescheiden. Ergo vermag das Reformlager Gedankenanstöße zu vermitteln, auf Missstände aufmerksam zu machen und Reformideen aus dem Königshaus zu ermutigen, aber reale Veränderungen, substantielle Reformen sind mittelfristig weiterhin nur denkbar, wenn sie von Reformkräften innerhalb des Königshauses ausgehen und verantwortet werden.

In diesem Sinn ist Saudi-Arabien vielleicht nicht der sprichwörtliche »Fels in der Brandung« – dafür ist die Erosion zu stark –, aber sicherlich eine bemerkenswerte Anomalie.

Anmerkungen

1 Vgl. Al-Quds al-arabi, 16.4.2011.

2 Vgl. Alex Alexiev: Ölmilliarden für den Dschihad: Saudi-Arabien finanziert den globalen Islamismus, in: Internationale Politik, 59(2004)2, S. 24.

3 Vgl. Madawi al-Rasheed: Political Legitimacy and the Production of History: The Case of Saudi Arabia, in: Lenore G. Martin (Hg.): New Frontiers in Middle East Security, Houndmills 1998, S. 40.

4 Vgl. Country Reports on Human Rights Practices 2001: Saudi Arabia, Washington 2002, S. 7.
5 Vgl. Al-Hayat, 7.7.1997.
6 Vgl. Mamoun Fandy: Saudi Arabia and the Politics of Dissent, New York 1999, S. 195–199.
7 Vgl. Al-Quds al-arabi, 1.8.1992.
8 Vgl. Benjamin Orbach, Usama Bin Ladin and al-Qa'ida: Origins and Doctrines, in: MERIA, 5(2001)4, S. 19.
9 Vgl. http://www.IslamOnline.net (1.2.2011).
10 Vgl. Moin Siddiqi: The Rise and Rise of an Equity Culture, in: The Middle East, (2005)11, S. 44.
11 Washington Post, 6.8.2002.
12 Middle East Economic Survey (MEES), 48(2005)21, S. 24.
13 Ebenda.
14 BBC Summary of World Broadcasts, 16.5.2003.
15 MEES, 48(2005)4, S. 17.
16 MEES, 48(2005)32, S. 23.
17 http://www.gulfbase.com/site/interface/NewsArchiveDetails.aspx?cntr=0&n=102622 (16.10.2010).
18 Vgl. Steffen Hertog: Saudi-Arabien unter Kronprinz Abdullah. Greisenherrschaft auf Reformkurs?, in: Der Überblick, (2001)1, S. 115.
19 MEES, 48(2005)4, S. 17.
20 Zit. nach: Handelsblatt, 8.3.1999.
21 Vgl. Saudi Arabia Economy Profile 2009, in: IndexMundi, online: http://www.indexmundi.com/saudi_arabia/economy_profile.html (21.10.2010).
22 Vgl. Handelsblatt, 8.3.1999.
23 Vgl. Michael Sturm: The Gulf Cooperation Council Countries. Economic Structures, Recent Developments and Role in the Global Economy, Frankfurt am Main 2008, S. 20.
24 The Guardian, 11.8.1999.
25 Vgl. Gerd Nonneman: Saudi Futures, in: ISIM-Newsletter, 14(2004)6, S. 54.
26 Vgl. Ibrahim Saif: The Oil Boom in the GCC Countries. Old Challenges, Changing Dynamics, Washington 2009, S. 17.
27 Vgl. Iris Wurm: In Doubt for the Monarchy. Autocratic Modernization in Saudi Arabia, Frankfurt am Main 2008 (PRIF Paper; 81), S. 25 f.
28 Bernd Klett: Saudi-Arabien, in: Nah- und Mittelost. Wirtschaftshandbuch 2004, Berlin 2004, S. 260.
29 Vgl. Financial Times, 21.4.2011.
30 Vgl. Saudi-US Relations Information Service (SUSRIS), 26.4.2007, S. 2.

Alexander Smoltczyk

Vereinigte Emirate: Unruhe am Golf

Alle glücklichen Staaten gleichen einander, jeder unglückliche Staat ist auf seine eigene Weise unglücklich. Das ist, etwas umformuliert, das »Anna-Karenina-Prinzip«, und es beschreibt die Lage der sieben Staaten am West- und Südufer des Persischen (alias: Arabischen) Golfs ziemlich genau. Ihr Entwicklungsmodell ähnelt sich, solange es funktioniert. Doch sobald Störungen auftreten, kommen sehr eigentümliche Probleme zum Vorschein, wirken die sehr eigenen Mischungen aus Religionen und Minderheiten, aus alten Traumata und Stammesbeziehungen. Im Unglück ist ein Staat ganz er selbst.

Wenn deutsche Ministerpräsidenten, Altkanzler oder Ministerinnen an den Golf kamen, dann pflegte der zuständige Botschafter ihnen gewöhnlich zu sagen: »Wir leben hier im Auge des Orkans«, in einer Oase der Stabilität, umgeben von Schurkenstaaten, Wahabiten und »failed states«. Dubai, Qatar, Bahrain, Abu Dhabi waren notorische Inseln der Seligen. Vielleicht ein wenig vormodern in ihren Entscheidungsfindungen, »neopatrimoniale, autoritäre bürokratische Monarchien« mögen es die Soziologen nennen, aber dennoch: im Grunde Oasen der Stabilität, die überdies noch aussehen wie Architektenmodelle im Maßstab 1:1. Und wer wird schon auf die Straße gehen, weil er das höchste Pro-Kopf-Einkommen der Welt hat?

Die politische Glücksformel der sieben Mitglieder im Golfkooperationsrat (GCC) lässt sich so beschreiben: quasi unerschöpfliche Mineralöl-Vorkommen + aufgeklärte Despotie + ebenso unerschöpfliche Ressourcen an billigen Importarbeitern. Die Scheichs, Könige und Sultane erkauften sich den Konsens ihrer Untertanen mit Luxus-Welfare und Pfründen in der Wirtschaft, mit einer Infrastruktur wie in Florida und dem Versprechen, dass dies auch in Zukunft vom Herrscherhaus so garantiert werde.

In Abu Dhabi bekommt jeder Bürger mit der Volljährigkeit ein Stück Land, Ausbildung und Studium an internationalen Universitäten sind gratis, und »Steuern« ist ein Begriff aus dem Yachtklub. Oder dem Formel-1-Circuit auf Yas Island.

Qatar und die größten Emirate Dubai und Abu Dhabi haben genau wie Saudi-Arabien eine Generation von strukturellen Lottogewinnern hervorgebracht, die von Geburt an wissen, dass sie sich eigentlich nicht anstrengen müssen, um ein sorgenfreies Leben zu haben. Die Arbeit machen die anderen. Pakistani und Jemeniten schuften auf dem Bau, Filipinos putzen das Haus und pampern die Kinder, Inder kümmern sich ums Geschäft und die Infrastruktur, »Expats« aus Europa, Australien, den USA lassen sich das Know-how der G-20-Welt teuer bezahlen. Für die Kultur leistet man sich einen Pei-Bau, ein Guggenheim-Museum, einen Louvre oder lässt Anne-Sophie Mutter in der Oase geigen. »Symbolisches Kapital« heißt das bei Bourdieu.

Ein großer Teil dieser Generation der Gründerenkel, so dachte man, hat vor allem das Problem, die eigenen Zuckerwerte im Blut unter Kontrolle zu halten. Die Vereinigten Arabischen Emirate (VAE) haben (nach der Pazifikinsel Nauru) die höchste Diabetes-Rate in der Welt, jedes dritte Kind ist übergewichtig.

Seit dem 17. Februar 2011 ist es auch am Golf mit der Ruhe vorbei. Und seither ist jedes der Golfländer auf seine eigene Weise unglücklich – oder doch zumindest sehr nervös.

Ausgerechnet in Bahrain passierte es, dem glänzenden »Business Friendly Bahrain«, das Libanon seinen Rang als Bankenzentrum der Region abgenommen hat. Ausgerechnet in einem Staat, den Hillary Clinton im Dezember 2010 noch für seine Reformen gelobt hat und der dem weiteren Publikum nur durch die Formel-1-Rennstrecke bekannt ist. Bahrain wurde zum Menetekel einer Region.

Am Donnerstag, dem 17. Februar, war Manama, die Hauptstadt Bahrains, mit Postern für die »GrandPrix Asia Serie« geschmückt, die Generalprobe für den Auftakt der Formel-1-Saison. Doch es dröhnten andere Motoren durchs Finanzviertel: die schweren Diesel der Polizei-Einsatztruppen. Ihr Ziel war das »Pearl Roundabout«, die paar Dutzend Zelte unter einem 90 Meter hohen Monument zur Erinnerung an die Perlenfischer von

Bahrain. Es ist nur ein kleiner Platz. Und nur wenige hundert Menschen haben ihn besetzt gehalten. Aber die Regimes in der arabischen Welt haben seit Kurzem Angst vor Plätzen. Eine veritable Agoraphobie hat sich unter den Autokraten auch am Golf verbreitet. Wer besetzte Plätze zulässt, so die Furcht, dem ergeht es früher oder später wie Ben Ali und Hosni Mubarak.

Um drei Uhr nachts wurde das Zeltlager gestürmt, drei Menschen kamen ums Leben, darunter ein siebenjähriges Mädchen. Damit war es mit der satten Ruhe am Golf vorbei, jedenfalls in Bahrain.

Die Demonstranten hatten es so machen wollen wie ihre Kollegen in Tunis und Kairo. Ihre Rebellion sollte als Valentinstag-Revolution in die Geschichte dieses Frühlings eingehen. Sie hatten sich für den Valentinstag, den 14. Februar, verabredet. Auf den Facebook-Seiten hatte es geheißen: »Das ist eure Chance. Wir werden singen: Das Volk will die Reform des Regimes.« Es waren Schiiten unter ihnen, vor allem Schiiten, aber auch viele Sunniten und Menschen, die gemischten Ehen entstammen, sogenannten »Suschis«.

Alle schwenkten die rot-weiße und in sich verzackte Nationalflagge Bahrains und forderten mehr Demokratie. Mehr nicht.

Sie wollten nicht Schiiten sein oder Sunniten, sondern Bahrainer. Ihre Forderungen waren einfach: Jobs, Wohnungen, gerechte Wahlen und vor allem keine weitere Benachteiligung der schiitischen Bevölkerungsmehrheit.

Immerhin war Premierminister Scheich Khalifa länger im Amt als Mubarak. Seit die Briten 1971 Bahrain in die Unabhängigkeit entließen, hat es keinen anderen Regierungschef gegeben als den Scheich. Ist das Stabilität oder völlige Erstarrung?

Mit der Valentinstag-Stimmung war es spätestens vorbei, als zwei junge Männer nach Auseinandersetzungen mit der Polizei starben, in zwei Dörfern am Stadtrand von Manama. Die Bewegung hatte ihre ersten Märtyrer bekommen und damit ein neues Momentum. Seitdem wurde immer mehr von Toten geredet und immer weniger von Reformen. »Freiheit ist teuer«, sagt Ahmed Rasul, Manager einer Eisenbahnfirma. »Freiheit muss man sich mit Blut erkaufen«, sagt Rasul weiter, und es ist klar, dass er damit nicht nur die freiwilligen Blutspenden für die Verletzten im Salamiya-Krankenhaus meint. Für einen Schiiten ist Blut gängige Münze.

Der Perlen-Platz war am folgenden Tag, dem 18. Februar, aufgeräumt. Von den zusammengetretenen Zelten und Plakaten keine Spur mehr. Nur Scherben glänzten in der Sonne, und ringsum auf den Schnellstraßen standen Scharfschützen und Panzerwagen. Der Platz hätte Bahrains »Tahrir Square« werden sollen. Jetzt erinnerte er mehr an den Tienanmen-Platz in Peking 1989. Aus der geduldeten Probebühne der Demokratie war innerhalb weniger Stunden ein Monument der Trauer geworden. Und das war erst der Anfang.

Bahrain ist nicht Ägypten. Der Inselstaat hat kaum mehr Bewohner als München, und davon sind die Hälfte Ausländer. Was gehen die Welt dies Völkchen und seine Probleme an? Nichts – wenn die Welt nicht am Öl hinge. Nicht viel – wenn an Bahrain nicht zwei Regionalmächte zerrten, Iran und Saudi-Arabien. Bahrain ist keine Regionalmacht. Aber es ist der Dominostein ganz vorne in der Kette. Ein Zusammenbruch des Regimes in Manama hätte geopolitische Folgen, weit über die Region hinaus. In Manama überkreuzen sich die Interessen der USA, Saudi-Arabiens und Irans.

Etwa 70 Prozent der Bahrainer sind Schiiten. Die Herrscherfamilie al-Khalifa jedoch ist sunnitisch, sie beherrscht das Land seit 227 Jahren und lässt keine Gelegenheit aus, sich als letztes Bollwerk gegen die Mullahs in Teheran zu präsentieren. Dabei gelten die meisten Kleriker in Bahrain als durchaus liberal und wollen nichts mit Gestalten wie Ahmadinedschad zu tun haben. Und dennoch werden Bahrains Schiiten systematisch benachteiligt. Die wenigsten werden in den Staatsdienst aufgenommen, schon gar nicht als Polizisten oder Armeeoffiziere. Ihre Wahlbezirke werden so zugeschnitten, dass die Zahl der Schiiten im Parlament nie die Zahl der Sunniten überschreitet. Ihre religiösen und politischen Führer werden schikaniert und immer wieder festgenommen.

Parteien sind in Bahrain ebenso verboten wie in den anderen GCC-Staaten, mit Ausnahme Kuwaits. Die Opposition besteht aus vier sogenannten politischen »Gesellschaften«. Al-Wifaq ist der größte schiitische Block. Seine 18 gewählten Abgeordneten boykottierten nach der Polizeiaktion jede weitere parlamentarische Arbeit. Die Haq – Bewegung für Freiheit und Demokratie – spricht dem sunnitischen Herrscherhaus die Legitimität ab, ihr Anführer Hassan Mushalma war 2009 einige Monate in Haft.

Es wurde ihm unterstellt, einen Umsturz geplant zu haben. Die sunnitischen Islamisten bilden die Al-Asalah Islamgesellschaft, sie stehen der Muslimbruderschaft nahe und kritisieren die Verwestlichung des Königshauses. Die linkssäkulare Opposition hat sich in der Waad zusammengefunden, der Nationaldemokratischen Aktionsgesellschaft.

Bahrain liegt an einer konfessionellen Bruchlinie, an der sich vor 35 Jahren der libanesische und vor sieben Jahren der irakische Bürgerkrieg entzündete. Außerdem ist Saudi-Arabien nah, gefährlich nah sogar. Vom Perlen-Platz führt der Scheich-Khalifa-Highway zum König-Fahd-Damm, der die Insel mit dem sunnitischen Königreich Saudi-Arabien verbindet. Für viele Saudis ist Manama mit seinen Nachtklubs, dem einzigen Erotikshop der Region und den Whiskyläden ein Vorgriff aufs Paradies, und das genau vor der Haustür.

Es gibt alte Familien- und Stammesbindungen zwischen Bahrain und den Ostprovinzen Saudi-Arabiens. Dort wird täglich ein Zehntel der gesamten Weltfördermenge an Öl aus dem Boden gepumpt. Dort, in der Ostprovinz, siedelt aber auch seit Jahrhunderten Saudi-Arabiens schiitische Minderheit, die von der sunnitischen Führung in Riad eher noch mehr schikaniert wird als die in Bahrain.

Das erklärt die derzeitige Nervosität im Hause Saud: Sollte der Zorn der Schiiten aus Bahrain auf ihre Konfessionsbrüder in Saudi-Arabien überschwappen, droht ein Konflikt in der wichtigsten Erdölregion der Welt.

Ein solcher Konflikt käme Iran, dem Rivalen am anderen Ufer des Golfs, keineswegs ungelegen. Teheran betrachtet Bahrain ohnehin als schiitische Insel und damit als 14. Provinz der Islamischen Republik. »Der Persische Golf gehörte immer schon zu Iran, gehört zu ihm und wird für immer zu ihm gehören«, erklärte am »Nationalen Tag des Persischen Golfs« General Hassan Firouzabadi, Stabschef der iranischen Streitkräfte. Die arabischen Diktaturen seien im übrigen unfähig, die Rebellionen ihrer Völker unter Kontrolle zu halten.

Bahrain bietet Iran die verlockende Chance, seinen Einfluss am Westufer des Golfs zu vergrößern und gleichzeitig als Unterstützer eines demokratischen Protestes aufzutreten.

Das Königreich der Al Khalifa ist mithin, wie der Libanon, ein klassischer »Proxy-Staat«: Seine großen Nachbarn, die tief verfeindet sind und jeweils unterschiedliche Bevölkerungsgruppen unterstützen, ringen hier um Einfluss. Anders als der Libanon aber liegt Bahrain an einer für die Energieversorgung der Welt sensiblen, ja entscheidenden Stelle.

Deswegen die Krisensitzungen in den Außenämtern des Westens, wenn es in Manama unruhig wird.

Und deswegen gibt es in Manama auch das Mina Salman Gateway, eine kilometerlange, schwer gesicherte Mole. Seit dem ersten Golfkrieg haben die Vereinigten Staaten hier in Bahrain den Stützpunkt für ihre Fünfte Flotte. Die Streitmacht für die Golfregion, mit derzeit 1500 Marines und Zivilpersonal. Die Flotte ist das Kernstück der Eindämmung Irans, zusammen mit dem Versorgungsposten Oman, dem Central Command in Qatar und dem Logistikkreuz in Kuwait.

»Das hier ist ein Platz, der von einem unterdrückerischen und korrupten kleinen Regime geführt wird, das von Washington wegen der Fünften Flotte lange umhegt worden ist«, resümiert der ehemalige CIA-Analytiker Graham E. Fuller. Und wie in Ägypten, wie in Tunesien und Saudi-Arabien ist die Frage, wie lang sich die USA und Europa einen so hässlichen Status quo leisten wollen.

Noch im Februar hatten sich die Chefdiplomaten des Golfrats im Ritz-Carlton von Manama getroffen, kaum zwei Kilometer vom Pearl Roundabout entfernt. Es war ihnen anzumerken, wie sehr ihnen die Ereignisse in die Knochen gefahren waren: »Hand in Hand werden wir zusammenstehen angesichts der Bedrohung«, so gelobte der emiratische Außenminister, Prinz Abdullah, im Namen der Golfstaaten.

Zum ersten Mal ist eine der Monarchien in ernste Schwierigkeiten geraten. Und wenn eine Dynastie kippt, dann wackeln all die anderen. Der vielgelesene Beiruter Politologe Rami G. Khouri spürte eine »wachsende Panik« im Hause Saud. Es brannte an allen Seiten, das Jahr 2011 versprach ein »annus horribilis« zu werden. Saudi-Arabien hatte seine beiden wichtigsten Verbündeten in der Region verloren – Saad Hariri im Libanon und Hosni Mubarak in Ägypten. Im Jemen hatte Präsident Salih angekündigt, bald abtreten zu wollen. Das würde die Huthi-Rebellion im Grenzgebiet zu Saudi-Arabien gewiss stärken, von der al-Qaida ganz zu schweigen. Der schwerkranke König Abdallah war gerade erst von einem Klinikaufenthalt in den USA zurückgekehrt und hatte sich bitterlich beklagt, wie schändlich die USA ihren Verbündeten Mubarak hätten fallenlassen.

Am 8. März trafen sich die Golf-Außenminister angesichts »der ungewöhnlichen Umstände um uns herum«, so der emiratische Vertreter, ein weiteres Mal. Zuerst in Abu Dhabi, dann zum Abschluss am 10. März in Riad. Es war eine Sitzung, in der dem Arabischen Frühling die Grenzen gezogen werden sollten – soweit das bei Zeitenwenden möglich ist.

Die Bilder aus Tunesien und Kairo sind überall gesehen und verstanden worden. Es geht also. Man kann sein Leben verbessern, wenn man sich nur auf Plätze stellt, Transparente hochhält und einfach nicht weicht. Diese Botschaft ist sehr einfach und sehr explosiv, auch am Golf.

Mittlerweile hatte es in Oman Proteste gegeben, einem der ärmsten Länder im GCC. Gerade noch hatte das Sultanat die 40 Jahre Herrschaft des »guten Sultans« Qabus ibn-Said gefeiert, jetzt gab es sogar einen Toten in der Hafenstadt Sohar. Omans Herrscher ist das Musterbeispiel des aufgeklärten Despoten. Er hatte 1970 seinen Vater abgesetzt und mit der Modernisierung des Landes begonnen, angefangen mit der Abschaffung der Sklaverei. Qabus ließ mit den stetig fließenden Erdöleinnahmen Straßen und Häfen bauen, Krankenhäuser, Schulen, eine Universität und Hotels. Am System der absoluten Monarchie veränderte er nichts. Gesetze werden als Dekrete eingeführt, politische Parteien sind verboten, der Nationale Konsultativrat wird im wesentlichen vom Sultan besetzt und hat nur beratende Funktion.

Das rächte sich am 27. Februar, als in Sohar Hafen- und Lagerarbeiter für mehr Lohn, mehr Jobs für Omaner und billigere Wohnungen auf die Straße gingen. Ein Passant wurde von Polizeigeschossen so unglücklich getroffen, dass er starb. Das war nicht zu vergleichen mit der Brutalität der Polizei in Bahrain. Aber es war dennoch unerhört. Die Proteste gingen weiter, richteten sich gegen die Korruption der königlichen Beamten und Günstlinge. Und ein paar Dutzend Männer errichteten auf dem Globe Roundabout eine Zeltstadt: Tahrir-Platz ist überall. Auch in Oman hatte die Angst die Seiten gewechselt. »Es ist etwas übergeschwappt von dem, was in anderen Ländern passiert ist«, sagt Anwar Ali Sultan, ein Großhändler in Muskat.

Mehr als die Hälfte der 2,8 Millionen Omaner ist jünger als 20 Jahre, 83 Prozent sind jünger als 35. Da ist es kein Wunder, dass die Bürger mehr Ausbildungsplätze und Jobs fordern.

Der gute Sultan Qabus versprach sofort 50 000 neue Posten im öffentlichen Sektor und eine Erhöhung der Arbeitslosenhilfe. Er entließ zwei Drittel des Kabinetts und kündigte an, über die Ausweitung der Rechte der beratenden Kammer nachzudenken. Ein Gespenst geht um in der Golfregion, das Gespenst des Ben Ali.

In Kuwait hat Scheich Jaber as-Sabah seinen Untertanen 1000 Dinar (2670 Euro) pro Kopf gegeben und versprochen, 14 Monate lang die Grundnahrungsmittel umsonst zu verteilen. Die Zivilgesellschaft Kuwaits ist eine der am weitesten entwickelten am Golf, zusammen mit derjenigen in Bahrain. Beide Länder haben die Schulbildung schon nach dem ersten Weltkrieg eingeführt. Beide Länder haben die einzigen funktionierenden Parlamente der Region. Dasjenige Kuwaits ist bekannt für sein Selbstbewusstsein. Fünfmal bereits wurde es aufgelöst, zuletzt im März 2009. Im Januar 2006 kam es zu einem politischen Novum in der Region, als die Nationalversammlung dem neuen Emir die Zustimmung verweigerte und ihn des Amtes enthob (der Kandidat war allerdings gesundheitlich so hinfällig, dass er noch nicht einmal den Amtseid hätte sprechen können). Im derzeitigen Parlament haben die oppositionellen Kräfte, mit den Islamisten, eine knappe Mehrheit. Erstmals wurden auch vier Frauen zu Abgeordneten gewählt. Allerdings dürfen die Minister mit abstimmen, so dass sich eine Mehrheit für die Regierung ergibt. Auch in Kuwait werden die wichtigsten Kabinettsposten von Mitgliedern des Herrscherhauses Sabah eingenommen.

Die Stärke des Parlaments ist ein Grund dafür, dass es auf den Plätzen Kuwaits relativ ruhig blieb im arabischen Frühling 2011. Dafür ging es in der Nationalversammlung heißer her. Der Innenminister musste zurücktreten, nachdem ein Mann in der Polizeizelle zu Tode geprügelt worden war. Am entschlossensten demonstrierten in Kuwait die Nichtkuwaiter, die staatenlosen »Biduns«, meist Angehörige von Nomadenstämmen, die bei der Staatsgründung übergangen wurden.

Bei ihrem Treffen in Abu Dhabi und Riad treffen die sieben Außenminister eine Entscheidung, man könnte sie die neue GCC-Doktrin nennen. Es ist eine Mischung aus Peitsche, Zuckerbrot und korrekter Haltung.

Sie fordern ohne jede diplomatische Zurückhaltung ein Ende des Gaddafi-Regimes in Libyen. Der Oberst habe jede Legitimität verloren, als er Kampfjets und Panzer gegen sein eigenes Volk einsetzte. Der GCC wird sich an etwaigen Aktionen der Staatengemeinschaft beteiligen, um die arabischen Brüder in Bengasi und Misrata zu schützen (tatsächlich werden Qatar und die VAE Kampfjets für den Libyen-Einsatz bereitstellen). Das ist die korrekte Haltung auf dem diplomatischen Parkett.

Aber zu Hause, am Golf selbst, wird kein Versuch eines Regimewechsels geduldet. Es wird beschlossen, die schnelle Eingreiftruppe »Schild der Halbinsel« nach Manama zu schicken, um für Ruhe zu sorgen. Das ist die Peitsche.

Das Zuckerbrot sind die 20 Milliarden Dollar, die der GCC seinen Mitgliedern Bahrain und Oman überweisen wird, für Jobs und Wohnungen, damit ein wenig sozialer Druck abgelassen werden kann.

In den Morgenstunden des 14. März rollten Tieflader mit saudischen Panzern und Truppentransportern, insgesamt etwa 100 Fahrzeuge, über den König-Fahd-Damm nach Manama ein. Erste Soldaten und Offiziere landeten gleichzeitig auf dem internationalen Flughafen Bahrain. Offiziell hieß es, 1000 saudische Soldaten und 500 Polizisten aus den VAE seien von der Regierung Bahrains angefordert worden, um strategische Objekte, etwa Raffinerien, zu schützen. Am Tag danach rief König Hamad bin Issa Al-Khalifa für drei Monate das Kriegsrecht aus. Der Perlen-Platz wurde unter Einsatz von Militärhubschraubern geräumt, die Zeltstadt angezündet. Verhaftet wurden die Wortführer der Opposition. 17 Menschen, darunter vier Polizisten und sieben Passanten, kamen bei der Räumung und den anschließenden Protesten ums Leben. Inzwischen ist das Perlen-Monument abgerissen.

Bei der Niederschlagung der Proteste kamen auch Piranha-Schützenpanzer der Schweizer Firma Mowag aus Kreuzlingen zum Einsatz. Eigentlich ist der Rüstungsexport aus der Schweiz nach Saudi-Arabien verboten. Die Lieferung sei über Kanada gelaufen, hieß es.

Die »Bahrainer Lösung« wurde, wenn man die Vorgänge in Libyen beiseitelässt, der erste Rückschlag im Arabischen Frühling. Und es entbehrte nicht einer bitteren Ironie, dass die GCC-Scheichs für Tripolis die Demokratie forderten, die sie in Manama gerade niedergeprügelt hatten. Für manchen Beobachter ist das weniger ein Widerspruch, als ein Zeichen politischer Reife: »Denn alle Regierungen handeln inkonsistent und heuchlerisch, wenn es darum geht, das zu verteidigen, was sie als ihr nationales Interesse sehen«, schreibt Rami G. Khouri, der Kolumnist in Beirut.

Der Einmarsch in Bahrain war jedenfalls eine historische Wende. Zum ersten Mal zeigte sich eine gemeinsame Außenpolitik des GCC, so unerfreulich sie in diesem Fall auch sein mochte. Zum ersten Mal agierten die Golfstaaten nicht auf Zuruf einer Großmacht, sondern handelten selbständig. Die USA erklärten, sie seien über die Truppenbewegung nicht informiert worden. Nicht einmal von ihrem engsten Verbündeten in der Region, im Herzen des strategisch wichtigsten Landstrichs des Planeten. Das wäre noch vor einem Jahr undenkbar gewesen. Aber Saudi-Arabien hat erleben müssen, wie sich die Vereinigten Staaten im Irak die Früchte des Regimewechsels ausgerechnet von Iran klauen ließen. Nach Tausenden von toten US-Soldaten und knapp einer Billion ausgegebenen Dollar sind heute iranische Firmen fest in Basra tätig, und die Schiiten stellen faktisch die Regierung. Das Haus Saud fühlte sich von den USA nicht mehr genügend geschützt.

Iran hat scharf gegen den Einmarsch der GCC protestiert. Außenminister Ali-Akbar Salehi verkündete, man werde einer Vernichtung der Schiiten in Bahrain nicht tatenlos zusehen, und warnte vor »gefährlichen Konsequenzen«. Der Sprecher des Parlaments, Ali Laridschani, prophezeite, »die kochende Wut« der Bahrainis würde die Glaspaläste ihrer Herrscher schon noch beschädigen. In Dubai erinnert man sich noch gut an den Auftritt Ahmadinedschads bei seinem letzten Staatsbesuch. Der iranische Präsident ließ ein Stadion anmieten und wetterte vor Tausenden von Dubai-Iranern gegen die Verkommenheit und Gottlosigkeit der lokalen Plutokraten. Diese Botschaft kommt in den ärmeren Emiraten, in Sharja, Ras-al-Khaima, Ajman, Umm Al Qaywayn, durchaus an.

Der Iran schien ebenso wie das State Department von dem Einmarsch des GCC überrascht worden zu sein. Jetzt gehe es für Teheran darum, sagt der Analytiker George Friedman, die Kosten für Saudi-Arabien möglichst hoch zu halten, etwa indem ein bewaffneter Widerstand aufgebaut wird: »Ahmadinedschad ist in einer schwierigen Position. Die Saudis haben einen entscheidenden Schritt gemacht. Wenn er jetzt nichts tut, kann seine Stellung geschwächt werden.« Iran müsse schnell reagieren, so Friedman, »bevor die saudische Aktion zu einem dauerhaften Zustand wird«. Bahrain und Iran haben ihre jeweiligen Botschafter zu Gesprächen zurückgerufen.

Bahrains Innenminister, Scheich Rashid Al Khalifa, machte ausländische Einmischung für die Ereignisse verantwortlich: »Die Verbreitung von Gerüchten und Anschuldigungen, die Rufe nach Chaos, die Besetzung von Krankenhäusern, das Aufstellen von Zelten, Barrikaden (...), die Aufsplitterung in Zellen, all das sind genau die Methoden, wie sie die Hisbollah benutzt.«

Die Demokratiebewegung hat schwer mit diesen Verdächtigungen zu kämpfen.

Der erst im April 2009 wieder amnestierte Anführer der Haq, Scheich Hassan Mushalma, hatte jeden Dialog mit dem Königshaus ausgeschlagen und gemeint, er hätte auch keine Probleme damit, Hilfe von Iran zu erbitten, wenn Saudi-Arabien sich in die Angelegenheiten Bahrains einmischte. Es sind keine Belege dafür bekannt, dass Wifaq aus Teheran ferngesteuert würde. Die Schiiten in Bahrain sind Araber, keine Perser.

Scheich Ali Salman, Anführer der Wifaq-Partei, hat wiederholt erklärt, er verbitte sich die Einmischung von Iran und Hisbollah. Allerdings gibt es ideologische Gemeinsamkeiten, auch Wifaq sympathisiert mit der Idee einer islamischen Republik. Und es ist gut fürs Selbstvertrauen, sich nicht allein zu wissen.

Zu Beginn der Proteste hatten Sunniten und Schiiten noch gemeinsam auf dem Perlen-Platz demonstriert. Nach dem ersten blutigen Polizeieinsatz vom Februar scheinen sich die Lager entfremdet zu haben. Auch kritischen Sunniten ist die halbstarke Märtyrerpose der Platzbesetzer unheimlich oder die Erklärung von Teenagern, ihr Blut für Bahrain geben zu wollen.

Bisher hatte die schiitische Opposition nur mehr politische Beteiligung gefordert und nicht das Regime der Khalifa-Dynastie in Frage gestellt. Nach dem GCC-Einmarsch im März wird sich das ändern. Scheich Ali Salman, der junge Führer von Wifaq, lehnte zunächst jeden Dialog mit dem Regime ab, solange saudische Truppen im Land sind. Er forderte eine internationale Kommission, um die Ereignisse zu untersuchen. Später erklärte er sich, als einziger Schiitenführer, zu Verhandlungen bereit, sofern sie unter Vermittlung von Dritten abliefen. Der Emir von Kuwait oder auch die USA kämen dafür in Frage. Seine Anhänger rief der Scheich auf, »die Proteste friedlich zu halten«. Trotz der Schikanen an den Checkpoints, trotz der angedrohten Lohnkürzungen für Angestellte, die gestreikt haben. 900 Demonstranten werden ihre Arbeit verlieren, etwa 1200 werden verhaftet werden, und Ende April wird ein Militärgericht vier Regimegegner zur Hinrichtung verurteilen, weil sie zwei Polizisten getötet haben sollen.

Auch in Qatar soll es Verhaftungen gegeben haben. Junge Leute hatten sich über Facebook zu einer Aktion verabredet. Aber die IT-Techniker des Geheimdienstes haben dort solch einen Grad an Perfektion erlangt, dass die Protestler schon identifiziert und verhaftet waren, bevor die Proteste überhaupt starten konnten.

Die Nervosität ist groß, auf beiden Seiten. Bisher ist es den aufgeklärten Despoten am Golf gelungen, jeden Unmut nach Herrenart zu ersticken. Mit Strenge und vor allem mit sehr viel Geld. Auf besagtem Ministertreffen des Golfkooperationsrates wurde nicht nur ein Hilfspaket von 20 Milliarden Dollar angekündigt, um in Bahrain und Oman Sozialwohnungen und Jobs zu finanzieren, auch der Emir Abu Dhabis, Scheich Khalifa bin Zayed, erhöhte gleich mal die Pension für das Militär um 70 Prozent.

Saudi-Arabien gewährte seinen Staatsangestellten ungefragt 15 Prozent Gehaltserhöhung, als Teil eines Stabilisierungsprogramms von insgesamt 36 Milliarden Dollar. König Abdullah kündigte weitere Wohltaten an: 2000 Rial (etwa 377 Euro) monatliche Unterstützung für jeden Arbeitslosen, einen Mindestlohn für Einheimische und den Bau von 500 000 Häusern für seine Untertanen. Auch Jemen, Syrien, Algerien und Marokko haben Steuerentlastungen und höhere Sozialhilfen beschlossen. Die Emirate froren für den Rest des Jahres die Preise für Brot und Reis ein. Die Plätze und Straßen sollen mit Geld ruhiggehalten werden.

In Oman scheint das bislang zu gelingen.

Aber die Generation des Arabischen Frühlings hat womöglich genau diese Bevormundung satt. Selbst in Abu Dhabi, dem reichsten und sattesten der Emirate, unterzeichneten Anfang März 133 Bürger eine Onlinepetition, in der sie von Scheich Khalifa das Mitbestimmungsrecht für alle Bürger forderten, besser gesagt: untertänigst anmahnten.

Es war die wohl erste politische Petition in der Geschichte des Emirats. Und es ging gewiss nicht ums Geld. Das ist neu.

Die Lage in den wichtigen Emiraten ist mit denen der Palmen zu vergleichen, die überall an ihren Highways stehen. Es sind kräftige, fruchttragende Bäume, nur wären sie innerhalb von Tagen verdorrt, wenn die diskrete Bewässerung ausfallen würde. Ohne den täglichen Zustrom von Ressourcen, sei es Wasser, seien es Finanzmittel aus dem Ölverkauf, würde in den Vereinigten Arabischen Emiraten nicht viel blühen.

Die Elenden und Beladenen hierzulande sind Ausländer, die sofort deportiert werden würden, und es ist noch genug Geld vorhanden, um alle Beschwernisse der Einheimischen abzufedern. »Emiratis demonstrieren nicht«, erklärte Sultan Al Quassemi im Interview mit der Orientzeitschrift *Zenith*. Er gilt als der kritischste unter den einheimischen Kommentatoren.

Noch 2006 war es eine Initiative des Herrschers gewesen, erstmals sogenannte Wahlen durchführen zu lassen: »Die Entscheidung der Regierung, Wahlen abzuhalten, zeugt von dem hohen Grad an gegenseitigem Vertrauen zwischen den Führern und den Bürgern«, so hieß es damals. 6600 ausgesuchte Bürger, darunter 1160 Frauen, durften die Hälfte des 40-köpfigen Federal National Council bestimmen. Der hat im Wesentlichen nur beratende Funktion, aber äußerte sich in den Jahren doch bisweilen kritisch, was die Mittelverwendung im Staate anging. Von erneuten Wahlen war, vermutlich deswegen, nie wieder die Rede. Bis zum März 2011. Da versprach die Regierung, es würden im September wieder Wahlen abgehalten werden.

Die Regierung bot an, die Zahl der Wahlberechtigten auf 12 000 zu erhöhen – bei knapp einer Million Staatsbürger. Das genügte einigen Ratsmitgliedern nicht. Sie forderten eine freie Wahl der Kandidaten und eine Ausweitung der Kompetenzen des Rates: »Ohne Macht für den Rat bedeutet die Zahl der Wähler gar nichts«, sagte etwa Yousef Al Neaimi, Ratsmitglied aus dem nördlichsten Emirat Ras-al-Khaima. Die Bürger hätten, so Al Neaimi, durchaus Interesse an Politik und Beteiligung.

In Dubai gibt es mit Ahmed Mansur sogar eine Ein-Mann-Volksbewegung. Der Blogger und Menschenrechtsaktivist setzt sich für das allgemeine Wahlrecht und für volle parlamentarische Befugnisse des Nationalrats ein. Seine Firma, ein staatlicher Telekombetreiber, legte Ahmed Mansur Anfang April nahe, eine gut bezahlte Stelle in Pakistan anzunehmen. Er lehnte ab und wurde am 8. April nachts in seiner Wohnung verhaftet.

In den ärmeren nördlichen Emiraten ist Unmut durchaus zu spüren. Vor allem im Sommer, wenn wieder einmal die Stromversorgung zusammenbricht, bei einem Klima, das an den Haarfön im Freibad erinnert. Scheich Khalifa bin Zayed, der Präsident der VAE, hat 1,6 Milliarden Dollar für die Verbesserung der Infrastruktur in Ajman, Sharja, Ras-al-Khaima beschlossen. Es sind konservative, traditionellere Gesellschaften, in denen viele mit Neid, aber auch Misstrauen auf die babylonischen Verhältnisse in Dubai schauen. Und der Iran ist nah.

Es soll, so die arabische Webseite UAE Hewar, auch in Sharja eine Verhaftung gegeben haben. Ein emiratischer Aktivist habe nach der Freitagspredigt eine etwas zu leidenschaftliche Rede auf den ägyptischen Aufstand gehalten. Passiert sei dies im kleinen Containerhafen Chaur Fakkan. Ende Mai enthüllte die *New York Times*, dass sich der Kronprinz von Abu Dhabi, Scheich Mohamed bin Zaget al-Nahyan, von der US-Firma Blackwater Worldwide derzeit eine 800 Mann starke Söldnertruppe aufbauen lässt. Die Elitetruppe soll nicht nur Pipelines und Gebäude vor etwaigen Terrorattacken schützen, sondern eventuell auch bei Aufständen in Labour Camps oder gegen iranische Kommandoaktionen eingesetzt werden.

Dennoch, die Aussichten auf einen Volksaufstand in den Vereinigten Emiraten sind quasi null. Der Polizeichef von Dubai hat eines der effektivsten Überwachungssysteme installiert und weiß es auch zu nutzen. Gespräche werden in großem Maße abgehört und die Bürger zur aktiven Mitarbeit aufgefordert – auch eine Form von Bürgerbeteiligung.

Zu den Autoren

Markus Bickel

Jahrgang 1971, Diplom-Politologe und Absolvent der Deutschen Journalistenschule (DJS) in München; seit 2008 Außenpolitikredakteur der *Frankfurter Allgemeinen Zeitung*. Von 2005 bis 2008 berichtete er als Nahostkorrespondent aus Beirut, von 2002 bis 2005 als Balkankorrespondent aus Sarajevo, unter anderem für *Spiegel Online, Zeit* und die *Berliner Zeitung;* davor Politikredakteur der Wochenzeitung *Jungle World*. Im Herbst 2011 kommt bei C.W. Leske heraus: »Der vergessene Nahostkonflikt – Syrien, Libanon, Israel, Hizbollah«.

Helmut Dietrich

Jahrgang 1954, Studium der Germanistik, Geschichte und Italianistik in Marburg, Padua (Italien) und Berlin, seit den 1990er Jahren Migrationswissenschaftler der Berliner Forschungsgesellschaft Flucht und Migration und von 1997–2001 am Hamburger Institut für Sozialforschung, lebt seit Juni 2001 im Maghreb, zunächst in Marokko, seit 2006 als DAAD-Lektor in Tunis und anschließend in Oran (Algerien), derzeit Stipendiat am Kulturwissenschaftlichen Institut (KWI) Essen.

Martina Doering

Jahrgang 1954, Studium der Nahostwissenschaften, Arabistik und Jura/Völkerrecht an der Universität Leipzig, 1973–1988 Redakteurin für Außenpolitik bei der Tageszeitung *Junge Welt,* ab 1989 Redakteurin bei der *Berliner Zeitung,* zuständig für den

Nahen Osten, Iran, Afghanistan und Pakistan, Studienaufenthalte in Großbritannien und Frankreich, zahlreiche Reportagereisen in die Länder des Nahen und Mittleren Ostens.

Marc Dugge

Jahrgang 1976, Studium der Politik- und Kommunikationswissenschaften in München, seit 2000 journalistisch tätig bei Hörfunk- und Fernsehsendern: Antenne Bayern, n-tv, ZDF-Studio Paris, Bayerischer Rundfunk, Hessischer Rundfunk, Hörfunk-Gruppenstudio Washington, seit 2008 Leiter des ARD-Hörfunkstudios in Rabat (Marokko), dort zuständig für 21 Staaten in Nord- und Westafrika.

Heiko Flottau

Jahrgang 1939, Studium der Geschichte, Politik und Anglistik in Göttingen und Saarbrücken, 1970–1975 Medienredakteur bei der *Süddeutschen Zeitung,* 1975–1978 *SZ*-Korrespondent in Frankfurt am Main, 1978–1985 in Belgrad, 1985–1992 und 1996–2004 in Kairo, dazwischen von 1992–1996 in Warschau, lebt als freier Journalist in Kairo, zahlreiche Buchveröffentlichungen, darunter: »Die Bande der Clans – Die Arabische Welt besser verstehen«, Freiburg 1992, »Vom Nil bis zum Hindukush – Der Nahe Osten und die neue Weltordnung«, München 2004 (2006 auf Arabisch), »Die Eiserne Mauer. Palästinenser und Israelis in einem zerrissenen Land«, Berlin 2009.

Henner Fürtig

Jahrgang 1953, Prof. Dr., Studium der Geschichte und Arabistik in Leipzig, 1976–93 Lehre und Forschung an der Universität Leipzig, danach Forschungsgruppenleiter am Zentrum Moderner Orient Berlin und wissenschaftlicher Mitarbeiter am Deutschen Orient-Institut Hamburg, seit 2007 Mitarbeiter und seit 2009 Direktor des GIGA Instituts für Nahost-Studien in Hamburg, zahlreiche Veröffentlichungen, darunter die Monographien: »Iran's Rivalry with Saudi Arabia between the Gulf Wars«, Reading 2006, und »Kleine Geschichte des Irak. Von der Gründung 1921 bis zur Gegenwart«, München 2003.

Jens Heibach

Jahrgang 1980, Studium der Politik- und Islamwissenschaft in Bonn, Durham (GB) und an der Freien Universität Berlin, 2008–2009 im Kultur- und Politikreferat der Deutschen Botschaft in Sanaa (Jemen), seit 2009 wissenschaftlicher Mitarbeiter am Lehrstuhl für Politik des Nahen und Mittleren Ostens am Centrum für Nah- und Mittelost-Studien (CNMS) der Philipps-Universität Marburg, Forschungsschwerpunkte sind Politische Opposition sowie Konflikt- und Transformationstheorie, jüngste Veröffentlichung: »Jemen: Proteste für den Dialog«, in: Blätter für deutsche und internationale Politik, 3/2011.

Frank Nordhausen

Jahrgang 1956, Studium der Geschichte, Germanistik und Philosophie in Berlin, bis 1996 freier Journalist und Autor, Beiträge für *Spiegel, Stern* und *Zeit,* seit 1996 Reporter der *Berliner Zeitung* für die Seite 3, viele längere Aufenthalte im Nahen Osten, besonders in der Türkei, dem Irak und ab 2008 in Ägypten. Zahlreiche Veröffentlichungen im Ch. Links Verlag, darunter: »Entkommen. Tagebuch eines Überlebenden aus dem Kosovo« (mit Bardhyl Hoti), 2000, »Soldat im Golfkrieg« (mit Steven E. Kuhn), 2003, »Scientology. Wie der Sekten-Konzern die Welt erobern will« (mit Liane v. Billerbeck), 2008.

Thomas Schmid

Jahrgang 1950, geboren in der Schweiz, 1970–1972 Studium der Romanistik in Zürich und 1973–1978 der Soziologie in Berlin, 1979 Auslandsredakteur bei der gerade frisch gegründeten Berliner *tageszeitung,* 1995–1996 dort Chefredakteur, danach Auslandsreporter für zahlreiche Tageszeitungen und Wochenmagazine in Deutschland und der Schweiz, seit 2008 leitender Redakteur der *Berliner Zeitung* und auch deren Auslandsreporter, Spezialgebiet Maghreb (Marokko, Westsahara, Algerien und Tunesien), diverse Veröffentlichungen, darunter: »Politische Morde«, Göttingen 1996, und »Krieg im Kosovo«, Reinbek 1999.

Alexander Smoltczyk

Jahrgang 1958, Studium der Politologie, Volks- und Landwirtschaft in Berlin und Montpellier, seit 1987 journalistische Tätigkeit, u. a. für *GEO, ZEITmagazin, Vogue, Merian,* von 1989–1992 Frankreich-Korrespondent der *tageszeitung,* dann Reporter bei der *Wochenpost,* seit 1997 beim *Spiegel,* u. a. als Korrespondent in Rom und derzeit in der Golfregion, Auszeichnung mit zwei Kisch-Preisen und einem Henri-Nannen-Preis, diverse Bücher, darunter: »Der Wald ohne Schatten. Auf der Suche nach letzten Orten dieser Welt«, Berlin 1996, und zuletzt »Vatikanistan«, München 2008, sowie Blogs auf *Spiegel Online;* lebt mit Frau und Tochter in Abu Dhabi.